フロイト全集

19

1925-28年

否定
制止，症状，不安
素人分析の問題

岩波書店

［本巻責任編集］
加藤　敏

1928年のフロイト.

凡例

・本全集は、フィッシャー社（ドイツ、フランクフルト・アム・マイン）から刊行された『フロイト全集』（全十八巻、別巻一）に収録された全著作を翻訳・収録したものである。

・収録全著作を執筆年代順に配列することを原則とした。ただし、後年に追加された補遺や追記の類いについては、内容上の関連を優先して当該著作の直後に配置した場合がある。また、各巻は、重要と判断される規模の大きい著作を前に、その他を「論稿」として後にまとめて収録し、それぞれのグループごとに執筆年代順で配列して構成した。なお、フロイトの著作には執筆年代を確定することが困難なものも多く、これらについては推定年代に基づいて配列順を決定した。詳細については、各篇の「解題」を参照されたい。

・本巻には、一九二五年から一九二八年に執筆された著作を収めた。翻訳にあたって使用した底本は、以下のとおりである。

Sigmund Freud, *Gesammelte Werke*, I, Werke aus den Jahren 1892-1899, herausgegeben von Anna Freud, E. Bibring, W. Hoffer, E. Kris, O. Isakower, Imago Publishing Co., Ltd., London, 1952, Sechste Auflage, S. Fischer, Frankfurt am Main, 1991.

Sigmund Freud, *Gesammelte Werke*, XIV, Werke aus den Jahren 1925-1931, herausgegeben von Anna Freud, E. Bibring, W. Hoffer, E. Kris, O. Isakower, Imago Publishing Co., Ltd., London, 1948, Siebente Auflage, S. Fischer, Frankfurt am Main, 1991.

Sigmund Freud, *Gesammelte Werke*, XVII, Schriften aus dem Nachlaß 1892-1939, herausgegeben von Anna Freud, E. Bibring, W. Hoffer, E. Kris, O. Isakower, Imago Publishing Co., Ltd., London, 1941, Achte Auflage, S. Fischer, Frankfurt am Main, 1993.

Sigmund Freud, *Gesammelte Werke*, Nachtragsband, Texte aus den Jahren 1885-1938, herausgegeben von Angela Richards unter Mitwirkung von Ilse Grubrich-Simitis, S. Fischer, Frankfurt am Main, 1987.

・本文の下欄に底本の巻数および頁数を表示し、参照の便宜をはかった。巻数は各篇冒頭に「GW-XII」などと示し、以降、底本における各頁冒頭に該当する個所にアラビア数字で頁数を示した。なお、フィッシャー社版『フロイト全集』の拾遺集として刊行された別巻(Nachtragsband, Texte aus den Jahren 1885-1938)については、「Nb」の略号を用いた。

・「原注」は「＊1」「＊2」の形式で示し、注本文を該当個所の見開き頁に収めた。

・「編注」は「(1)」「(2)」の形式で示し、注本文は巻末に一括して収録した。これは、各訳者が作成した本文の内容に関する注を各巻の担当編集者がまとめたものであり、ここには各種校訂本、注釈本、翻訳本に掲載されている注解を適宜、翻訳引用する形で収録したものと、本全集で各訳者が新たに執筆したものが含まれる。これらを区別するため、引用した個所については【　】を付し、冒頭にその出典を明示することとした。各出典を示すために用いた略号は、以下のとおりである。

GW　Sigmund Freud, *Gesammelte Werke*, 18 Bände und Nachtragsband: Bände I-XVII, Imago Publishing Co., Ltd., London, 1940-52; Band XVIII, S. Fischer, Frankfurt am Main, 1968; Nachtragsband, S. Fischer, Frankfurt am Main, 1987.

SA　Sigmund Freud, *Studienausgabe*, 10 Bände und Ergänzungsband, S. Fischer, Frankfurt am Main, 1969-75.

TB　Sigmund Freud, *Werke im Taschenbuch*, 28 Bände, Fischer Taschenbuch Verlag, Frankfurt am Main.

SE　*The Standard Edition of the Complete Psychological Works of Sigmund Freud*, 24 Volumes, The Hogarth Press, London, 1953-74.

OC　Sigmund Freud, *Œuvres Complètes*, 21 Tomes, Presses Universitaires de France, Paris, 1988-.

・フロイトの著作には、単行本、雑誌掲載論文などの刊行形態を区別することが困難なものが多く、本全集では村上仁監訳、J・ラプランシュ、J-B・ポンタリス『精神分析用語辞典』(みすず書房、一九七七年)所収の「フロイト著作年表」において単行本として刊行された旨が記されている著作は『　』を、その他の著作は「　」を付す形で表示した。

・本文および編注において用いた記号類については、以下のとおりである。

〔　〕　訳者によって補足された個所(欧文中の場合は[　])

《　》　原文においてイタリック体で表記されたドイツ語以外の術語など

傍点　原文におけるドイツ語の隔字体(ゲシュペルト)の個所(本巻では強調を示すイタリック体の個所にも傍点を用いた)

ゴシック体　夢の内容など、本文中にイタリック体で挿入された独立した記述

目 次

否定

石田雄一訳

Die Verneinung

私たちの患者が精神分析の作業中に思い付いたことを明かす際の語り口は、若干の興味深い考察をするきっかけを与えてくれる。「あなたは今、私が何か侮蔑的なことを言おうとしているとお考えでしょうが、本当にそんなつもりはないのです」。これは浮かんだばかりの思い付きを投射によって却下しているのだ、と私たちは解釈する。あるいは、「あなたは夢に出てきたこの人は誰なのかとお尋ねですね。私の母ではありませんよ」。私たちは〔この発言を〕次のように訂正する、だからそれは母なのだ、と。私たちは、解釈する際、〔「〜ではない」という〕否定は度外視して、思い付きの中身だけを取り出す。それはちょうど、次のように患者が言ったに等しい、「確かに私はこの人物が母ではないかと思い付いたが、この思い付きの通りだと考えたくない」と。[1]

無意識的な抑圧されたものをどのように解明すべきか考えていると、時折、その求めていた答えがとても楽に手に入ることがある。「あなたはその状況ではどんなことが最もありそうもないと思いますか」とか、「何があなたに最もそぐわないと思いますか」などと尋ねてみる。患者が罠にはまり、最も本当とは思えないことを言ったなら、患者はそう言ったことでほとんど常に本当のことを白状しているのである。この実験と全く同じことが、しばしば、既に自分の症状の理解に関して簡単な説明を受けた強迫神経症者に生じる。「私には新たな強迫表象が生じました。私はすぐに、それがあのことを意味しているのかもしれないと思い付きました。しかし、違います、そんなことがあるはずありません。さもなければそんなことが私に思い浮かぶことなどなかったはずです」。彼が治療をうかがい、それを基にこのような理由づけを行うことで棄却[2]しているものは、もちろん、新たな強迫表象の正しい意味なのである。

つまり、抑圧された表象内容もしくは思考内容は、それが否定され得るという条件のもとで意識に到達できる。否定は、抑圧されたものを知る一つの方法であり、実際、抑圧の一種の解除[3]なのである。しかし勿論、抑圧されたものの承認ではない。知的機能がここで情動的過程からどのように分離するかが見て取れる。否定の助けによって、抑圧過程の〔さまざまな結果のうちの〕この一つの結果だけが、すなわち、表象内容が意識に到達しないという事態だけが撤回される。その結果、抑圧の本質的な部分は何も変わらないのに、抑圧されたものに対して一種の知的な承認がなされる[*1][4]。精神分析の作業の過程において、私たちはしばしば同じ状況に対して別の形の、しかもとても重要で、かなり奇妙な改変を加えることに成功する。すなわち、私たちは否定さえも克服して、抑圧されたものを完全な形で知的に承認することに成功するのである。ただし、これではまだ抑圧過程そのものは解除[5]されていない。

思考内容を是認したり否定したりすることは、知的な判断機能の役割なので、以上の見解は、この機能の心理学的な起源へと私たちを導くことになった。ある事柄に否定的な判断を下すということは、根本において、その事柄が、私が最も抑圧したいものだということを意味している。断罪[6]とは抑圧の知的な代替物である[7]。その「否《いな》」は抑圧のしるしで、《ドイツ製》[8]という表現に比較されるような、自らの起源を証明する言葉なのである。否定の象徴を用いることで思考は抑圧の制限から解放され、自らが働く上で不可欠となる内容を獲得する。

判断機能は本質的に二つの決定を下さなければならない。それは、ある事物がある特性を有するか否かを決めることと、ある表象について、それに対応するものが現実に存在するか否かを決めることである。決定の対象となる特性は、元々は良いか悪いか、有益か有害かということだったのだろう。最も古い、つまり口唇的な欲動の蠢きの言葉で言うなら、それを私は食べたいのか、あるいは吐き出したいのか、ということである。さらに翻訳して言うなら、それを私は自分の中に取り込みたいのか、あるいは自分の中から閉め出したいのか、ということである。つまり、それが私の内部にあるべきか、あるいは外部にあるべきか、ということだ。本来の快自我は、既に別の個所で詳述したように、良いものは全て取り込み、悪いものは全て投げ出そうとする。悪いもの、自我の知らないもの、外にあるものは、自我にとっては差し当たり同じものなのである[*2][(9)]。

判断機能のもう一つ別の決定、すなわち、表象された事物が現実に存在するか否かに関する決定は、最初の快自我が発達して出来た最終的な姿である現実自我の関心事（現実吟味）なのである。ここで問題となるのは、知覚されたもの（事物）が自我の中へ摂取すべきものか否かではなく、自我の中に表象として存在している或るものが知覚（現実）の中でも再発見できるか否かである。それは、ご覧のように、またもや外部と内部の問題なのである。現実には存在しておらず、ただ表象されているだけの主観的なものは、内部にのみ存在する。それとは違う現実的なものは、外部にも存在している。この発展において快原理への配慮は脇に追いやられてしまう。経験から次のことを

＊1　これと同じ過程が、よく知られた「うっかり口にする〔と逆の事態を引き起こす〕[(10)]」という過程の根底にある。「こんなに長い間、偏頭痛に悩まされなかったなんて素晴らしいことだ」――こうした言葉は、発作が起こることを最初に告げるものである。なぜなら、それが間近に迫っていることを既に感じ取っているのに、それをまだ信じまいとしているからである。

＊2　これに関しては、「欲動と欲動運命」(GW-X 228-229)〔本全集第十四巻〕を参照。

学んだのである。すなわち、重要なことは、事物(充足対象)が「良い」特性を有するか否か、つまり自我の中へ摂取するに値するものか否かだけでなく、それが外界にも存在しており、欲求に応じてそれを我が物にすることができるか否かなのだ、と。この進歩を理解するためには、表象とは全て知覚に由来し、知覚の反復だということを想い起こす必要がある。つまり、もとをただせば、表象が存在するということ自体が既に、表象されたものが実在していることを保証するものなのである。主観的なものと客観的なものという対比は、最初から存在しているわけではない。それは、思考が次のような能力を手にすることによって初めて作り出されるものなのである。すなわち、何かを知覚した後、対象それ自体はもう外部に存在していなくとも、それを表象の中で再生産することによって再度ありありと思い浮かべるという能力である。現実吟味の最初の、つまり直近の目的は、表象されたものに対応する対象を現実の知覚の中に発見することではなく、それを再発見すること、すなわちそれがまだ存在しているということを確認することなのである[11]。主観的なものと客観的なものとを互いに別々のものとすることができるためには、さらに思考力の中の別の能力が必要となる。表象の中で知覚が再生産される時、いつも元の知覚が正確に反復されるとは限らない。それは省略によって変更されたり、さまざまな要素が融合して改変される可能性がある。そこで現実吟味が、こうしたさまざまな歪曲がどの程度まで及んでいるのか監視しなければならないのである。しかし、現実吟味を開始するためには、かつて現実に充足をもたらしてくれた対象が失われていることが前提だということが分かっている。

判断とは、どの運動行為を選択するか決定し、思考による先延ばしに終止符を打ち、思考を行動に移す知的行為である。思考による先延ばしについても私は既に他の箇所で論じている[12]。それは、試験的な活動と見なすべきもので、放散支出を低く抑えた運動的な手探りなのである。自我はそのような手探りを以前にどこで訓練し、それを今思考過程において応用する術をどこで習得したのか、よく考えてみよう。これは、心の装置の感覚の末端、すなわち感官知覚で行われたと考えられる。私たちの仮説に従うなら、知覚は単に受動的なだけの過程ではない。自我は定期的に少量の備給量を知覚系に送り、それによって外的刺激を試しに味見し、そのように手探り的に外部に侵入しては、再び引き返すのである(13)。

判断についての研究は、一次的な欲動の蠢きの戯れから知的機能が発生する過程を理解するための道を私たちに初めて開いてくれるかもしれない。判断するという行為は、最初は快原理に従ってなされていた自我への取り込み、あるいは自我からの放逐が、後に目的に適う形で発展を遂げたものである。判断の二元性は、私たちが想定した二つの欲動群の対照性に対応しているように思われる。肯定は合一の代替としてエロースに属し、否定は放逐の後継者として破壊欲動に属する。少なからざる精神病者に見られる全面的な否定欲や拒絶症は、おそらくリビドー成分の撤退による欲動の混合の兆候と理解すべきだろう(14)。しかし、判断機能の能力は、否定の象徴が創り出されることで思考が抑圧の諸結果から、従ってまた快原理の強制からも文字通り独立できることによって初めて可能になる。

否定に関するこうした考え方に次の事実はとてもよく合致する。すなわち、精神分析〔のセッション〕においては、無意識からやって来る「否」〔の言葉〕が聞かれることはなく、無意識を自我の側から承認する際のこの承認こそが否定的な言い回しの中で表現されるという事実である。無意識を明るみに出すことに成功したという最強の証は、被分析者がそれに反応して「そんなことを意図したことはない」あるいは「そんなことを考えたことは(決して)ない」といった言葉を発することなのである(15)。

制止、症状、不安

大宮勘一郎
加藤　敏　訳

Hemmung, Symptom und Angst

I

私たちの用語習慣では、病理学的現象を記述する際に、症状と制止が区別されるが、この区別にさしたる価値を認めてそうしているわけではない。もしも仮に、単に制止が認められるのみで、なんの症状も認められない、と言わねばならない疾病例と出会うことがなく、そして、そのような疾病例の条件が何であるかを知ろうとしないならば、私たちには、制止と症状という両概念を相互に境界づけて区別しよう、という関心を抱くことはまずありえないであろう。

制止と症状という二つの概念は、同じ土壌から生じたのではない。制止は、機能に対して特別の関連を持つもので、必ずしも何か病理的なものを意味するわけではない。ある機能が正常に制限されている時にも、その機能の制止と呼ぶことができる。これに対して症状は、ある病的な過程の兆候というほどの意味を持つ。したがって、制止が、一つの症状であることもありうる。私たちの用語習慣では、機能が単に低減している場合には、制止と言い、同じ機能が異常な変化や新たな働きをきたしている場合には、症状と言う、というようになっている。多くの場合、病理的な過程と言う際、陽性の側面、陰性の側面のいずれを重視するのか、また、その結果を症状、制止のいずれと呼ぼうとするかは、人々の恣意に委ねられているように思われる。これらのこと全ては、実際重要なことではなく、私たちが出発点とした問題設定は、ほとんど実りあるものではないことが明らかとなる。

制止は、概念のうえで機能と極めて密接に結びついているので、以下のような着想を抱くことができる。すなわち、さまざまな自我機能を検討し、それらの障碍が、個々の神経症性の疾患においていかなる形で現れるのかを明らかにするという考えである。私たちは、自我機能との比較研究のために、性機能、食事、歩行移動、作業の四つの領域を選択してみよう。

ａ、性機能は、きわめて多彩な障碍に見舞われるが、その大半は単なる制止という性格を示している。これらは心的な不能と総称される。正常な性活動が実現されるためにはきわめて複雑な一連の出来事の継起が前提とされるわけだが、そのすべての段階において障碍が生じる可能性がある。制止が起こる主たる諸段階は、男性の側にある。性活動を準備するためのリビードが他へと逸らされてしまうこと（心的無意欲）や、生理的準備がなされないこと（勃起不全）、陽性症状として記述することも可能な性行為の短縮（早漏）、同じく性行為が自然に終結する以前の停止（射精不全）、（オルガスムスの快感という）心的効果がもたらされないことなどを挙げることができる。他の障碍は、性機能が倒錯的、ないしフェティシズム的な性格をもつ特別の条件と結びつくことで生じる。

制止が不安と関係を持つことを私たちが長い間見逃すことはありえない。少なからぬ制止は、明らかに、機能を断念することである。なぜなら、性機能の発揮によって不安が生じることがありうるからである。性機能に対する直接的不安は、女性において頻繁である。私たちはこの直接的不安も、次のような防衛症状としての嘔吐と同様にヒステリーに分類する。その嘔吐は、最初は受動的に体験された性行為に対する事後的反応としてセットされ、後にこのことが表象された際に生じるというものである。おびただしい数の強迫的行動もまた、性的な体験に対する用心や保証的行為であることが実証されており、よって恐怖症の性質のものである。

これで事柄の理解がさほど進むわけではない。ただ、きわめて多様な方式が用いられ性機能が妨げられる、ということに気づかされるにすぎない。すなわち、一、リビードの単なる回避、これが最も頻繁に生じると思われ、私たちが純粋な制止と呼んでいるものである。二、性機能遂行の能力低下、三、この同じ性機能遂行が特定の条件により困難となり、他の目標へと転じられることによる性機能遂行の変容、四、安全対策による性機能の予防、五、不安が生じることによる性機能の中断、これは不安の発生をおさえることが出来ない場合に起こる現象である。最後に、六、性機能が意に反し遂行されてしまった際に、これがなされてしまったことに抵抗し、撤回しようとする事後的反応。

b、摂食機能における最も頻繁な障碍は、リビードの撤退による食欲不振である。食欲の亢進もまたまれではない。摂食強迫は、飢餓に対する不安によって動機づけられるが、これはあまり研究されていない。食に対するヒステリー性の防衛として、私たちが知っているのは嘔吐という症状である。不安の結果としての摂食拒否は、精神病的な状態に属する(被毒妄想)。

c、歩行移動は少なからぬ神経症的状態において、歩行不快や歩行困難によって制止を受ける。ヒステリー性の障碍は、運動器官の麻痺によって現れたり、歩行移動のみに特化された運動器官の単一の機能の廃止を生じさせたりする(失歩)。わけても特徴的なのは、特定の条件が加わった際に増強する歩行移動の困難である。この現象が起こらない場合には不安が生じることになる(恐怖症)。

d、作業の制止は、非常にしばしば単独の症状として治療の対象となるものだが、作業の継続を強いられた場合、意欲減退や作業遂行の不振、あるいは倦怠(目眩、嘔吐)などといった反応性の現象が出現する。ヒステリーは器官や機能の麻痺を生じさせることにより、作業の停止を強いるもので、この場合麻痺によって作業の遂行ができなくなる。強迫神経症にあっては、絶えず気が散ったり、作業の途中に停滞や反復動作が生じるため、時間が浪費されたりすることで作業を阻害する。

このような概観は、他の諸機能にも拡張することができようが、それによって、より以上のことが得られると期待することはできない。そうしたところで現象の表層を超え出ることはならないだろう。ゆえに私たちは、制止の概念に数多の謎めいたものを委ねることをこれ以上しないことにしよう。制止は、自我の機能のひとつの制限の表現であって、その制限自体には極めて多様な原因がありうる。機能のこの放棄に関する機制の多くと、その一般的傾向については私たちにもよく知られている。

局所化された制止に関しては、その傾向はよりわかりやすい。ピアノ演奏や書字や、さらに歩行さえもが、神経症性の制止をこうむる場合、分析によって私たちには、その原因が、各機能において必要とされる器官、すなわち指と足の過度の性愛化にあることが明らかになる。ごく一般的に私たちは、ある器官の性源質、すなわちその性的意味が高まると、その器官における自我機能が損なわれるという洞察を得ている。滑稽めいた比較を敢えて持ち出すことが許されるなら、その機能変化は、家の主人と親密な関係になったゆえにもはや炊事をしようとしない料理女の振舞いである。字を書くことは、一本の管から液体を一白紙片に流し出すことから、象徴的に交接の意味を帯びることがある。また、歩行が母なる大地の肉体を踏みつけることの象徴的代替となる場合、書字と歩行は、いずれも、あたかも禁じられた性的行為を遂行しているかのようであるために行われなくなる。自我が自らの役割であるこれらの機能を放棄するのは、新たな抑圧を敢行する必要をなくし、エスとの心的葛藤を避けるためである。

これとは別の制止は明らかに、職業活動における制止が少なからぬ場合そうであるように、自己懲罰のために出現する。自我がこうした活動を行うことを許されないのは、それによって厳格な超自我の拒んでいる利益や成功が自我にもたらされるかもしれないからである。そこで、自我はこうした成果を放棄して、超自我との心的葛藤に陥らないようにする。

より全般に及ぶ自我の制止では、以上とは別の単純な機制が働いている。自我が、例えば喪のような感情の極めて強い抑え込みや、持続的に立ちのぼる性的空想《ファンタジー》を抑えつける強制力といった、特に重要な心的課題を負わされている場合、自我が自由にできるエネルギーは極めて乏しくなるので、その消費を多くの場所で同時に制限しなければならなくなる。それはあたかも、投機家が事業のための資金を凍結してしまったようなものである。そのような強いが短期間で終わる全般性の制止に関する啓発的な事例を、私はある強迫神経症患者において観察することができた。彼は、本来なら明らかに憤激を招くであろう状況に直面するたびに、一日から数日に及ぶ麻痺性の疲労状態に陥った。この事例を端緒にして、さまざまな鬱状態や、その中でも最も重い状態であるメランコリーを特徴づける全般性制止の理解への道筋もまた見出されうるに違いない。

以上から、制止に関し、次のように締めくくることができる。制止は、自我機能の制限であり、それには、エネルギーが欠乏してしまうことへの用心によるものもあれば、エネルギー欠乏の結果によるものもある。今や制止が、症状からどの点で区別されるのかを認識するのは容易である。症状は、自我の内における、あるいは自我のレヴェルでのひとつの過程としてはもはや記述されえないものなのである。

II

症状形成の根本的な特徴は既に研究されており、異論なき仕方で述べられているものと望みたい(1)。すなわち症状とは、ある中断された欲動充足の兆候かつ代替であり、抑圧過程の成果である、と。抑圧は、エスにおいて惹起させられた欲動備給に、場合によっては超自我の要請に従って、協力しようとしない自我によってなされる。自我が抑圧を介して成し遂げるのは、好ましからぬ欲動の蠢きの担い手である表象が意識されないようにすることである。分析はしばしば、そのような表象が無意識の形で保持されたままであることを証明する。ここまでは明らかであろうが、しかし程なく未解決の困難が生じ始める。

抑圧における過程についての私たちのこれまでの記述は、意識からの遮断がうまくいくことを特に強調してきた(2)が、別の諸点については疑問を未解決のままにしてあった。そこで生じる問いは、エスにおいて活性化され、充足を求める欲動の蠢きの運命はどのようなものか、というものである。答えは間接的なものであった。すなわち、抑圧の過程を介して、期待された充足の快は不快へと転化するというのがそれだが、すると今度は、いかに不快が欲動充足の成果たりうるのかという問題に突き当たった。私たちは次のように確言することで、この事情を解明できると望んでいる。すなわち、エスにおいて意図されていた欲動の蠢きは、抑圧の結果、意図どおりの経過をたどることが全くできず、自我は首尾よくその経過を阻止するか、あるいはその方向を逸らせる、と。こう考えれば、抑圧における「情動変化」という謎は解消される(3)。しかし、このことによって私たちは自我に、エスにおける諸過程に対して極めて広範な影響を及ぼすことができると認めてしまったことになる。すると、いかなる道筋で自我には、このような驚くべき力の増長が可能となるのかを理解できるようになる必要が生じる。

私が考えるに、このような影響力が自我に与えられているのは、それが知覚システムと親密な関係にあることの結果である。この関係こそはまさに自我の本質をなし、また自我がエスから分化したことの根拠となってもきた。

私たちが知覚－意識〔W-Bw〕と名づけてきたこのシステムの機能は、意識の現象と結びついている。[4] このシステムは、刺激を外界からのみならず内界からも受け取り、内界からシステムに到達する快－不快感覚を介して、心の出来事のあらゆる経過を快原理に従って操縦しようとする。私たちは自我を、エスに対しては無力なもの、と好んで観念しがちであるが、しかし、自我がエスにおける欲動過程に抗しようとする場合、自我が自らの意図をほぼ全能である快原理の審級の助けを得て達成するためには、ただ不快の信号を送るだけでよい。[5] この状況を一旦個別に切り離して見るならば、これを他の分野から以下のような一例を挙げて描き出すことができる。国家においてある一党派が、それを議決することが大衆の傾向と合致するような法的措置に反対しているとする。するとこの少数集団は、報道を占有し、これを介して至高の「世論」に働きかけ、これを貫徹するので、計画された議決はなされなくなる。[6]

この一つの答えには、さらにいくつもの問いの提起が結びつく。不快信号の産出に用いられるエネルギーはどこに由来するのだろうか。ここで私たちに方向を指し示してくれるのは以下のような考えである。すなわち、内部における望ましくない過程の防衛は、外的刺激に対する防衛に範を取って起こるに違いなかろうということと、自我は内部からの危険に対しても外部からの危険に対しても、同じ防衛の方法を採るのだ、ということである。外部からの危険の際、有機体は逃避を試み、まず危険なものの知覚から備給を撤収する。その後有機体は、より有効な方法は、その知覚が不可能になるような筋肉活動を行うこと、すなわち危険の作用域から撤退することである、と認識する。このような逃避の試みと、抑圧もまた等価なのである。自我は抑圧されるべき欲動の代理表現[7]の（前意識的な）備給を撤収し、それを不快（および不安）の迸出《ほうしゅつ》に用いる。抑圧の際にいかにして不安が発生するのか、という問題は簡単なものではないかもしれない。しかしいずれにせよ、自我が不安の本来の座であるという考えを堅持しつつ、抑圧された蠢きの備給エネルギーが自動的に不安へと転化するという旧来の考え方を退けるのは正当なことである。私がかつて一度そのような見解を述べた折には、私はこの問題を現象学的に記述したのであり、メタサイコロジー的に描き出したのではなかった。

以上述べたことから新たな問いが派生してくる。単なる撤収と放散の過程が、前意識的な自我備給の撤退の際のように、私たちの前提からすれば昂進された備給の帰結でしかありえぬものである不快あるいは不安を生み出すなどということが、経済論的にはいかに可能か、というのがそれである。私は以下のように答えよう。このような因果的発生は、経済論的に説明すべきではないのであり、不安は抑圧において新たに産出されるのではなく、手持ちの想い出像に応じた情動状態として再生産されるのだ、と。しかし、この不安の由来に関するさらなる問い——および情動一般の由来への問い——とともに私たちは、異論の余地なき心理学的基盤を去り、生理学との境界領域に足を踏み入れることになる。〔不安を含む〕情動状態は太古の外傷的体験の沈殿物として心の生活に体内化されており、似通った状況において想い出−象徴[8]のようなものとして呼び覚まされる。私が以前に、こうした情動状態を、後天的に個体として獲得されたヒステリー的発作と等置して、その正常時における範型と見なしたのは不当ではなかったと思う[9]。人間および人間に近縁の生物においては、個体にとって最初の不安体験としての出生行為[10]が、不安情動の表現に特徴的な相貌を与えているようにも思われよう。しかし私たちは、この連関をあまり過大に評価すべきではないし、それを承認するとしても、危険の状況に対応する情動象徴は生物学的な必然性であって、しかもこの象徴は、その度に創出されたものであろう、ということを看過すべきでもない。私はまた、不安が発現する際にはいつも、心の生活において出生状況の繰り返しと見なしうるような何事かが起こっている、と仮定することも正当とは認められないと考える。元来はそのような外傷的な繰り返しであるヒステリーの発作が、そうした性格をいつまでも保持するかどうかさえ、確実ではないのである。

私が別のところで述べたことだが、私たちが治療活動において関わりを持つ大部分の抑圧は、原抑圧を踏襲した抑圧の事例なのである[11]。それらは、以前になされた原抑圧を前提とし、これがより最近の状況に対して引力的な影響を及ぼすのである。抑圧のこの背景と前段階については、まだあまりにも僅かなことしか知られていない。えてして人は安易に、抑圧に際しての超自我の役割を過大評価してしまう危険に陥ってしまう。超自我の出現が原抑圧とその踏襲的抑圧との間の区別を設けるのか、ということなどを目下のところでは判断しえない。最初の——極めて強力な——不安の発現は、いずれにせよ超自我が分化するより以前に起こる。興奮があまりにも強いものとなり刺激保護が破綻する、といった量的な契機が原抑圧の最も手近な誘因であると考えるのは、実にもっともなことである。

刺激保護に言及したことで、私たちはこの言葉をきっかけにして、抑圧が二つの異なった状況において出現することを思い出す。すなわち、好ましからぬ欲動の蠢きが外部の知覚によって呼び起こされる場合と、欲動の蠢きがそのような挑発なしに内部において湧き上がってくる場合とである。私たちは後からこの違いに立ち戻ることになろう〔X節末尾〕。しかし刺激保護は、外部の刺激に対してだけ存在するもので、内部の欲動要求に対しては存在しない。

自我の逃避の試みを研究している限り、私たちは症状形成からは遠ざかることになる。症状は抑圧によって侵害を受けた欲動の蠢きから発生する。自我が不快信号を用いて、欲動の蠢きを完全に抑え込み、自らの目的を達成してしまうなら、私たちは、このことがどのようにして起こるのかについて何も知ることができない。私たちは、多かれ少なかれ失敗した抑圧と特徴づけられる症例から、はじめて学ぶことができるのである。

すると一般的には、以下のように事情は描き出せるであろう。欲動の蠢きは抑圧されるにもかかわらず、代替物を見出しているのだが、しかしひどく歪められ、位置をずらされ、制限されたものである、と。加えて、もはやそこに充足を認めることはできない。代替物が作りあげられるとしても、快の感覚が得られることはなく、逆にこれは、強迫の性格を帯びている。しかし、充足への経過がこのように症状へと貶められてしまう際、抑圧はその力を別の点においても示している。代替過程は運動性の放散から可能な限り遠ざけられるのであり、仮にこれがうまくゆかない場合でも、自分自身の身体を変容させることで消耗され、外界へと影響を及ぼすことは許されない。代替過程が行動へと転化することは、禁じられる。私たちの理解するところでは、抑圧において自我は外的現実の影響の下で働き、従って自我は、代替過程の成果をこの現実の外部で保持するのである。

自我は、外界に対する行為への移行と同様に意識への通路をも制御する。抑圧において自我は、自らの力を両方向に対して発揮する。欲動の代理はその力の外化のうち一方の作用を被り、また欲動の蠢き自身はもう一方の作用を被ることになる。するとここで当然問われるべきことは、自我のこのような強大さの承認が、私たちが研究『自我とエス』において同じこの自我の地位について素描した記述といかに一致するかということである。私たちはそこで、自我がエスおよび超自我に依存していることを述べ、両者に対して自我が無力であり容易に不安に陥ることや、自我が無理に堅持しようとする不遜を暴き出した[12]。こうした判断は、それ以後、精神分析の文献において幅広い反響を得ることとなった。多くの声は、エスに対する自我の弱さ、私たちの内なる魔的《デモーニッシュ》なものに対する合理的なものの弱さを切々と強調し、この言葉を精神分析的「世界観」の支柱としようと手をこまねいている。抑圧が作用する仕方を洞察するとはまさに、分析家をかくも極端な党派的加担をせぬように制すべきものではないのだろうか。

　私は世界観の製造になど全く賛成ではない[13]。世界観などは、そのようにあらゆる事柄について情報を与えてくれる旅行ガイド《ベーデカー》[14]なしには生という旅路をゆくことなどできぬと告白して憚らぬ哲学者たちに委ねればよい。私たちは、哲学者が彼らの抜きん出て乏しい立場から私たちを見下すその軽蔑を、恭しく引き受けよう。私たちもまた、自分たちのナルシス的自負を否認することはできないので、以下のようなことを考慮することに慰めを見出そう。すなわち、このような「生のガイド」は全て、すぐに古びてしまい、その新版を不可避とするのは、まさに私たち自身の近視眼的に限定された些細な仕事であって、こうした生の旅行ガイドの最新版でさえもが、昔の、かくも便利でかくも完全な教理問答を代替するような試みなのである、ということを。これまでに科学がこの世界の謎に対し、どれほど僅かな光でしか照らすことができなかったのか、私たちはよく知っている。哲学者たちの立てた騒音もすべて、この事情を何も変えることはできない。確実性への要請というただ一つのことに全てを従わせる仕事を忍耐強く続けることだけが、ゆっくりとした変動を実現できるのである。さすらい人が暗闇の中で歌うとしても、彼は自分の不安を否認はするものの、それで少しも明るく見えるようになるわけではない。

III

自我の問題に戻ろう[15]。その外見が矛盾したものになっているのは、私たちが抽象概念をあまりに厳密に受け取って、一つの複雑な事柄から、あるときにはその一面のみを、またあるときには別の一面のみをつかみ出してしまうということに由来している。自我をエスから区分するのはなるほど正当と見えようし、特定の諸連関を介して、私たちはこの区分を強いられる。しかし他方で、自我はエスと同一のものであり、エスが特別に分化したひとつの部分にほかならない。思考の中で、この一部分を全体に対立させたり、あるいは両者の間に本当に分裂があることが判明したりすれば、私たちにとって自我の弱さは明らかとなる。しかし、自我がエスと結合し、エスと不可分のものであり続けるなら、その時には自我の強さが示される。これと似通っているのは、超自我に対する自我の関係である。多くの状況において、両者は融合していると私たちには思われ、両者の間に緊張関係や葛藤が形作られた際に、はじめて両者の区別ができるという場合が殆どである。抑圧がなされる際に決定的となるのは、自我はひとつの編成であるが、エスはそうではない、という事実である。自我はまさしく、エスの編成された部分なのである。もしも自我とエスとを、それぞれ別個の二つの陣営のように考え、自我が抑圧によりエスの一部を制圧しようとすると、これに対し、エスの残りの部分が攻撃された味方の援軍として到来し、自我と強さを競うのだというように思い描こうものならば、それは全く正当ではない。このようなことはしばしば起こっているのかもしれない。しかしそれは、明らかに抑圧の最初の状況ではない。通常は、抑圧されるべき欲動の蠢きは孤立したままである。抑圧の行為が自我の強さを私たちに示すものだとしても、抑圧はまた一方で、自我は無力であり、エスの個々の欲動の

124

125

蠢きに対し、影響を及ぼせないことを明らかにする。というのも、抑圧によって症状へと生成する過程は、自らの存在を、自我編成の外部において、それとは無関係に主張するからである。(16) しかも、この過程のみならず、そこから派生する、あらゆる蘖《ひこばえ》もまた、同じ特権を、いわば治外法権を享受する。それら派生する蘖《ひこばえ》が自我編成の一部と連想によって結びつく場合に、それらがこの自我編成の一部を自らのほうへと引き寄せ、自我を犠牲にして得たこの獲得物によって伝播してゆくものかどうかは、疑問である。私たちにとって昔馴染みの比較に従えば、症状は、それが埋め込まれた組織の中で不断に刺激・反応現象を続ける異物に擬えられる。(17) 確かに、好ましくない欲動の蠢きに対する防衛の闘いが、症状形成と共に終息することは認められる。私たちが見る限り、これが最も頻繁に起こる可能性があるのは、ヒステリーの転換症状においてである。しかし通常、経過はこれとは別である。すなわち、最初の抑圧の行為には、長期に亘るか、あるいは終わることがまずないであろう余波が引き続き、欲動の蠢きに対する闘いは、症状に対する闘いにその継続を見出すことになるのである。

この二次的な防衛の闘いは、私たちに矛盾した表情をそなえた二つの顔貌を示す。一方で自我はその本性に従って、私たちが再建、あるいは和解の試みと判断せねばならない事柄を企てることを課される。ひとつの編成である自我は、各構成要素すべての自由な交通と、それらが相互に影響を与え合う可能性とに立脚している。自我の非性化されたエネルギーは、それが結合と統一化を求める努力のうちにも自らの由来を物語っており、この総合への強迫は、自我が力強く増長すればするほど増大する。このようにして、自我がまた、症状を何とかして自らに結びつけ、その紐帯を介して自らの編成に組み込むため、あらゆる可能な方法を用いて症状の異質性と孤立を解消しようと試みるのは、納得のゆくところである。私たちの知るとおり、こうした努力が既にして症状形成の行為に影響を及ぼしている。その古典的事例がヒステリー性症状で、そこには、満足への欲求と懲罰への欲求との間の妥協が私たちに容易にみてとれる。そのような症状は、超自我の要請を満たすものとして予め自我へと関与しているが、しかし他方、抑圧されたものの位置、および抑圧が自我編成に介入した場所を指し示してもいる。症状はいわば、混成的に備給された国境の駅なのである。原発性のヒステリー性症状がすべてそのように構成されるのかについては、慎重な吟味を要しよう。それ以降の経過においては、自我はあたかも以下のような考量に導かれているかのように振舞う。すなわち、症状は確固としてここにあり、除去するのは不可能である。今は、この状況に馴染み、そこから最大限の利益を引き出すことだ、と。自我に異質であり、症状によって代理される内的世界において、ひとつの適応が生じる。それは、自我が通常、現実の外的世界に対しておこなっている適応に比較される。そうした現象が生じるきっかけには事欠かない。症状の存在は、確かに一定の活動の障碍をもたらすかもしれないが、これによって人は超自我の要請を緩和させたり、外界の要求を退けたりすることができるのである。こうして症状は徐々に、重要な利害関心の代表者と目されるようになり、自己主張に相応しい価値を帯び、自我とますます親密に絡み合い、自我にとってますます不可欠のものとなってゆく。極めて稀な場合に限られるが、異物が根付いて治癒する過程がこれと似たような事象を反復することがある。また、次のように主張することは、症状に対するこの二次的適応の意義を誇張することになるだろう。つまり、そもそも自我が症状を手に入れるのは、その利点を享受するためだけである、と。これは、戦争によって傷痍を受けた者が、仕事をせずとも廃疾年金で暮らせるようになるために脚を撃たせたのだ、という見解を持つのと同様なことで、正しくもあり間違ってもいる。

強迫神経症やパラノイアなどにおけるような別の症状形象が、自我にとって高い価値を持っているのは、それらが自我に利益をもたらすからではなく、通常であれば自我が手にすることのないナルシス的満足をもたらすがゆえのことである。強迫神経症者における体系の形成は、自己愛に媚びるもので、それは、とりわけ純粋あるいは良心的な人間である自分たちが、他の人々より優れているのだという見せかけによってなされる。パラノイアにおける妄想形成では、患者たちの鋭敏な感覚と空想《ファンタジー》に対し、彼らにとっては求めようがないひとつの活動領野が切り開かれる。言及されたこれら全ての関係から帰結するのは、神経症の(二次的)疾病利得として知られているものである。[18] これは、自我が症状を体内化しようとする努力を援助し、症状の固着を強化する。それゆえ、自我が症状と戦っている際に、分析による手助けを私たちが試みると、抵抗する側で自我と症状とのこのような和解的結合が作動しているのをまのあたりにする。この結合を解きほぐすのは、私たちには容易なことではない。自我が症状に対して用いるこの二つの態度は、実際に相互に矛盾したものである。

別の態度のほうは、これほど友好的な性格のものではなく、抑圧の方向をさらに進めていく。しかし、私たちは首尾一貫性がないという非難を自我に浴びせることはできないと思われる。自我は温厚であるから、症状を自らに取り込み、自我の全体《アンサンブル》の中に受け容れることを欲する。障碍は症状に発するのであり、この症状が、抑圧された〔欲動の〕蠢きの正当な代替物にして、派生する蘖《ひこばえ》としてのその役割を反映し、〔欲動の〕蠢きの満足への要求を反復して更新する。ゆえに症状は、不快信号を再び出して防衛に立つよう自我に強要する。

症状に対する二次的な防衛の闘いには多くの形態があり、さまざまな舞台で演じられ、多様な手段が用いられる。この防衛の闘争について多くを語ることができるために、私たちは症状形成の個々の症例を考察の対象とすることが必要であろう。その際私たちは、以前から背後で待ち構えていると感じていた、不安の問題へと踏み込んでゆくきっかけを見出すことになるだろう。推奨されるのは、ヒステリー性神経症を形作る症状群から始めることである。強迫神経症、パラノイア、その他の神経症における症状形成の前提に関しては、私たちはまだ考察の準備ができていない。

129

IV

私たちが考察する最初の症例を、ある幼児性のヒステリー性の動物恐怖症としよう。つまり、例えば、そのあらゆる主な特徴からして典型的な症例である「小さなハンス」の馬恐怖症である。*1 一見して認められることだが、神経症の実際の症例は、私たちが抽象概念で研究する限り、その期待によって想像されるよりもはるかに複雑な連関をなす。どのようなものが抑圧された蠢きであり、何がその症状代替なのか、どこに抑圧の動機を見出しうるか、といったことについて大枠を知るには、一定の労力が要る。

小さなハンスは、馬に対する不安があるので、街路を歩くのを拒む。これが生《な》まの素材である。では、そこで何が症状なのだろうか。不安の増長なのか、不安対象の選択なのか、あるいは自由な運動の放棄なのか、あるいはさらに、それらのうちのいくつかが同時にそうなのか。彼が自らに禁じている満足はどこにあるのか。なぜ彼はその満足を自らに禁じなくてはならないのか。

この症例において、さほど謎めいたことはない、と答えても当然ではある。馬に対する不可解な不安が症状であり、街路を歩くことができないというのが制止現象、すなわち不安症状を呼び覚まさぬようにと自我が自らに課した制限である、と。最後の点の説明の正しさは即座に見て取れ、すると制止は引き続く議論から除外されてしまう

130

だろう。しかし、この症例を当初表面的に知っただけでは、症状と思い込まれていたものが実際には何を表現しているのかさえわからない。より厳密な聴取によってわかることだが、問題は馬に対する不特定の不安ではなく、馬が彼を噛むだろう、(19)という特定の不安の予期なのである。とはいえ、この不安の内容は意識から逃れようとし、そして、不安とその対象だけがなお現れている不特定の恐怖症によって代替されていこうとする。さて、ではこの内容が症状の中核なのだろうか。

私たちは、分析作業の間に明らかとなるようなこの少年の心的状況全体を考慮しない限り、分析を先に進めることができない。彼は、父親に対する嫉妬と敵愾心に満ちたエディプス的態勢にある。しかしながら、彼は、そのような分裂の原因である母親が頭に浮ぶ時は別として、この父を心から愛している。それゆえ、十分な根拠のある愛情と、それに劣らず正当な憎悪との両価性《アンビヴァレンツ》葛藤であって、両者ともが同一の人物に向けられている。彼の恐怖症は、この心的葛藤を解決する試みであるにちがいない。こうした両価性《アンビヴァレンツ》葛藤は非常によくあることで、私たちはこうした葛藤の、別の典型的な結末を知っている。その結末においては、相互に格闘する蠢きのうちの一方、つまり通常は情愛の蠢きの方が強大となり、他方は消滅する。ただ、情愛が過度で強迫的であることから、この態勢が唯一存在するものではなく、その対立物を抑圧し続けるように見張っていることが私たちには露見し、その形成過程に眼を向ける私たちは、それを(自我における)反動形成による抑圧と記述することになる。小さなハンスのような症例は、そのような反動形成を全く示さない。両価性《アンビヴァレンツ》葛藤から抜け出させるための道には、明らかにさまざま

＊1　「ある五歳男児の恐怖症の分析」〔本全集第十巻〕を参照。

なものがある。

こうする間に私たちには、ある別の事柄が確実にわかってきた。抑圧に晒される欲動の蠢きは、父親に対する敵対的衝動である。噛む馬という観念の由来を探る分析の過程で、私たちはこのことの証拠を得た。ハンスは一頭の馬が倒れ、彼と一緒に「馬ごっこ」をしていた遊び仲間が落ちて怪我をしたのを見たことがある。[20] 分析によって、私たちがハンスにおける、ある欲望の蠢きを構築するのは正当であった。それは、この馬や仲間と同様に、父親も倒れて怪我をすればよい、という欲望の蠢きである。観察された旅行への出発[21]との関連では、父親の排除への欲望が、これほどの躊躇いを伴わない表現を見出してもいることが窺える。しかしこうした欲望は、父親自身をなきものにしようとする意図、エディプスコンプレクスの殺人的蠢きと等価である。

このような抑圧された欲動の蠢きから、私たちが馬恐怖症において想定したような代替物への道は、今までのところ通じていない。ここで小さなハンスの心的状況を、幼児的要因と両価性《アンビヴァレンツ》を度外視することで単純化してみよう。彼がある家庭における年若い召使で、女主人に惚れ込んでおり、彼女の側からも幾許かのご寵愛の徴を享受しているとする。そこで彼が自分よりも強大な家父長を憎み、彼を無き者にしたいと思い続けているとすると、こうした状況のごく自然な帰結として、彼はこの家父長による復讐を恐れ、家父長に対する不安な状態に陥る——小さなハンスが馬に対して抱く恐怖と全く同じように。すなわち、この恐怖における不安を症状と呼ぶことはできない。母親に惚れ込んでいる小さなハンスが、仮に父親に対する不安を示すとしても、それを彼の神経症や恐怖症のせいだとするのは正当ではなかろう。私たちが眼前にしているのは、どこまでも了解可能な情動的反応であることになろう。この情動的反応を神経症とするのは唯一、もう一つの特徴、つまり父親が馬によって代替されていることである。この遷移がつまり、症状という名で呼ばれることを求めるものを作り上げている。これは、両価性《アンビヴァレンツ》葛藤を反動形成の助けを借りずに解決へともたらす別の機制である。これが可能に、あるいは容易となるのは、トーテミズム的な思考様式と共に生まれた痕跡が、この感受性の強い年齢においてはまだ簡単に甦らせることができる、という事情による。人間と動物との間に断裂があることはまだ認めておらず、明らかに年齢が上ってからのように過度に強調されていない。成熟した男性、賛美およびまた恐怖の対象となる男性は、危険なものとなりうるがゆえに一層さまざまな羨望の対象となり、また気をつけねばならないと警戒もされる、大きな動物たちと同じ序列に相変わらず位置づけられる。つまり両価性《アンビヴァレンツ》葛藤は、同じ一人の人物において解決されるものではなく、その蠢きのひとつに、代替対象としての別の人物が滑り込ませられるという形で、いわば迂回させられるのである。

ここまでは私たちには明瞭となったものの、別の点においては小さなハンスの恐怖症の分析は、私たちに完全な失望をもたらした。症状形成の本質をなす歪曲は、抑圧されるべき欲動の蠢きの代理表現(表象内容)においては全く遂行されず、それとは全く別の、本来的に好ましからざるものへの反動に対応する代理表現において遂行されたのである。私たちの期待にとっては、小さなハンスが、馬に対する不安の代わりに、もしも馬を虐待したり、馬を叩いたりする傾向を増長させたとしたら、あるいは馬が倒れたり馬が傷碍を被ったり、場合によっては痙攣して事切れたりする(脚をバタバタさせる)様子が見たい、といった欲望をはっきりと表明したとしたら、むしろ満足のゆくことであっただろう(22)。この種の何がしかは、彼を分析している間、実際浮かび上がってきたのだが、それは神経症の中心を占めるに至るようなものでは全くなかった。またそして、――奇妙なことだが――仮に彼が、実際に父の代わりに馬だけを標的とした上述のような敵愾心を主要な症状として発展させていたとしたら、私たちは、彼が神経症の状態にあるとはおよそ診断しなかったことであろう。私たちの抑圧の把握か、あるいは症状というものに私たちが与えた定義のうちの何かがおかしいのである。当然そこで一つのことを私たちは即座に思いつく。もしも小さなハンスが馬に対して実際にそのような行動をしたとしたら、不快で攻撃的な欲動の蠢きの性格は、抑圧によって全く変容することなく、その対象のみを変えたことになる、というのがそれである。

これ以上のことを成し遂げない抑圧の症例もあることは言うまでもない。小さなハンスの恐怖症の起源においてはしかし、より多くのことが起こっている。それがどれほどのことなのかを、私たちはまた別の分析事例によって推し量ろう。

小さなハンスがその恐怖症の内容として、馬に嚙まれるという表象を告げていたことは、既に述べたとおりである。さて、私たちは後に、動物恐怖症の別の症例の起源に対する洞察を得ている。そこでは狼が不安をもたらす動物であったが、同様に父の代替物の意味を持ってもいた。*2 分析によって明らかとなった一つの夢に結びつくような仕方で、この少年においては、まるで童話における七匹の子山羊のうちの一匹のように、狼に食われるという不安が発展した。(23) 小さなハンスの父親が彼と「馬ごっこ」をして遊んだという証拠があり、(24) このことが不安をもたらす動物の選択に関して決定的なものとなったのは確実である。私があるロシア人男性を分析したのは、彼が既に二十歳代の時分であったが、彼の父親もまた、幼い彼と遊ぶ際に狼を模倣し、冗談で「食べてしまうぞ」と言って脅かしたことがあっただろう。(25) これも同様に、少なくとも相当確からしいことと考えてよかろう。その後私は、第三の症例として、ある若いアメリカ人を見出した。彼において動物恐怖症は形成されなかったが、まさにこの欠落ゆえに他の症例を理解する一助となるのである。彼の性的な蠢きは、彼が読み聞かせをしてもらうある空想《ファンタジー》的な子供用の物語によって燃え立つのだったが、それは、食べることのできる物質でできている人間〔ジンジャーブレッドマン〕を、食べてしまうために追いかけて捕まえるアラビアの酋長についてのものであった。彼自身この食べることのできる人間と同一化しており、酋長が父の代替物なのは容易に見て取れるが、この空想《ファンタジー》が彼の自体性愛的な活動の最初の基礎となった。父親に食われるという表象は、幼児が保持する典型的かつ太古的な財産であり、神話〔クロノス〕や動物生態との類似は広く知られている。

このように病的性格を緩和させる事情があるにもかかわらず、この表象の内容は、私たちにとってやはり異様なものであり、これを子供において認めることができるとは信じがたいことである。私たちはまた、この内容が表明しているように見えることが、本当にその内容の意味なのかもわからないし、それがいかにして恐怖症の対象たりえるのかも理解できない。しかしながら、分析経験によって私たちは必要な情報を得ている。経験が私たちに教えるところでは、父親に食われるという表象は、性器的性愛という意味での対象である父親から愛されたい、と欲する受動的な情愛の蠢きの退行的で低劣化した表現である。この〔ロシア人〕症例の病歴を追跡すれば、この解釈の正しさに疑いを差し挟む余地はない。もちろん性器的な蠢きは、それが口唇的なリビード編成からサディズム的なリビード編成への移行が克服された時期の言語において表現されるならば、もはやその情愛的意図をあらわにすることがなくなる。ところで、そこで起こっているのは、単に退行的表現による表象代理の代替にすぎないのか、あるいは性器的に方向づけられたエスにおける蠢きが実際に退行的に低劣化してしまっているのだろうか。これを断定

＊2　「ある幼児期神経症の病歴より」〔本全集第十四巻〕

するのは全く容易なことではないと思われる。ロシアの「狼男」の病歴が語るところは、はっきりと後者のより深刻な可能性を支持する。というのも彼は、あの決定的な夢以来、「酷く」、苛むように、サディズム的に振舞うようになり、その後まもなく本当の強迫神経症を病むようになったからである。いずれにしても、抑圧は自我が好ましからぬ欲動の蠢きを防衛するために利用できる唯一の手段ではない、という洞察を私たちは得ることになるだろう。自我が欲動を退行へともたらすことに成功するのであれば、自我は、抑圧によってそうできるであろう以上に力強く、そもそも欲動に損害を与えることになる。とはいえ自我はしばしば、当初は無理に実現させた退行に引き続いて、抑圧を生じせしめることがある。

狼男における事情と、それよりはやや単純ではあるが小さなハンスにおける事情は、他にも少なからぬ思慮へと駆り立てるが、二つの思いがけない洞察を私たちは今や既に得ている。彼らの恐怖症において抑圧された欲動の蠢きが、父親に対する敵対的なそれであることは、疑い得ない。その蠢きは、全く逆のものへと変容させられる過程を経て抑圧されるのだ、と言ってもよい。すなわち、父親に対する攻撃性に代えて、自分の人格に対する父親からの攻撃性——報復——が現れる。そのような攻撃性は、そうでなくともサディズム的なリビード期に根ざしているので、欠けているのは口唇段階への低劣化だけであるが、これは、ハンスにおいては「噛まれること」によって示唆されており、ロシア人男性では、「食われてしまうこと」としてどぎつく実現されている。しかしそれに加えてまた、分析によって、いかなる疑念の余地もなく確かなものとして明らかになったのは、これと同時に、さらに別の欲動の蠢きが抑圧を被るということである。すなわち、父親に対する情愛的で受動的な欲動の蠢きという反対方向の欲動の蠢きで、既に性器的(ファルス的)なリビード編成の水準に達している。しかもこの後者の蠢きは、抑圧過程の最終帰結にとって、より意義深いものであるように思われる。この蠢きは、より広範な退行をきたすことがあり、また恐怖症の内容に対する決定的な影響を保持している。すなわち、私たちが単にひとつの欲動の抑圧を追跡していた際に、私たちはこのような二つの過程が出会っていることを認めねばならない。父親に対するサディズム的攻撃性と、同じ父に対する情愛的で受動的な態度という、この二つの欲動の蠢きは、相対立する二項を形作る。さらに言えば、小さなハンスの病歴を正しく評価するならば、彼の恐怖症の形成によって、母親への情愛的な対象備給もまた棚上げにされていることがわかる。(26) この点については、恐怖症の内容は何も教えてくれない。ハンスにおいて問題になっているのは、――ロシア人男性においてははるかに不明瞭なことだが――、エディプスコンプレクスのほとんど全ての構成要素――すなわち父親に対する敵対的および情愛的な欲動の蠢きと、母親に対する情愛的なそれ――に対する抑圧過程である。

これは私たちが望んでいなかった併発事項である。なぜなら私たちとしては、抑圧によって引き起こされる症状形成の単純な症例だけを研究しようとしたのであり、この意図に沿って、早期の、そして一見明白な幼児期神経症に取り組んできたからである。唯一の抑圧の代わりに、私たちは重層的な抑圧を眼前に見出し、その上、退行と関わることになった。ことによると私たちは、小さなハンスと狼男という、動物恐怖症の二つの手持ちの分析を、一貫して同じ枠組に押し込めようとしたことで混乱を増大させてしまったのかもしれない。私たちは今では、両者の間の一定の相違に気づいている。小さなハンスに関してのみ確言できるのは、彼が自分の恐怖症によって、父親に対する攻撃的な欲動の蠢きと、母親に対する過度に情愛的なそれ、というエディプスコンプレクスの主要な二つの蠢きにかたをつけたのだ、ということである。〔ハンスにあっては〕父親に対する情愛的な欲動の蠢きも確かに存在し、その対立物の抑圧に際して役割を果たすが、しかし、この蠢きが抑圧を惹起するに足るほど強いものであることも、それが後に棚上げにされたのであることも、証拠立てることはできない。ハンスは、いわゆる「陽性」のエディプスコンプレクスを持った、まさしく普通の少年であったように見える。[27] 私たちが見出しえない構成要素も彼においで共に作用していたということもありえようが、しかし私たちはそのようなものを明示することができない。私たちの極めて詳細な分析の資料さえも実に欠落だらけで、私たちの文書記述も不十分なのである。ロシア人男性の場合、欠陥は別のところにある。彼の女性的対象に対する関係は、幼児期に誘惑を受けたために傷害を被っており、[28] そのような彼においては、受動的で女性的な側面が著しく発達している。彼が見た狼の夢の分析は、父親に対して意図された攻撃性をほとんど明らかにはできず、抑圧が父親に対する受動的で情愛的な態度に対してなされることの紛れもない証拠をもたらす。ここにおいても他の要因が関与していたかもしれないが、それらは表面化しない。このような、殆ど対立的関係に近づいているといってよい両者の差異にもかかわらず、恐怖症の最終的帰結がほぼ同じものだとすれば、そのことの説明を私たちは別の側面に求めねばならない。その説明は、私たちが行った小さな比較考察の第二の結果から得られる。私たちは、どちらの症例においても抑圧の動因がわかっていると考え、この二人が小児期以来たどった発達の経過によって、その動因の役割が確証されたことを見て取っている。動因はどちらの場合も同じもので、去勢の脅威に対する不安である。小さなハンスは去勢不安によってこそ、父親に対する攻撃を放棄するのである。そして、馬が自分を噛むのではないか、という不安は、馬が彼の生殖器を噛み切るのではないか、彼を去勢するのではないか、というように無理なく補完することができる。他方ロシア人の場合は、去勢不安から、父親から性的対象として愛されたいという欲望をも断念する。なぜなら、そのような関係をもつことは、彼を女から区別するものである自分の生殖器を犠牲にすることを前提にしていると、彼は理解しているからである。エディプスコンプレクスの両方の形態、つまり正常で能動的なエディプスコンプレクスとその反転したエディプスコンプレクスのいずれも、まさしく去勢コンプレクスにおいて頓挫するわけである。[29] 狼に食われるというロシア人の不安観念には、なるほど去勢への示唆は何も含まれておらず、口唇的退行によってファルス期からはるかに遠く隔たってはいる。しかし、彼の夢の分析には、他のあらゆる証拠は不要なものであることを示している。恐怖を語る言葉には、もはや去勢を暗示するものはないこともまた、抑圧の完全な勝利なのである。

さて、ここに思いがけない帰結が生じる。いずれの症例においても、抑圧の動因は去勢不安である。不安の内容つまり、馬に噛まれる、および、狼に食われる、という不安内容は、父親から去勢されるという内容に対する歪曲的代替物である。この〔後者の〕内容は、実のところ、それ自体既に抑圧を被っているのである。この内容は、ロシア人においては、男性性が示す反抗に対してもはや持ちこたえることができなかった欲望の表現であり、ハンスにおいては、攻撃性をその反対物へと転化せしめた反動の表現である。しかし、恐怖症の本質を形作る不安情動は、抑圧の過程に由来するのでも、抑圧された蠢きのリビード的備給に由来するのでもなく、抑圧するもの自体に由来する。動物恐怖症の不安は、他へと転化することがない去勢不安であり、それゆえ実際に脅威となっている危険を前にした不安、あるいはいま現実にあると判断された危険に対する不安、すなわち現実的不安である。ここでは、不安こそが抑圧を作り出すのであり、私がかつて考えたように抑圧が不安を作り出す、のではない。

このことを思い出すのは愉快なことではないが、否認しても仕方のないことである。私はしばしば以下のような命題を唱えてきた。抑圧によって欲動の代理が歪曲、遷移等々の類の作用を被る、そして欲動の蠢きのリビードはといえば、不安に転化するのだ、と。[30] ところが、この命題を証明するのにとりわけ相応しいものであるはずの恐怖症の研究は、これを支持せず、むしろ真っ向から矛盾しているように思われる。動物恐怖症の不安は、自我の去勢不安であり、広場恐怖の方は、あまり十分に研究されていないが、誘惑不安であるように思われ、この誘惑不安は、また去勢不安と発生的に関連するに違いない。大抵の恐怖症は、今日私たちが見渡す限りでは、リビードの要求を前にしたそのような自我の不安に帰着する。その際常に、自我の不安態勢が第一次的なもので、抑圧するきっかけとなる。不安が抑圧されたリビードから生じることは決してない。かつて私は、抑圧の後、リビードの予期された発現に取って代わり、ある一定量の不安が現れる、と言うだけで事足れりとしたが、今日それを何ら撤回する必要はないだろう。この記述は正しいのであり、抑圧されるべき蠢きの強さと、その結果として生じる不安の強度との間には、確かに私が主張したような対応がある。しかし告白すると、私はそこで、単なる記述以上のことを明らかにできると考えていた。私は、自分がリビードから不安への直接的置き換えという、メタサイコロジー的過程を認めたと想定したのである。従って、今日の私はもはやこの立場にとどまり続けることはできない。私は当時でさえ、そのような転換がどのように行われるのかを説明できなかったのである。

そもそも私は、どこからこの置き換えという考えを得たのだろう。それは、自我における過程とエスにおける過程を区別するということからまだ遠く隔たっていた時期、つまり現勢神経症の研究を行っていた時期のことである。[31] 私は、中絶性交、不満に終わる興奮、強いられた禁欲など、特定の性的実践によって不安の発作性出現と一般的な不安準備性がもたらされることを見出した。すなわち、性的興奮がその満足への経過において制止され、押しとどめられ、あるいは方向を変えられたりするときには、いつもこれらの現象が生じるのである。性的興奮はリビード的欲動の蠢きの表現なので、リビードがそのような妨害の作用を受けて不安へと転化するのだと推測するのは、さして大胆なことには思われなかった。さて、この観察は今日でもまだ通用し、また他方、エス過程のリビードが抑圧の刺激を受けることによって妨害を被るという考えは、捨てきれない。つまり、抑圧において、不安が欲動の蠢きのリビード備給から形成されるということは、依然として正しいかもしれない。しかし、この帰結を、恐怖症の不安が自我－不安であり、自我において成立するもので、抑圧から生じるのではなく、逆に抑圧を呼び起こすのである、という考えとどのように関係させるべきであろうか。これは矛盾で、簡単には解けないように思われる。不安の二つの起源を唯一の起源へと還元するのは、簡単に成し遂げられることではない。交接が妨害を被ったり、興奮が中断されたり、禁欲といった状況に直面して自我が危険を察知し、それに対して不安を以て反応するのだ、という推論で切り抜けようとすることもできようが、しかしそれでは解決にならない。他方において、私たちが行った恐怖症の分析のほうも、修正を受け容れるようには見えない。《判決不能[32]》！

139

V

私たちは症状形成と、症状に対する自我の第二次的闘争について、恐怖症を対象に選んで研究しようとしたのであったが、はっきりした幸運には恵まれなかった。この疾患像において支配的となっている不安は、今では、事態を覆い隠す合併症であると私たちには思われる。不安を全く示さない神経症も多くある。真正の転換ヒステリーがその種のもので、そこでは最も重篤な症状でも、不安の混入は見出されない[33]。この事実が既に、不安と症状形成との関係をあまり緊密に結び付けるべきではないことを私たちに警告するはずである。この点を別にすると、恐怖症

140

は転換ヒステリーと非常に近いところに位置するので、私は、恐怖症を「不安ヒステリー」として、転換ヒステリーの系列に加えることを正当だと考えすらしたのである。しかし、ある症例が転換ヒステリーの形態をとっているのか、それとも恐怖症の形態をとっているのかについて決定するような条件を提示することは、まだ誰にもできていない。つまり、ヒステリーにおいて不安が発展する条件を究明した者は誰もいないのである。

転換ヒステリーにおける最も頻繁な症状である運動麻痺、〔手足などの〕拘縮あるいは不随意的運動や運動暴発、痛み、幻覚などは、持続性の備給過程であったり、あるいは間歇的な備給過程であったりするが、このことが説明を新たに難しくしている。そもそも、このような症状に関してたいしたことは述べられていない。(34) 分析によって、障碍を受けた興奮経過のどれが症状によって代替されたのかを知ることならできる。大抵の場合、症状自体がこの興奮経過に関与していることが明らかとなり、そのため恰も興奮経過の総エネルギーがこの一つの部分に集中しているかのようですらある。抑圧が起こった状況においては痛みが現実に存在していたのであり、幻覚はその状況当時においては現実に知覚であった。運動麻痺は行動に対する防衛であり、その行動は、その状況において遂行されるべきであったのだが、制止されたのである。拘縮は通常、その当時は、当人が意図の支配下にあった筋肉の神経伝達が別の部位へとずらし移されることである。けいれん発作は、自我による正規の制御から逃れたことによる突発的興奮の表現である。症状の発生に伴う不快感は、驚くほど変化が大きい。麻痺や拘縮といった、運動機能へと移動した持続的な症状では、ほとんどの場合不快感を全く欠いており、自我はその症状に全く関与していないかのごとく振舞う。間歇的症状や、知覚領域における症状では、通常ははっきりとした不快を感じ、痛みの症状の場合には、極度に強いものに亢進することもある。このように多様な現れ方を前にしては、そうした差異を可能ならしめ、しかも統一的な説明を許すような契機を見出すことは極めて困難である。一旦形成された症状に対する自我の闘いに関しても述べると、転換ヒステリーにおいては、これはほとんど認められない。ある身体部位における痛みの感覚が症状となった場合にだけ、この痛みの感覚は二重の役割を果たす地位に置かれる。つまり、痛みの症状は、その部位が外部から触れられると確実に出現するし、また、その部位によって代替された病原状況が内部から連想によって活性化される場合にも出現する。そして自我は、外的知覚によって症状が呼び覚まされることのないように予防策を講じる。転換ヒステリーにおいて症状形成がとりわけ不明瞭なのが、何に由来するのかを私たちは言い当てることができない。ともあれこの不明瞭さは、私たちが実りない領域から早々に立ち去る口実を与えてくれはする。

私たちは、症状形成に関してより多くを知ることを期待して、強迫神経症へと関心を転じよう。強迫神経症の症状は一般的に二種類あり、両者は対立する傾向がある。禁止、予防的措置、懲罰のような、すなわち否定的性質のものであるか、あるいは逆に代償的満足であって、こちらは極めて多くの場合、象徴的偽装を纏う。これら両群のうち、否定的、防衛的、懲罰的なものがより古いものであるが、疾病の状態が持続するにつれて、あらゆる防衛を物ともせぬような満足が際立って増加する。禁止を満足と首尾よく混淆し、原初の防衛的命令ないし禁止が満足の意味をも帯びるようになるならば、症状形成の勝利といえる。その際しばしば、極めて人工的な結合方式が必要とされる。この作用においては、総合への傾向が示されるが、これは私たちが既に自我に認めたものである。極端な症例においては、症状のほとんどが、その原初的な意義に加えて、それと真っ向から対立する意義を持つようになることすら、患者はやってのける。両価性《アンビヴァレンツ》の力を証明するものであり、これは、何故かはわからないが強迫神経症において非常に大きな役割を果たす。最も新鮮な症例においては、症状が二つの時期に分かれる。[35] すなわち、一定の指示に従う行動にすぐ続けて、それを棚上げにしたり、あるいは撤回したりする第二の行動がなされる。もっとも、その指示と反対のことを敢行するほどではまだない。

このように強迫症状を急ぎ足で一瞥しただけでも、二つの印象がすぐさま得られる。第一は、そこでは抑圧されたものに対する闘争が継続的に行われており、その闘いは抑圧する力にとってますます分の悪いものとなるという印象であり、第二は、自我と超自我がここでは症状形成にとりわけ大きく関与している、という印象である。

強迫神経症は、確かに分析の探求にとって恐らく最も興味深く、最も有難い対象であろうが、しかし、未だに問題として克服されてはいない。その本質により深く分け入ってゆこうとすれば、不確実な仮定や証明されない推測などが未だ欠かせないことを告白せざるを得ない。強迫神経症が始まる状況は、エディプスコンプレクスにおけるリビードの要求に対する必要な防衛という、ヒステリーの始まる状況と恐らく別のものではないだろう。[36] また、強迫神経症においては、いつも、その最下層において極めて早期に形成されたヒステリー症状が見出されるようである。[37] しかし、それ以降の形成は、ある体質的要因によって決定的な仕方で変容させられる。リビードの性器的編成は、脆弱で、あまりにも抵抗力を欠いていることが明らかとなる。自我が、自らの防衛努力を開始した際に自我が手にする最初の成果は、自我が、（ファルス期の）性器的編成が完全に、あるいは部分的に、それ以前のサディズム肛門期へと逆戻りさせられる、ということである。退行というこの事実は、それに続く全てにとって決定的な力を持つ。

さらにもう一つの可能性を考量することもできる。もしかしたら退行は、体質的要因ではなく、時間的要因の結果ではないか、というものである。その場合、退行が可能となるのは、リビードの性器的編成があまりに脆弱だからなのではなく、自我の反抗があまりに早期に、サディズム期の盛期に始まってしまったから、ということになるであろう。私にはこの点に関しても、確実な決断を下す勇気はないが、しかし分析的観察はこの仮定にとって好都合なものを示していない。分析的観察が示しているのはむしろ、強迫神経症へと転じる場合、ファルス段階は既に到達されている、ということである。この神経症が発病する年齢(第二小児期、潜伏期の終了後)も、ヒステリーに比べ遅く、私が研究することのできた、この疾患が非常に遅い時期に発症したある症例では、それまで健全であった性器的な性生活が現実に無効となったことが、退行と強迫神経症成立の条件をなしていた。*3(38)

退行のメタサイコロジー的説明を私は、「欲動の分離」、すなわち、性器期の始まりとともにサディズム期の破壊的備給に付け加わっていたエロース的構成要素が疎隔されることに求めた。(39)

強迫を介し退行を獲得することは、リビードの要求に対する自我の防衛闘争の最初の戦果を意味する。私たちがここで「防衛」のより一般的な傾向を、防衛が利用する単なる一機制にすぎない「抑圧」から区別するのは、(40) 目的に叶ったことである。通常のヒステリー的な症例においてよりも、強迫神経症においては、防衛の動因としての去勢コンプレクスと、防衛されるべき対象としてのエディプスコンプレクスの希求が、より明確に認められる。さて、私たちは潜伏期が始まる局面を問題としており、この時期はエディプスコンプレクスの消滅、超自我の創成ないし確固化、そして自我における倫理的、また美的な制約の確立によって特徴づけられる。これらの過程は、強迫神経

---

*3 「強迫神経症の素因」〔本全集第十三巻〕を参照。

症の場合、通常の程度を超えてしまう。すなわち、エディプスコンプレクスの破壊はリビードの退行的低減を伴い、超自我はとりわけ厳格で愛情を欠くものとなり、自我は超自我への従順のうちに、良心性、同情、潔癖など高度な反動形成を増長させる。早期小児期の自慰を続けようとする誘惑は、容赦なく厳禁され、それゆえにまた必ずしも成功せず、退行的（サディズム肛門的）表象に依拠するようになる。他方で、その誘惑はまた、ファルス的編成への抑えつけようのない関与を代理表現してもいる。そこには内的矛盾があり、男性性の維持（去勢不安）という利害のためにこそ、この男性性のあらゆる発揮が妨げられてしまうのである。しかしこの矛盾もまた、強迫神経症においてはただ極端なものになるだけである。このような矛盾は、もともとエディプスコンプレクスを解消する通常の方式に内在するものである。度を越したものは、何であれ自らを解消してしまうに至る芽を孕んでいる、ということが、強迫神経症においても確証されるだろう。なぜなら、まさしく抑圧された自慰が強迫的行為という形で、満足への接近をどこまでも追求するからである。

強迫神経症患者の自我における反動形成を通常の性格形成が極端になったものと認める私たちとしては、これを退行と抑圧に並ぶ防衛の新たな機制として加えることが許されよう。反動形成はヒステリーにおいては存在しないか、または遥かに弱いようである。遡って見るならば、私たちはヒステリーの防衛過程が何によって特徴づけられているのかを、以下のように推測することができる。ヒステリーの防衛過程は抑圧に限定され、そこでは、自我は好ましくない欲動の蠢きを避けて、無意識の経過にこれを委ね、その運命にこれ以上関与しない。もちろん、このことが唯一正しいわけではないが、実際、私たちは、ヒステリー症状が同時に超自我の懲罰要求の満足を意味するような症例を知っている。しかし、以上はヒステリーにおいて自我がどう振舞うのかについての、一般的性格を記述していると言えるだろう。

強迫神経症において非常に厳格な超自我が形成されることは、端的な事実として受け容れられることであろう。あるいは、この疾病の基礎的特徴がリビード退行であることを想起して、超自我の性格もこれと結びつけようと試みることもできる。実際、エスに由来する超自我には、そこに介入してくる退行および欲動分離から逃れることはまさしく不可能である。超自我の側が、通常の発達に比べてより厳しく過酷で非情なものとなるとしても、不思議なことではなかろう。

潜伏期には、自慰の誘惑に対して防衛することが主要な課題となるようである。この闘いは、極めて多様な人格においてひとつの典型的な仕方で回帰し、大抵は儀式的性格を帯びる一連の症状を生み出す。極めて残念なことに、これらの症状はまだ収集され体系的に分析されてはいない。これらは、神経症の最も早期の作業であることからして、ここで用いられた症状形成の機制に何よりも早く光を当ててくれるであろう。それらの症状は既に、後に病が重くなった際には極めて宿命的なものとして発現することになる特徴を示している。後にはほとんど自動的に遂行されるはずの行動において、身動きがとれなくなること、すなわち床に就く、身体を洗う、服を着る、歩行する、といった行為が、反復や時間浪費の傾向を持つようになる、というのがそれである。なぜこのようなことが起きるのかは、まだ何も分かってはいないが、昇華された肛門性愛的な要素がそこで明らかに役割を果たしている。

思春期は強迫神経症の発症において決定的な転機をなす。幼児期に中断された性器的編成が、大きな力で再び開始される。しかし、私たちが知るとおり、幼児期の性的発達が思春期という時期の新たな開始においても予め方向を定めている。かくして、一方では幼児期の攻撃的な蠢きが再び目覚め、他方では新たなリビード的蠢きの、程度差はあっても大きな部分——最悪の場合にはその全部——が、退行によって予め敷かれた軌道に従い、攻撃的で破壊的な意図として登場する。このような性愛的要求の仮装と、自我における強い反動形成の帰結として、ここに性欲に対する闘いが、倫理的な旗幟のもとで継続される。自我は、エスに発して自らの意識へと送り込まれた残酷で暴力的な無理難題に驚きつつ反抗するが、その際自分が性愛的な欲望と戦っていることに、またその欲望の中には、通常であれば自我の異議申し立てを免れるであろうものも含まれていることに気づかない。過度に厳格な超自我は、性欲がかくも嫌悪感を催させるような形態をとってしまったがゆえに、それだけ一層その抑圧に固執する。こうして強迫神経症における葛藤は、二方向へと尖鋭化して現れる。すなわち防衛する側はより不寛容となり、防衛される相手の側はより耐え難いものとなる。どちらもリビード退行という一つの契機に影響を受けてそうなるのである。

私たちのいくつかの前提に対する矛盾の一つとして、好ましからざる強迫的表象がそもそも意識される、という点をあげることができるかもしれない。とはいえ、そのような強迫的表象がかつて抑圧の過程を切り抜けてきたことは疑い得ない。大抵の症例では、攻撃的な欲動の蠢きが本来いかなる内容であったのか、自我にはおよそ知られていない。欲動の真の内容を意識化させることは、大変な分析作業となる。意識に押し入ってくるものは、通常は歪曲された代替物にほかならないのであって、それは、朦朧として夢めいた不確定なものであったり、不合理な仮装を纏って見分けがつかなくなっていたりする。抑圧は、攻撃的な欲動の蠢きの内容を蝕みはしなかったとしても、それに付随する情動的性格を払拭してしまった。そこで攻撃性は自我にとって、刺激因ではなく、患者たちの言うように、冷静さを保たせてくれる単なる「思考内容」であると見えることになる。(41) 極めて奇妙なことに、実際はそうではない。

すなわち、強迫的表象の知覚において省略された情動は、別の所で姿を現す。超自我は、抑圧など全く起きなかったかのように、そして攻撃的な欲動の蠢きの真の内容も、そのあらゆる情動的性格も自分は知っているかのように振舞い、こうした前提に従って自我を取り扱う。自我は、一方では自分に罪がないことを知っているが、他方で罪悪感を覚えねばならず、自分では説明のつかない責任を負わねばならない。しかし、ここで私たちに課せられた謎は、当初そう思われていたほどには大きなものではない。超自我の振舞いは十分よく理解できるものであるし、自我における矛盾が証明しているのはただ、自我が抑圧という方法でエスに対して自らを閉ざしている一方で、超自我からやってくる影響には完全に開かれたままである、ということである。[*4] 自我が超自我の責め苛むような批判からも逃れようとはしないのはなぜか、という次なる問いには、多くの一連の症例においては実際にそういうことが起きている、という報告で以て終止符を打つことができる。全く罪悪意識のない強迫神経症も存在する。また、私たちが理解する限りでは、自我は、贖罪行為や自己懲罰のための制限など一連の新たな症状によって、罪悪意識を知覚せずに済ませている。しかしながら、これらの症状は、マゾヒズム的な欲動の蠢きの満足をも同時に意味する。しかし、その欲動の蠢きは退行によって増幅される。

　強迫神経症の現象形態の多様性は非常に大きく、それらのあらゆる変種を関連付けて総合しようとするいかなる努力もいまだ報われてはいない。典型的な関連を抽出するのに力が傾けられているが、その際、他の少なからず重要な規則性を見逃してしまうのではないかという懸念がいつも付き随う。

＊4　ライク『告白強迫と懲罰要求』一九二五年、五一頁参照。

強迫神経症における症状形成の一般的傾向は、既に記述したところである。社会機能を果たすことが不首尾に終わるという犠牲を払って、代替満足がますます大きな領域を占めるようになる、というのがその趣旨である。元来は自我の制限を意味していた同じ症状は、自我の総合への傾向のお蔭で、後には満足の制限をも受け容れる。見逃しえないことに、この第二の意味が徐々により実効的な意味となる。極端に制限された自我は、自らの満足を症状の中に探し求めることに頼るようになるが、これは、当初の防衛努力の完全な失敗にますます近づいてゆく、というこの過程の帰結である。満足方向へ力関係が移動すると、あらゆる決断に際してほぼ同じ強さの衝動が一方においても他方においても生じる自我の意志の麻痺という、恐れられている最終結果を招くこともある。この疾病を最初から支配していた、エスと超自我との間の極度に尖鋭化された葛藤は、無力で媒介しえない自我がどのような方策を用いても、それに巻き込まれることから逃れようがなくなるほどに拡張することもある。

VI

この闘争の間、自我には症状形成にかかわる二つの活動が観察できる。これらは明らかに抑圧の代用物であり、それ故抑圧の傾向と技法をはっきりと説明してくれるので、特に関心を払うに値する。私たちは、このような補助的および代替的技法の出現を、正規の抑圧が困難に直面していることの証拠と捉えることも許されるかもしれない。以下のように考えるなら、強迫神経症にみられる抑圧のこうした異種も、より理解可能なものとなってくるかもしれない。すなわち、強迫神経症においては、ヒステリーに比べ、自我が症状形成の舞台となることが非常に多く、この自我が現実と意識への関与に固執し、そのために自らのあらゆる知的手段を動員するのであること、そして思考活動が過度に備給され、性愛化されて現れる、というように。

いま示唆した〔強迫神経症における抑圧の〕二つの技法とは、なかったことにすることと、孤立させることである[42]。前者には大きな応用可能領域があり、遥か過去にまで及ぶ。いわば否定的魔術であり、運動的象徴術によって、ある出来事（印象、体験）の結果をではなく、その出来事自体を「吹き消」そうとする。この表現を選んだのは、この技法が神経症のみならず呪術や民間習俗、宗教儀礼においても果たしている役割に注意を向けるためである。強迫神経症において、なかったことにすることに出会うのは、まず、二つの時期に分かれた症状においてであり、その第二幕では、第一幕が、あたかも何も起こらなかったのであるかのように棚上げしてしまう。実際にはどちらも起こったことなのであるが。強迫神経症儀礼は、なかったことにする、という意図にその第二の根を持っている。第一の根は、ある特定の事柄が起こらないように、あるいは反復しないように、という予防であり用心である。両者の差異は容易に把握できる。用心の措置は合理的であり、なかったことにすることで「棚上げ」するのは非合理的で、魔術的性質のものである。無論この第二の根のほうがより古いもので、環境世界に対するアニミズム的態度に由来するものだと想定しなければならない。なかったことにすることへの努力は、出来事を「《起コラナカッタ》[43]」こととして扱うその決然とした仕方において、正常なものに対して際立った様相を呈するが、しかし、そこから先なんの対抗策も採られることがなく、出来事もその帰結も気にされることがない。他方で神経症においては、過去を自ら解消し、身体運動によって抑圧しようと努める。同じこの傾向によって、神経症において実によく頻発する反復への強迫を説明することもできる。この強迫が実行される際には、いくつもの互いに対立する意図が共存しているのである。欲望に添う形で起こるはずであった仕方では起こらなかったものは、別の仕方での反復によってなかったことにされるが、その際あらゆる動機が加わってきて、この反復にとどまろうとする。神経症の経過がさらに進むと、症状形成の第一級の動機として、外傷的体験をなかったことにしようとする傾向がしばしば出現する。私たちはこうして、防衛の新たな運動的技法に対して、あるいは――ようやくより厳密な意味で言えるところの――抑圧の新たな運動的技法に対して、予期せぬ洞察を獲得する。

新たに記述されたもう一つの技法は、強迫神経症に固有なものである孤立させることである。この技法も同じく運動的領野に関連し、好ましからざる出来事の後で、神経症的な意味において重要な意義を持つ自分自身の活動の後と同じように、ある休止が挿入されるという点に存する。この休止においては、もはや何も起こってはならず、何も知覚されず、何の行為も遂行されない。この一見奇妙な態度からは、程なく抑圧への関係が露呈する。私たちの知るとおり、ヒステリーにおいては外傷的印象を健忘に委ねてしまうことがありうるが、強迫神経症においては、これは多くの場合うまくゆかず、体験は忘れられない。しかし、体験はその情動を剝かれ、その連想的諸連関は抑圧されるか中断されて、まるで孤立させられたようにそこにあり、思考活動の経過においても、もはや再生産されることはない。そうすると、この孤立させることの効果は、健忘による抑圧の場合と同じになる。それゆえにこの技法は、強迫神経症に認められる孤立させるという技法において再生産されるのだが、但しこれも魔術的意図に従い運動的に増幅される。このように相互に隔てられてあるものは、まさしく、連想的な仕方でひとつの全体をなすものであって、運動的に孤立させることで、思考における連関の中断が保障されなければならない。正常な集中の過程は、神経症のこのような手続きにかこつけてなされている。私たちが印象や課題として意義深いものと思うものは、同時になされる他の思考作用や活動の要求によって邪魔されてはならないのである。しかし、正常な場合において既に、集中は、どうでもよいものや関係のないもののみならず、何よりも不都合で対立するようなものを遠ざけるために用いられる。最も邪魔と感じられるのは、元々仲間をなしてはいたが、発展が進むにつれて分離していったものである。例えば、神との関係における父親コンプレクスの両価性《アンビヴァレンツ》の表現や、性愛的興奮における排泄器官の蠢きなどがそうである。こうして自我は通常、思考経過を制御する際、孤立させるための多大な労働をこなさねばならない。ところが周知のように、分析技法の遂行において私たちは、通常であれば全く以て正当なものであるこの機能を一時的に放棄するよう、自我を教育せねばならないのである。

　私たちは、強迫神経症者にとって、精神分析の基本原則を遵守することが極めて困難であることについて、実に多くの経験をしている。恐らくは、超自我とエスの間の葛藤の緊張が強いために、患者の自我はより用心深くなっており、孤立させることを、より鋭く行っているのであろう。自我は思考を働かせる間、無意識の空想の混入や両価的《アンビヴァレント》な要求の表現など、あまりに多くのものに対して防衛せねばならない。自制しないことは禁じられており、常に闘争の準備状態にある。自我は、この集中と孤立させることへの強迫に対する支えを、魔術的な孤立させる行為によって得ている。これは症状として非常に目立ち、実践上非常に意義深いものではあるが、それ自体は当然ながら無駄な骨折りで、儀礼的性格を持つ。

　自我は、連想や思考における結合を阻止しようと努めることで、強迫神経症の最古にして根本的な戒律の一つである接触のタブーに従っている。接触や結合や伝染を避けることが、神経症においてなぜかくも大きな役割を果たし、かくも複雑なシステムの内容となるのか、と自問するならば、以下のような答えが見出されよう。触れること、すなわち身体による接触は、攻撃的な対象備給と情愛的な対象備給双方にとって最も手近な目標であるから、というのがそれである。[44] エロースは触れることを欲する。なぜならエロースは、自我と愛する対象の合一、つまり双方の間の空間的境界の棚上げを希求するからである。しかし、破壊もまた、飛び道具の発明以前には近づいてしか行いえぬものであったので、身体的接触を、つまり手を出すことを前提とせねばならない。女性に触れるとは、語の婉曲的な用法においては、その女性を性的対象として用いることを意味するようになった。男根に触れないとは、自体愛的な満足の禁止を意味する。強迫神経症が最初は性愛的接触を求め、次いで退行が起こった後は攻撃性の仮面を被った接触を求めるという点からして、接触に比較されるほど高度な禁止を受けるものは他になく、接触ほど禁止システムの中心に位置するに相応しいものは他にない。ところが孤立させることは、接触の可能性を棚上げすることであり、ある物をいかなる接触からも遠ざける手段である。そして神経症者が、ある印象やある活動を休止によって孤立させる際、彼は、それらについての思考が他のものと連想的に接触させないようにしていることを、私たちに象徴的に理解させてくれる。

症状形成に関する私たちの考察が及ぶのはここまでである。この考察を総括しようとしてもあまり甲斐はない。考察は成果に乏しく、不完全なものにとどまっており、既に前から知られていたのではないようなことを、あまりもたらしてはいない。恐怖症や転換ヒステリーや強迫神経症とは別の疾病における症状形成を考慮に入れる展望は開かれていないだろう。それについては、あまりに僅かなことしか知られていないのだから。しかし、これら三種の神経症を一緒に並べてみると、重要性をもち、もはや先延ばしすべきではない問題が明らかになる。つまり、三者ともが、エディプスコンプレクスの破壊を出発点とし、私たちの想定するところでは、三者とも去勢不安が自我による反乱の動因となる。しかし、恐怖症においてだけ去勢不安は前景にでてきて、告白される。他の二形態において、この不安はどうなるのだろうか。自我はいかにしてそのような不安なしで済ませたのだろうか。私たちが、不安がある種の発酵作用によって、中途で障碍を受けたリビード備給から生じるのだ、というさきに言及した可能性を想い出すなら、問題はさらに先鋭化する。さらに、去勢不安は抑圧(あるいは防衛)の唯一の動因である、というのは確実だろうか。女性たちの神経症を考えると、このことには疑念を持たざるを得ない。というのも、なるほど彼女たちにおいても去勢コンプレクスを確認することができる。しかしながら、去勢が既に成し遂げられたところでは、語の正しい意味における去勢不安を問題にすることはできないからである。

VII

小児の動物恐怖に戻ろう。私たちはこれらの症例を、他の症例よりもよりよく理解できるはずである。すなわちここで自我は、エスによるリビード的対象備給(陽性あるいは裏エディプスコンプレクスのそれ)に対し介入しなければならない。なぜなら自我は、それに身を委ねるなら去勢の危険がもたらされるであろうことをよく知っているからである。私たちはこのことを既に解明しているが、この第一の議論においてまだ残っている疑念を、この機会に晴らそうと思う。私たちは、小さなハンス(すなわち陽性エディプスコンプレクスの症例)において、自我の防衛を挑発するのが母親に対する情愛の蠢きであると想定すべきであろうか、それとも父親に対する攻撃性の蠢きであると想定すべきであろうか。実際上は、このことはどうでもよいと思われるかもしれない。特に、両者の蠢きは互いに条件づけあっているのであるから。しかし、この問いは理論上興味をひく。なぜなら、母親に対する情愛の流れのみが純粋に性愛的なものと見なされうるからである。攻撃的な蠢きの流れは、本質上破壊欲動に従属するのであり、私たちが常日頃考えてきたところでは、神経症において自我が自らを防衛するのは、リビードの要求に対してであり、他の欲動の要求に対してではない。実際私たちは、恐怖症が形成された後で、情愛的な母親との結びつきが、まるで消え去ったかのようになるのを観察している。この結びつきは、抑圧によって根底から解消されてしまった。他方、攻撃的な蠢きについて言えば、症状－(代替－)形成が成し遂げられる。狼男の場合、事情はより単純で、抑圧された蠢きは実際に性愛的なものである。すなわち父親に対する女性的な態勢が抑圧され、この態勢のもとで症状形成も成し遂げられる。

私たちがかくも長い作業を経た後でも、最も基礎的な関係の把握に関していまだに困難を抱えているとは、恥ずべきことだと言ってよいが、しかし私たちは何ごとも単純化することなく、何ごとも隠さないようにしてきた。鮮明に見ることができない時には、私たちは少なくとも不鮮明なところをしっかりと見ようと思う。私たちの行く手を阻んでいるのは、明らかに、私たちの欲動理論の発展がバランスを欠いているという問題である。当初私たちは、リビードの編成を口唇段階からサディズム肛門段階を経て性器段階まで追跡し、その際、性欲動の構成要素すべてを相互に同列に置いていた。後に私たちには、サディズムが、エロースと対立する他の欲動の代表者であると見えるようになった。欲動をこの二つのグループによって新たに把握することは、リビード編成を継起的に段階づける従来の構成を、粉砕してしまうように思われる。しかし、この困難を脱するのに有益な策を新たに講じる必要はない。そのような策はずっと前から私たちに与えられている。すなわち、私たちは、純粋な欲動の蠢きにかかわることはほとんどなく、むしろ専ら二種の蠢きがさまざまな量的関係において混成したものにかかわっているのだ、ということである。つまり、サディズム的対象備給はまた、リビード的対象備給として扱われる権利を持ち、リビード編成は修正される必要はない。それゆえ、父親に対する攻撃的な蠢きは、母親に対する情愛的な蠢きと同じ権利で抑圧の対象たりうる。いずれにせよ私たちは、今後の検討のための材料として以下の可能性をあげるにとどめておこう。すなわち、抑圧はリビードの性器的編成と特殊な関係を持つひとつの過程であるかもしれない。また、自我は他の編成段階のリビードから身を護らねばならない時、別の防衛方法に頼るかもしれない、と。そして先へ進もう。小さなハンスのような症例が私たちに決断を可能とすることはない。実際、そこでは確かに、攻撃的な蠢きが抑圧によって解消されているものの、しかしそれは、性器的編成に到達してから後に生じているのである。

私たちは、今度は不安への関係を見逃さぬようにしよう。既に述べたように、自我は去勢の危険を認識するや不安の信号を出し、快－不快の審級を介して、そこから先は洞察しえぬ仕方で、エスにおける脅威的備給の進行を制止する。同時に恐怖症の形成が完遂される。去勢不安は別の対象を手に入れて、父親から去勢されるという代わりに、馬に嚙まれる(狼に食われる)といったように歪曲された表現がなされる。代替形成には二つの明らかな利点がある。第一に、両価性《アンビヴァレンツ》の葛藤が回避できる。というのも、父親は同時に愛する対象でもあるからである。第二に、自我は不安の発展に歯止めをかけることができるようになる。恐怖症における不安は自由に選択されるものであって、不安の対象が知覚される対象となった際にはじめて不安の出現をみる。これは全くその通りで、この時はじめて危機の状況に直面することになる。父が不在であれば、去勢されることを恐れる必要もなくなる。しかし父親を除去することはできず、父親が望むときにはいつでも出現する。しかし、父親が動物によって代替されるなら、その動物の光景、すなわち動物の現前を避けるだけで、危険と不安から逃れられる。小さなハンスは、自我に制限を課し、馬に出会わないようにするため外出しないという制止を作り出すのである。小さなロシア人のほうはもっと安楽であって、ある種の絵本をもう手に取らぬようにするという、些細な断念だけである。悪い姉が、この本の中の直立する狼の絵を彼に繰り返し見せさえしなければ、彼は自分の不安を感じずにすんでいたであろう[45]。

私はかつて恐怖症には、内的な欲動の危険を外的な知覚の危険で代替するという投射の性格があると考えた。これがもたらす利点は、内部からの危険に対しては逃れようがないのに対して、外的な危険に対してなら、知覚からの逃避と忌避によって自らを護ることができる、ということである[46]。私の見解は誤りではなかったが、表面的なものにとどまっている。欲動の要求は、それ自体が危険ではないわけで、それが本当の外的な危険、すなわち去勢の危険を伴うがゆえに危険なのである。それゆえ、基本的には恐怖症において外的な危険のみが他の危険によって代替される。自我が、恐怖症においては回避、あるいは制止症状[47]によって不安から逃れることができるということは、次のような考え方と極めてよく符合する。すなわち、恐怖症の不安は情動の信号にすぎず、経済論的状況にはいかなる変化も起こらない。

それゆえ、動物恐怖症の不安は、自我の危険に対する情動的反応である。ここで信号化される危険とは、去勢の危険である。この場合、不安の内容が無意識に留まっており、歪曲されたかたちでしか意識されない、ということを別にすれば、自我が通常危険な状況において示す現実的不安と異なる点はない。

これと同じ考え方が成人の恐怖症にも当てはまることが明らかになるだろうと思う。確かに、成人の場合、神経症の加工する素材が遥かに豊富で、さらにいくつかの契機が症状形成に加わってくるのだが、根本において、これは同じものである。広場恐怖症の患者は、欲動危険から逃れるため自我に制限を設ける。欲動の危険とは、性愛的情欲に身を委ねることへの誘惑であるが、これに屈することによって、再び幼年期の時のような去勢の危険や、それに類似した危険を呼び覚ましかねないことになる。わかりやすい例として、ある若い男性の症例を挙げよう。彼が広場恐怖症になったのは、娼婦たちの誘いに身を委ね、その罰として梅毒に罹ってしまうことを恐れたからであった。

もちろん私は、多くの症例がもっと複雑な構造を示すこと、また別の多くの抑圧された欲動の蠢きが恐怖症へと至る症例があることを知っているが、しかしこれらは副次的なものにすぎず、大抵は事後的に神経症の中核と結びついていくのであった。広場恐怖症の症状論は、自我が何かを諦めるだけでは満足しないという事実によって複雑となる。自我はその状況から危険を取り除くために、それに加えて何かを行うのである。付加されるのは、通常子供時代への（極端な場合は、母親の胎内へ、つまり今日脅威となっている危険から護られていたような時期への）時間的退行であり、断念が為されなくともよい可能性の条件として出現する。例えば、広場恐怖症の患者は、小さな子供のように、信頼できる人物の付き添いがあれば街へ出かけることができる。彼が、家からある一定の距離以上遠ざかりさえせず、彼のよく知らない、その住民とも顔見知りでない地区へ行くのでさえないならば、一人で出かけることができるのも、同様の考え方から理解できるだろう。こうした限定が選択されるに際しては、彼の神経症すべてを支配しているさまざまな小児的な契機の影響が示されている。きわめて特徴的で、そのような小児的退行がないのが、独りでいることへの恐怖症で、それは結局のところ、独りで自慰に耽ることへの誘惑を回避しようとしているのである。こうした小児的退行の条件とは、もちろん幼年期から時間的に隔たっていることである。

一般に恐怖症が形成されるのは、一定の状況下で——路上や列車内、独りでいる時——最初の不安発作の体験後のことである。発作に引き続き不安は払いのけられるのだが、しかし庇護的な条件が保たれなくなるときにはいつも、再び出現する。恐怖症の機制は、防衛手段としてよく役立ち、安定性への傾向を強く示す。今度は症状を戦いの相手とした防衛闘争が続くことがしばしば起こるが、しかし必ず起こるわけではない。

恐怖症における不安に関して私たちが知った事柄は、さらに強迫神経症にも利用可能である。強迫神経症の状況を恐怖症にあてはめるのは困難なことではない。後のあらゆる症状形成の動因は、強迫神経症では明らかに超自我を前にした自我の不安である。超自我の敵意が、自我の逃れねばならない危険状況である。ここには投射など影も形もなく、危険は完全に内面化されている。しかし、超自我のいかなる側面を自我が恐れているのか、と問うならば、超自我による懲罰は去勢懲罰から発展的に形成されたものである、という考え方が浮かび上がる。超自我が非人格的なものとなった父親であるように、父親から脅かされる去勢を前にした不安は、不特定の社会的不安あるいは良心の不安に変容している[48]。しかし、この不安は覆い隠されており、自我は自らに課せられた戒律、規則、贖償行為を忠実に遂行することで、その不安から逃れる。自我がこの遂行を阻まれると、たちどころに極めて気まずい不快感が出現する。そこに私たちは不安の等価物を認めることが許されようし、患者自身もまた、これを不安と等置しているのである。私たちの得た結論は、すなわちこうである。不安とは危険状況に対する反応であり、自我がその状況を回避するか、そこから逃れるために、何らかの行動を取ることによって免れることができる。症状は不安の増長を避けるために作り出されるのだ、とも言えようが、しかしこれでは深い洞察にはならない。症状は、不安の増長によって注意喚起の信号を送られる危険状況を避けるために作り出されるのだ、と言ったほうがより正しい。この危険とは、これまで観察された症例では、去勢の危険か、それから派生したものであった。

不安を自我の危険に対する反応であるとみるならば、生き延びることができた生命の危険に引き続いて起こることが非常に多い外傷性神経症を、生命の不安あるいは死の不安の直接的帰結としてとらえるのは自然で、この場合、自我の依存性[49]や去勢は考慮に入れられない。まさしく先の戦争〔第一次世界大戦〕による外傷性神経症を観察した大部分の人々はこう考え、自己保存欲動が危険に晒されるだけで神経症が生じうるのであって、性欲の介在など一切必要ないし、精神分析による錯綜した仮定も一切必要ないことの証明がなされたのだと勝ち誇ったように発表した。ほんとうに残念なことに、外傷性神経症に対する利用可能な分析はただの一例もない。それは性欲が病因論においてもつ意味に関する矛盾のゆえではない。というのもこの矛盾は、自我のリビード的備給を対象備給と同列に位置づけ、自己保存的欲動のリビード的本性を強調するナルシシズムの導入によってとうに解消されているからである。残念なという理由とは、この分析がなされなかったために、私たちが不安と症状形成の関係についての決定的な解明を得る貴重な機会を逃したからである。日常生活において認められるより単純な神経症の構造についての私たちのあらゆる知見によれば、神経症が危険に晒されるという客観的事実のみによって生じ、心の装置のより深い無意識の層が関与することなどないというのは、まずありえないことである。しかし、無意識のうちには、私たちのいう生命破滅の概念に内実を与えるようなものは何もない。去勢は、いわば腸の内容物を排泄によって切り離すという毎日の経験をとおし、また母親の乳房からの乳離れという喪失体験をとおし[50]、表象可能になるのである。しかし、死に類比されるようなものは一度も体験されたことがないか、気を失うことがそうであるように、それとわかるようないかなる痕跡も残さない。それゆえ私は、以下のような想定を堅持しよう。すなわち、死の不安は去勢不安の類似物として理解すべきであり、自我が反応する状況とは、保護してくれる超自我——運命の諸力——から見捨てられ、あらゆる危険に対する保障に終止符が打たれた状況である[51]、と。しかも、外傷性神経症へと至るような体験

においては、表層の刺激保護が破られ、過大な刺激量が心の装置へと入り込む[52]。こうして私たちには、不安は情動
として注意喚起の信号を送るのみならず、状況の経済論的諸条件を出発点に新たに生み出されるようになる、とい
う第二の可能性をまのあたりにするのであることも考え併せねばならない。

定期的に反復される対象喪失を介して自我の去勢への準備がなされる、といういま示した見解から、私たちは不
安について新たな理解を得た。私たちは不安を、これまでは危険の情動信号と見なしてきたが、今では不安は、去
勢の危険に関することが非常に多い点からして、喪失、分離に対する反応であると私たちには見える。この結論に
反するようないくつかの事柄も、これはすぐ後で示されるが、私たちは極めて奇妙な一致があることに驚かざるを
得ない。少なくとも人間において、最初の不安体験は、出生である。その客観的に意味するところは、母親からの 161
分離であって、（子供＝ペニスという等式に従うなら）母親の去勢と言い擬えることが可能かもしれない。さて、分
離の象徴としての不安が、後のあらゆる分離においても反復されるとすれば、極めて好都合であるが、残念ながら、
この符合を利用するには、どこまでもナルシス的な存在である胎児にとって、母親は対象としては全く未知なので、
出生も主観的には母親からの分離としては体験されない、という事実が立ちふさがる[53]。慎重を要する別の事柄は、
私たちは分離に対する情動反応を知っており、それを痛みと喪として感じるが、不安としては感じない、という点
である。また、私たちは喪に関する議論において、喪がなぜかくも痛みに満ちているのか、よく理解できなかった
ことも想い出そう[54]。

162

VIII

私たちの考察を総括する時がきた。私たちは、不安の本質が私たちに解明してくれるようなひとつの認識を求めている。つまり、不安について、その真実と誤謬を区別してくれるような〈あれか、これか〉を求めている。しかし、これを得るのは困難であり、不安を把握することはそれほど容易ではない。これまで私たちが得たのは、ある選択をすれば、偏った見方を必ず伴うといった、矛盾しあう事柄以外の何物でもない。そこで私は、別の仕方で考えることを提案する。私たちは、不安について言えることを全て分け隔てなくまとめてみよう。しかし、その際新たなひとつの総合への期待は断念しよう。

不安とは何よりもまず、感覚される何かである。私たちはそれを、ひとつの情動の状態と呼んでいる。しかしその場合、私たちには、情動とは何かを知らないままでいる。不安は感覚として、明らかに不快の性格を持っているが、しかし、これでその質を汲みつくすことはできない。不快があるというだけで、いつも不安と呼ぶことはできないからである。事実、不快の性格を持つ他の感覚（緊張、痛み、喪）が存在する。それゆえ、不安には、この不快という質以外の特性がなければならない。私たちは、これらさまざまの不快な情動相互の差異を理解するに至るだろうか、という問題も生じる。

いずれにせよ、私たちは不安の感覚から何ごとかを引き出すことができる。不安の持つ不快の性格には、特別なニュアンスがあるように思われる。この証明は難しいが、しかし予想できることである。それは、目立つものではない。しかし、この分離困難な特性とは別に、私たちは不安においてもっと明確になった身体的感覚を知覚する。これを私たちは特定の器官と結びつけるのである。目下の私たちの関心は不安の生理学ではないので、この感覚の代表的なものをいくつかあげるだけで十分である。すなわち、最も頻繁で且つ明瞭に認められるのは、呼吸器官と心臓においてである。[55] これらは、運動性の神経支配、つまり放散過程が不安の全体に関与していることの証明となる。不安状態の分析から明らかになるのはすなわち、一、特殊な不快の性格、二、放散活動、三、その知覚である。

既に二と三の二点は、例えば喪や痛みのような、類似した状態との差異を明らかにしてくれている。喪や痛みでは、運動性の表出はこれらに本質的に属すものではない。運動性の表出が認められる場合、それは、全体の構成要素としてではなく、喪や痛みの結果あるいはそれらへの反応として出現をみる。すなわち不安は、特定の通道を介した放散行動を伴う特殊な不快状態である。私たちの一般的な観方[56]によるなら、不安の基礎にはある興奮の亢進があって、それが一方では不快な性格を作り出し、他方では右に述べた放散によって不安を緩和する。しかし、このように生理学的な要約だけで十分とは到底言えない。私たちはそこに、不安の感覚と不安の神経支配とを強固に結びつける歴史的契機が存在することを想定したくなる。換言すると、不安状態とは、刺激の亢進と特定の通道を介した放散の諸条件を含むような、ある体験の再生産なのであり、その諸条件によって不安の不快は特殊な性格を帯びるのだという想定である。私たち人間において、そのような典型的体験を提供するのは出生であり、ゆえに私たちは、不安状態に出生の外傷の再生産を認めたくなるのである。[57]

だからと言って私たちは、さまざまな情動状態の中で不安に例外的地位を与えようなどと主張しているのではない。私たちは、他の情動もまた、昔体験した、生命にとって重要な出来事の再生産、場合によっては前個人的な出来事の再生産である、と考える。そして私たちは、そうした情動の再生産を、全般性の、典型的で生得性のヒステリー発作と位置づけ、後天的に個人によって獲得されたヒステリー性神経症の発作と比較する。こちらの方は分析を通じその記憶象徴としての発生と意味が私たちに明らかになっている。こうした理解を他の一連の情動についても立証しながら推し進めてゆけるようであれば、もちろん極めて望ましいことであろうが、今日の私たちは、それにはまだ程遠いところにいる(58)。

不安の原因を出生という出来事に求めるなら、当然予測される反論に対して弁護する必要がある。反論とはこうである。不安はおそらくあらゆる生物、少なくともあらゆる高等生物に起こる反応であり、出生を体験するのは哺乳類に限られるので、出生が全ての哺乳類にとって外傷の意味を持つとするのは疑問である。つまり、出生をその手本としない不安というものがある、と。しかし、この反論は、生物学と心理学の間の垣根を越えて立てられている。不安が危険の状態に対する反応として生物学的になくてはならない機能を果たさねばならないという、まさにそれゆえにこそ、不安はさまざまな生物において、さまざまな仕方で準備されていなくてはならない。人間とかけ離れた生物にあって、私たちには、不安の感覚と神経支配が人間の場合と同じものなのかどうかもわからない。だからといって、人間にあっては不安の原型は出生過程にあるとする考え方が妨げられるわけではない。

もしこれが不安の構造と起源であるならば、次なる問いは、その機能は何か、そして、どのような機会に不安は再生産されるのか、というものである。答えは明らかで、反論の余地はないように思われる。すなわち不安は危険の状態に対する反応として出現し、そのような状態が再び訪れるなら、いつも再生産される。

これにはいくつかの注釈が必要である。原初の不安状態における神経支配は恐らくまた、最初のヒステリー発作における筋肉の活動と全く同様に、意味に満ち、目的に叶ったものであった。ヒステリー発作を説明しようとするなら、当該の運動がしかるべき行為の一部をなしていたような状況を捜し求めるだけでよい。恐らくは出生の間、呼吸器官へと向かう神経支配の方向が肺の活動を準備し、心臓の鼓動は、血液の中毒を防止するため加速される。

こうした合目的性は、後になって情動としての不安状態が繰り返される際にはもちろん存在しない。ヒステリー性発作の反復においてもこうした合目的性が見当たらないのと同様である。個人がある新たな危険状況に陥った際、その時点での危険に見合った適切な反応を示す代わりに、不安状態すなわち昔の危険に対する反応でもって応えるなら、容易に目的にかなったものではなくなってしまう。しかし、危険状況が切迫していると認識され、不安の噴出という信号で注意喚起されるならば、そこには再び合目的性が見出される。そして、不安はすぐに、より相応しい処理方法に取って代わられうる。すなわち、不安の出現について二つの可能性が即座に区別できる。第一のものは、新たな危険状況におかれながら合目的性を欠いたものであり、第二のものは、目的にかなっており、同じく新たな危険状況の注意喚起と予防のためのものである。

ところで、「危険」とは何であろうか。出生という行為においては、生命維持のための客観的な危険があり、現実にそれが何を意味するかを、私たちは知っている。しかしながら、心理学的にはこのことは何も言っていない。出生の危険と言う時、その語にまだ心的な内実は全くない。確かに私たちは胎児に関して、それが生命の破滅というありうべき帰結について何か知識らしきものを持つと前提とすることはできない。胎児に気づくことができるのは、彼のナルシス的リビードの経済における巨大な障碍にほかならない。巨大な興奮量が彼のもとに押し寄せ、新種の不快の感覚を生み出し、少なからぬ器官が無理に備給を高め、それは程なく始まる対象備給の序曲のようなものである。このうちのどの器官が「危険状況」を印づける目印として用いられることになるのだろうか。

私たちは残念ながら、この問いに直接答えるには、新生児の心的態勢についてあまりに僅かなことしか知らない。私は、今しがた描写したことが有用であると保証することさえできないのである。新生児は、出生の出来事を想起させる状況においてならいつも不安の情動を反復する、と言うのは容易である。決定的なのはしかし、新生児においては、何を介して、そして何が想起されるのか、という点である。

私たちに残されていることは、乳児あるいは多少年齢の進んだ小児において、不安の増長をあらかじめ準備する動因を研究すること以外には、ない。ランクはその著書『出生外傷』[*5]において、小児の最初期の恐怖症と出生の出来事が残す印象とのあいだの関連を裏付けるため、極めて精力的な試みをしている。しかし私には、それが成功しているとは思えない。ランクの試みには二つの非難を浴びせることができる。第一に、彼が拠って立つ前提は、小児が出生に際して特定の感覚的印象、とりわけ視覚的印象を受け取っており、これが、よみがえってくると出生の外傷を想い出せ、それによって不安反応を呼び起こすのだ、というものである。この想定は全く証明されておらず、また、ありえそうもないことである。小児が出生の過程に対し、触覚および体感の感覚以外のものを保持しているとは信じがたい。例えば、小児が後に穴の中へ姿を消したり、そこから出てきたりする小動物に対して不安を示す際、ランクはこの反応を類推の知覚によって説明するが、子供がそのような知覚をすることはないだろう。第二に、ランクは、後に生じる不安状況を評価するにあたり、必要に応じその原因を幸福な子宮内での生活に帰したり、外傷を残すようなその妨害に帰したりした。これによって恣意的な解釈が勝手になされるようになってしまった。小児の不安の個々の例は、ランクの原理をあてはめることに対しすぐさま異を唱える。小児が暗い場所に独りにされるなら、小児は子宮内の状況が再びしつらえられたとして喜んで受け容れる、と私たちは予想すべきところであろ

＊5　オットー・ランク『出生外傷と、その精神分析に対する意味』国際精神分析文庫第十四冊、一九二四年。

う。また、小児がまさしくその場合不安で反応するという事実が、この幸福が出生によって妨害されたことが想起されたせいだとされるなら、もはやこの説明の試みに牽強付会を見逃すわけにはゆかなくなる(59)。

私は、以下のように結論づけねばならない。最も早期の小児恐怖症は、私たちがその原因を出生行為の印象に直接帰すことを許すものではなく、現在まで全く説明しえないものである、と。乳児にある種の不安準備性があることは、明らかである。不安準備性は、出生直後に最も強くなり、その後徐々に弱まってゆくようなものではおよそなく、心的発展の進行にともない後になってはじめて出現し、小児期の一定期間ずっと持続する。もしも、そうした初期の恐怖症が、この時期を過ぎても続くなら、神経症的な障碍の疑いを呼び覚ますが、これと後の明らかな小児神経症との間に関係があるか否かは、私たちには全くわからない。

小児における不安の表出のうち、私たちに理解できるのは僅かな場合しかなく、私たちはこれらに縋《すが》らねばならない。すなわち、子供が独りでいる場合、また暗い場所にいる場合、そして信頼のおける人物(母親)の代わりに、見知らぬ人物を見出す場合である。これら三つは、ただ一つの条件へ還元することができる。すなわち、愛する(憧れの)人物の不在である。そこから、不安理解への道と、不安に関わると見える矛盾を統一するための道が拓けている。

憧れの人物の想起像は間違いなく強く備給され、恐らく当初は幻覚のように備給されるのだろう。しかしそれは実を結ばないので、まるでこの憧れが不安へと転じるかのように見える。あたかもこの不安が困惑の表現であり、まだまだ未発達の人間が、この憧れの備給で事情をどう好転させたらよいのか皆目わからずにいるかのような印象を与える。つまり、不安は対象の不在に対する反応であると思われる。そして以下のことを私たちに類推させられる。すなわち、去勢不安もまた、貴重と思われていた対象からの分離を内実とし、そして、根源的な不安（出生の「原不安」）は母親からの分離の際に出現する、と。

次の考察では、対象喪失の重要性を更に進めて論じることになる。乳児が母親を知覚することを希求するのは、
168
乳児は、母親が彼の欲求の全てを遅滞なく満たしてくれることを、既に経験によって知っているからにほかならない。乳児が「危険」と評価し、そこから護られようとする状況とは、不満足の状況で、言いかえれば、彼がそれに対して無力であるような欲求緊張の高まった状況である。私が考えるに、この観点からすれば全てが整理される。刺激量が、不快に満ちた高みにまで達し、心的転用や放散による制覇のすべがもはやない不満足の状況は、乳児にとって出生の体験に類比されるもので、出生における危険状況の反復であるに違いない。両者に共通なのは、解消を希求する刺激量の高まりによってひき起こされる経済論的な障碍であり、それゆえこの契機が「危険」の真の中核をなす。どちらの場合も不安反応が現れる。この反応は乳児においては、かつて放散が内的刺激除去のために肺の活動を惹起したのと同様に、呼吸筋と発声筋へと向かい、これが母親を呼び寄せる点では、なお目的にかなったものであることがわかる。小児は、出生以後、これ以外の危険の目印を、保持している必要はない。

外部の対象が、知覚によってとらえられ、出生時を喚起するような危険な状況に終止符を打ってくれる、という経験によって、危険の内実は経済論的状況から、その条件である対象喪失へと移動する。今や母親の不在という状況の到来は、恐れられている経済論的状況が到来するのに先立って、乳児が不安信号を送る危険となる。この転換は自己保存のための配慮にとり最初の大きな進歩を意味する。それは同時に自動的で意志によらない不安の新たな出現から、危険信号の形での不安の意図的な再生産への移行を含意する。

自動的現象と救済的信号といういずれの観点からしても、不安は、周知のとおり乳児の生物的な寄る辺なさに対応する心的な寄る辺なさの産物であることがわかる。出生の不安と乳児の不安が、ともに母親からの分離を条件とするという際立った一致には、心理学的説明を要しない。それは次のような事実により、生物学的に簡単な説明がなされる。すなわち、まず当初、自分の体を新たにしつらえることによって胎児の欲求をすべて満たしていた母親は、子供の出生後も同じ機能を部分的に、別の手段によって継続する。子宮内での生活と最初の幼年期は、出生行為という際立った切断によって私たちが印象づけられることとは裏腹に、はるかに連続的なものである。心的な意味での母親という対象は、子供にとって生物学的な胎児状況を代替したものである。だからといって私たちは、子宮内の生活においては、母親は対象ではなかったことを、そして、その当時、そもそも対象など存在していなかったことを忘れてはならない。

ここで明らかなのは、このような状況下では、出生外傷の浄化反応の余地などはなく、不安の果たす機能としては危険状況を回避するための信号以外には見当たらない、ということである。対象喪失という不安の条件は、今後も引き続き大きな影響力をもつ。次に引き続く不安の変容はこれもまた去勢不安で、ファルス期に出現する。この去勢不安は分離への不安であり、同じ条件に結びついている。ここでの危険とは、性器が分離されてしまうことである。フェレンツィの至極正当な思考の道筋によって(60)、私たちはここにおける早期の危険状況の内実との関連をはっきりと知ることができる。ペニスに対する高いナルシス的な評価は、この器官を所有することが、性交行為において母親(母親の代替物)と再び合一するための保証を含意する、という点に基づくであろう。男根が剥奪されてしまうことは、母親との新たな分離を示唆することにほかならず、それゆえ再び(出生の時のような)不快に満ちた欲求の緊張に寄る辺なく晒されることを意味する。しかし、その亢進が恐れられている欲求は、特殊化されたもの、すなわち性器的リビードの欲求であって、もはや乳児期のような恣意的なものではない。私はここで、母親の胎内への回帰という空想《ファンタジー》は、(去勢の脅迫によって制止された)性的不能者の性交の代替物であることを付け加えよう。[61]フェレンツィの意味で、母親の胎内への回帰を性器によって代理させようとしていた個人が、今度は退行的な仕方でこの器官を彼の体の全体によって代替するのだ、と言えるだろう。[62]

自立性の高まり、いくつかの審級への心の装置の、よりはっきりとした分化、新たな欲求の出現など、子供の発達におけるさまざまな進歩は、必然的に危険状況の内実に対し影響を及ぼすことになる。私たちは不安の変様を、母親という対象の喪失から去勢まで追いつづけた。次の一歩は、超自我の力によってひき起こされることがわかる。去勢の脅威を与えていた両親の審級が非人格化されるに伴い、危険は不特定なものとなる。去勢不安は良心の不安、社会的な不安へと発展する。不安において何が脅威になっているのか、もはや容易には言い表せない。「集団からの分離と排除」という公式は、社会的模範に依拠して後になって発展した超自我の一部にほかならず、取り込まれた両親の審級に対応する超自我の中核ではない。より一般的に言うなら、自我が危険と評価し、不安信号でもって応答するのは、超自我の怒り、懲罰、また超自我の愛情を喪失することに対してである。超自我を前にした不安の最後の変様としてあるのが、死の不安(生の不安)、すなわち超自我が運命の力へと投射されたものに対する不安である、と私には思われた。[63]

私はかつてある時期、抑圧の際に撤収された備給が不安放散として利用される、という説明に一定の評価をしていた。[64]この考えは今の私にはほとんど評価に値しないことだと思われる。この違いは以下のような点に存する。かつて私は、不安はいかなる事例でも、経済論的過程から自動的に生じるものと思っていた。これに反し、不安は、自我によって快－不快の審級に影響を及ぼす目的で意図された信号であるという現在の考え方において、私たちがこのような経済論的な見地に拘束されることはもはやない。もちろん、抑圧の際の撤収によって行き場を失ったエネルギーをまさしく自我が利用し、情動を呼び覚ます、という想定に異を唱える必要は何もない。しかしエネルギーのどの部分によってこのことが起きるのかを知ろうとすることは、意味がなくなってきているのである[65]。

私が当時表明したもう一つの命題は、今、私たちの新たな構想に照らして再検討される必要ができている。自我こそが不安の本来の座である、という主張がそれである[66]。この言明が的を射ていることが明らかとなるだろうと私は思っている。私たちには、実際何らかの不安の表出が超自我に発するものだ、と考えるどんな理由もない。しかし、「エスの不安」ということが問題とされる場合、それに異論を唱えることはできない。ただし、表現の至らなさは修正しなくてはならない。不安は、もちろん自我によってはじめて感じられる情動の状態である。エスは自我のように不安を抱くことはできない。エスは組織されたものではないので、危険な状況を判断することはできない。これに対し、エスにおいては、自我に不安を発展させるきっかけを与える過程が準備され遂行される、ということが非常によく生じる。実際、恐らく最初期の抑圧は、それ以降のすべての抑圧と同様、エスにおける個々の過程を前にして自我に生じるその時々の不安によって動機づけられている。私たちがここで再び以下の二つの場合を区別することには十分な根拠がある。一つ目は、エスにおいて、自我に対し危険状況の一つを賦課する何ものかが生じ、制止のために、これが自我に対し不安信号を送るように駆り立てる場合である。二つ目は、エスにおいて出生の外傷に類似した状況がしつらえられ、その中で自動的に不安反応が生じる場合である。第二の場合は最初の根源的な危険状況に対応し、他方、第一の場合は、後になってこの状況から派生した不安条件の一つに対応するのだ、と特徴づけるなら、両者は互いに接近することになる。あるいは、現実に生じた疾病に関連づけるなら、第二の場合は現勢神経症の病因論に関わっており、第一の場合は精神神経症の病因論に特徴的なものである。

こうして私たちに今必要なのは、以前におこなった探索の価値を下げるのではなく、ただ単により最近の知見と結びつけることであるのがわかる。次のような考えは否定しえない。すなわち、禁欲や、性欲の蠢きの流れがその乱用によって阻害される場合、また、性欲の蠢きがその心的加工から逸脱する場合には[67]、不安が直接リビードから生じる。すなわち、過大となった欲求の緊張を前に自我の寄る辺ない状態が形作られ、この状態は、出生の際と同様に不安の発展という結果を招く。ここであらたに、どちらでもよくはあるが、大いにありうべき次の可能性が認められる。つまり、利用されないリビードの過剰が不安を発展させる形で放散される[68]可能性である。私たちには、この現勢神経症を基盤にして精神神経症がことのほか容易に発展することがわかっている。その場合は恐らく、不安を一時的に宙づりにしておくことを学び取っている自我はそこから逸れ、次いで症状形成によって不安を縛り付けておこうと試みるのである。外傷性戦争神経症の分析が行われたならば、この呼称は極めて多様な疾病を包摂しているものではあるが、その一定数は現勢神経症の性格も分け持っていることが明らかとなったであろう[69]。

私たちがさまざまな危険状況の発展を出生という根源的な手本から述べた際、後の個々の不安条件が、それに先立つ条件を単に無効化する、と主張したかったのでは皆目ない。とはいえ自我の発展における進歩は、それ以前の危険状況の価値を下げ、等閑視するのに貢献する。そこで例えば、特定の発展年齢には一定の不安条件が相応しいものとして振り分けられているのだと言えるのである。心的な寄る辺なさという危険は、自我の未熟な時期と対をなす。例えば、対象喪失の危険は小児期のはじめにおける自立の欠如と、また、去勢の危険はファルス期と、超自我への不安は潜伏期とそれぞれ対をなす。他方で、これらの危険状況と不安条件が全て並列的に存続し、自我に不安反応を引き起こさせる。それは、本来の相応しい時期よりも遅い時期のこともあれば、それらのいくつかの時期
が同時に作用することもある。現に作用を及ぼしている危険状況と、それに引き続いて生じる神経症の形態との間 173
に、より緊密な関係がある、ということもありえる。*6

　私たちが、この考察の初めの部分において、複数の神経症的な疾病において去勢の危険がもつ意義という問題に逢着したとき、この契機は、より神経症の素因がある女性において決定的なものではありえぬであろうから、これを過大に評価せぬように自戒したのであった[70]。現在の私たちには、去勢不安を神経症へと導く防衛過程の唯一の動因であると説明するような危険はない。私は別のところで[71]、小さな女の子の成長がいかに去勢コンプレクスによって情愛の対象備給へと導かれてゆくか、という議論をしたことがある。まさに女性においてこそ、対象喪失という危険状況は最も力を発揮し続けていたように思われる。私たちは、女性の不安条件に関し次のような小さな変更を加えてよい。すなわち、女性の不安にとって問題は、対象の欠如やその現実的喪失ではもはやなく、対象の側から
の愛の喪失である。一方でヒステリーが女性性と、他方、強迫神経症が男性性とそれぞれより大きな親縁性を持つ 174
ことは確実なので[72]、愛の喪失という不安の条件がヒステリーに、恐怖症における去勢の脅威や強迫神経症における超自我への不安と似たような役割を果たす、という想定は首肯できることである。

IX

175

今私たちに残されているのは、症状形成と不安の発展との関係について議論することである。この問題に関し、二つの意見が広くいきわたっているようである。一方は、不安自体を神経症のひとつの症状で

＊6　自我とエスの区別以来、抑圧という諸問題に対する私たちの関心も新たに甦っている。これまでは、抑圧過程のうち、意識と運動の間の妨害と、代替物（症状）形成という、自我に向いた側に眼を向けるだけで事足れりとして、抑圧された欲動の蠢きに関してすら、それが無意識において未規定の形で長期に変化せぬまま存続する、と想定していた。今では関心は、抑圧されたものの運命に向けられている。私たちは、そのような、これまでもこれからも変化を被ることのない存続が自明のことではなく、通常のことですらないのではないか、と予感している。根源的な欲動の蠢きは、いずれにしても抑圧によって制止され、その目的から逸らされている。しかし、その端緒は無意識の中に保存されており、変化と価値下落をもたらす生命からの影響に抵抗力を持ち続けているのだろうか。すなわち、かつての存在を分析が私たちに報告してくれているような昔の欲望は、今でも存続しているのだろうか。答えは説得的で且つ確実であろう。抑圧された昔の欲望は、無意識の中に存続し続けるに違いない。というのも、私たちはその派生した蘖《ひこばえ》や症状がまだ作用を及ぼしているのを認めるのだから。しかし、この答えは不十分であり、以下の二つの可能性については決定を許さない。すなわち、昔の欲望が今では、その備給エネルギーの全てが転移された派生物である蘖を介してのみ作用しているのか、それとも、これとは別にその欲望自体が保存されているのか、という二つの可能性である。派生物である蘖の備給でエネルギーが使い尽きてしまうのが欲望の運命なのであるとすると、さらに第三の可能性が存在する。すなわち、今ではいかに時宜を逸したものであるとしても、神経症の経過において、昔の欲望が退行によって甦らせられたのだ、というものである。この考量を無意味なものと考えてはならない。病的か健常かを問わず、心の生活の現象の多くは、こうした問いかけを求めているように思われる。エディプスコンプレクスの没落に関する自分の研究において、私は単なる抑圧と昔の欲望の蠢きの真の解消との間の差異に注目するようになった。

あるとし、他方は、両者の間により密接な関係があると信じている。後者によると、症状形成が企てられるのはすべて、不安を回避する目的以外にない。つまり、症状は心的エネルギーを縛りつける効果をもち、もしもこれがなかったら、心的エネルギーは、不安として放散されてしまうことだろう。このようにして、不安が神経症の基本現象にして主要問題なのだとされる。

この第二の主張が、少なくとも部分的には正当なものであることは、反論の余地のない症例が証明してくれる。ある広場恐怖症者に付き添って街を歩き、そこで彼を置き去りにするなら、不安発作が生じる。強迫神経症者が、ある物に触れた後に、手を洗おうとするのを阻止すれば、彼はほとんど耐え難い不安に襲われる。付き添われているという条件、および手を洗うという強迫行為は、そのような不安の勃発を予防しようという狙いがあり、それに成功していることは明らかである。この意味で、自我が自らに課すいかなる制止も、症状と呼ぶことができる。

私たちは不安の増長の原因を危険状況に求めたので、むしろ症状は自我が危険状況を逃れるために作られるのだ、と言う方を好む。もしも症状形成が阻まれるなら、危険は現実に到来する。つまり、自我が不断に増大する欲動の要求に寄る辺なく直面する、あの出生と類似の状況が形成される。すなわちそれは、不安条件のうち、最初の根源的なものである。私たちの見方では、不安と症状の関係は、想定されていたほど緊密ではないことがわかっており、これは、私たちが両者の間に危険状況という契機を挿入した結果である。不安の発展は症状形成を導くのであり、その必然的前提である、と補足的に言うこともできる。というのも、自我が不安の発展によって快－不快審級を呼び起こすのでないならば、エスにおいて準備されている、危険へと脅かす過程を阻止する力を、自我が手に入れることはないだろうからである。そこでは、不安の発展を最小限に制限し、不安を単に信号としてのみ利用する、という傾向は明白である。なぜなら、さもないと欲動過程によって脅かされる不快をただ別のところでまさしく感じることになってしまう。それは快原理が目論むところからすれば、何ら成功とは言えない。しかし、この現象が、神経症においては非常にしばしば見受けられるのである。

つまり症状形成は、危険状況を棚上げすることに真に成功する。そこには二つの側面がある。一方は、私たちには隠されている側面で、エスにおいて、自我が危険を逃れることができるようにする変化が作り出される。他方は私たちに向けられている側面で、影響を及ぼした欲動過程の代わりに症状形成が作り出したもの、つまり代替物形成を示す。

しかし私たちは、より正確に表現する必要があるだろう。つまり、私たちが今しがた症状形成について表明したことを防衛過程とみなし、そして、症状形成という名自体を代替物形成の同義語として用いよう。すると、防衛過程が、自我が外部から脅かす危険を逃れる逃避と類似しており、まさしく欲動の危険を前にした逃避の試みであることが明らかとなる。この比較に対する以下の懸念は、私たちのさらなる解明に手助けとなるだろう。第一に、対象喪失（対象の側からの愛の喪失）も去勢の脅威も、どちらも嚙みつく動物のような外部から脅かす危険である、それゆえ欲動の危険ではない、という反論である。しかし、問題にしている例は同じものではない。狼は、きっと私たちがどう対抗しようとお構いなしに私たちを襲うだろう。しかし、私たちが特定の感情と意図を私たちの心の内奥に育まないならば、私たちの愛する人物は、自らの愛を私たちから遠ざけようとはしないだろうし、去勢は私たちを脅かしはしないだろう。したがって、このような欲動の蠢きは、外的な危険の条件となり、ゆえにそれ自体が危険なのである。すると私たちは、外的な危険を内的な危険に対抗する基準に従って斥けることができる。動物恐怖症においては、危険はさらに全く外部的なものと感じられるように思われる。実際、症状において危険は外部へと遷移している。強迫神経症においては、症状の内面化は際立っており、超自我を前にした不安が占める部分、すなわち社会的な不安が、外的な危険に対する内面的な代替物を代理表現する一方で、他の部分すなわち良心の不安は一貫して心の内部にある[73]。

第二の反論はこうである。脅かす外部の不安から逃避を企てる際、私たちは自分と脅威を及ぼすものとの空間的距離を広げる以外に何もできないではないか。私たちは危険に対して防衛の態勢を取ることはせず、危険のうちにある何かを変えようとするわけではない。棍棒で狼に立ち向かっていったり、銃で撃ったりするような場合とは異なるのである。防衛過程は、逃避の試みに対応する以上のことを行っているように見える。防衛過程は、脅かす欲動の経過に介入し、何とかそれを抑えつけ、それを目的から逸らし、そのことによって危険ではないものとするのだから、と。この反論を拒絶するのは不可能に思われ、私たちはこれを考慮に入れねばならない。つまり、逃避の試みと同等なものとして比較可能な防衛過程は確かに存在するのだが、他方で、自我は別の防衛過程においては、はるかに積極的に防衛の態勢を取り、精力的に対抗行動を採るのだ、ということであろう。自我とエスにおける欲動とが同じ一つの編成のそれぞれ部分であり、狼と子供のように分け隔てられた存在ではないという事情によって、防衛を逃避と比較することが必ずしも妨げられないのであれば、自我のあらゆる振舞い方は、欲動過程を変化させるように作用を及ぼさずにはおかない。

不安条件の研究をとおし、私たちには防衛の際における自我の振舞いをいわば合理的に洗い出して見なくてはならなかった。それぞれの危険の状況は、生涯の一定の時期、ないし心の装置における一定の発達段階と対をなし、その時期や段階に妥当なものとして現れる。実際、小児期初期段階の人間は、外部や内部からやって来る大きな興奮量を心的に制御するような装備を持たない。生涯のある時期には、自分が依存している人物がその情愛に満ちた世話をやめないでくれることが、最重要な関心事となる。少年が強い父親の中に、母親をめぐる対抗者を感じ取り、父親に対する攻撃的な傾向と母親に対する性的な意図を懐くなら、彼が父親を恐れるのはもっともである。そして、その懲罰に対する不安が系統発生的な増幅によって去勢不安として現れることもある。社会的関係への参入とともに、超自我を前にした不安、すなわち良心が必然的なものとなり、この契機の脱落が深刻な葛藤や危険などの源泉となる。しかし、まさしくここにある新たな問題が結びつくのである。

試みに不安の情動を、一時的に別の、例えば痛みの情動で置きかえて考えてみよう。私たちは、四歳の女の子が自分の人形が壊れた際に痛々しく泣くのは全く正常のことと考える。六歳で女教師から叱責を受けた際に、また、十六歳で恋人が相手にしてくれなくなった際に、二十五歳で子供を埋葬することにでもなった際に、泣く場合も同じである。これらの痛みの条件は、それぞれ相応しい時期があり、その時期が過ぎると消え去る。その際、今挙げた、決定的な条件は、生涯保持されることになる。この少女が大人の女性となり母親となった時に、小さな置物が壊れたことに泣くならば、私たちは驚くことだろう。しかし、神経症者たちはそのように振舞う。彼らの心の装置の中ではずっと以前から、広範囲にわたり刺激を制御するためのあらゆる審級が形作られており、彼らは自分の大抵の欲求を自ら満足させるのに十分なほど成長しているし、もはや去勢が懲罰として執行されはしないことも前から知っている。それでも彼らは、昔の危険状況がいまだに存続しているかのように振舞い、以前のあらゆる不安条件に固執するのである。

この問題についての解答は、やや回りくどい結果になるだろう。何よりもまず、事実関係を吟味しなくてはなるまい。多くの症例では、昔の不安条件は、既に神経症的反応を生み出した後では実際に顧みられることはない。独りにされることや暗闇、また見知らぬ他人に対する小さな子供の恐怖症は、ほぼ正常と呼べるもので、大抵は何年かすると消え去ってしまう。他の少なからぬ小児性障碍について言われるように、彼らは「大人になって治る」のである。非常に多い動物恐怖症も、これと同じ運命をたどり、小児期の転換ヒステリーの多くも、後年まで持続することはない。強迫的な儀式は、潜伏期において実に頻繁に出現するが、これが後に本格的な強迫神経症にまで発展するのは、極めて僅かな比率である。一般的に言って小児神経症は、——比較的高度な文化的要請に従うことを強いられる都市の白人の子供に関する私たちの臨床経験が示すところでは——発達途上で規則的な仕方で現れる挿話性の現象である。ただ、これに対する関心は現在もあまりに少ない。小児神経症の徴候が、ある大人の神経症者においても認められるが、しかしながら、それを示す子供たちが、後に皆神経症者になるわけでは全くない。つまり、成熟の進行に応じて不安条件が解消され、危険状況がその意味を失ったに違いない。加えて、これらの危険状況のいくつかは、自らの不安条件を現実の状況に合うようなかたちに修正することをとおし、後の時期まで残る。こうして例えば、去勢不安は梅毒恐怖症という仮面を纏って存続するのだが、それは、去勢は性的欲情の放恣に対する懲罰としてはもはや普通には行われないが、その代わり欲動を自由に任せれば重大な病に脅かされるのだ、ということを知った後のことである。さまざまな不安条件のなかで、超自我に対する不安の条件のように、全く消滅することなく、生涯を通じて人間に付き随うものもある。その場合神経症者と健常者を分け隔てるのは、神経症者がこうした危険に対する反応を過度に高ぶらせる、という点に求められる。根源的な外傷的不安状況の回帰に対しては、結局大人になることによっても、十分な保護が得られるわけではない。誰にとっても、それを超えては心の装置が刺激量の要求処理をこなしえなくなるような限界があるに違いないだろう。

この小さな修正は、以下に述べるような事実を揺るがすほど決定的なものではありえない。すなわち、かくも多くの人々が危険に処する振舞いにおいて幼児的なままにとどまり、時効となった不安条件を克服できない、という事実である。このことを否定するなら、神経症という事実を否認することを意味するだろう。というのも、そのような人々を称して神経症者と呼ぶのだからである。しかし、なぜこのようなことが可能なのか。なぜすべての神経症が、次なる段階に到達した後には終結してしまうような、発達における挿話的現象にとどまらないのか。危険に対するこのような反応が持続する要因はどこから来るのか。不安の情動が他のあらゆる情動に優先されるのは、そしてそれだけが、他の反応から際立って異常で、生の流れの目的にそぐわない仕方で抗する反応を呼び起こすのは、何に由来するのか。換言すると、私たちは思いがけず再び、神経症とはどこから来るのか、その最終的で、固有の動機とは何か、という、かくも頻繁に立てられた悩ましい問いの前に再び立たされている。数十年もの分析の努力の後に、この問題が、私たちの前に手付かずのまま、出発点の時と同じように聳え立っているのである。

X

不安は危険に対する反応である。危険の本質との関係においてこそ、不安の情動が心の経済論において例外的地位を占有することができるという考えを無視することはできない。しかし危険は、人間に普遍的なものであり、あらゆる個人にとって等しく同じものである。私たちが必要としながらも我が物とできずにいるのは、不安の情動を、その特殊性にもかかわらず正常な心の働きのもとに支配することのできる個人が選ばれる仕組みを理解させてくれるような契機、あるいは、誰がこの課題に挫折せねばならなくなるかを決定するような契機である。このような契機を発見しようとする試みは、私以前に知る限り二つある。いずれの試みも、責め苛むような欲求に援助の手を差し伸べようと約束しているのであるから、当然ながら共感を以て受け容れられてよい。二つの試みは、問題を正反対の端からとらえている点で、相互に補完的な関係にある。第一の試みは、十年以上前にアルフレート・アードラーによってなされている。[74] 彼は、最も重要な核心のみに限って言うなら、危険によって立てられた課題の制覇に失敗するのは、自分の器官の劣等コンプレクスによってあまりに大きな困難に晒されている人々である、と主張している。《単純サハ真理ノ徴》[75]という格言が今でも正しいのだとすれば、このような解答は救済として歓迎されるところであろう。しかし、これとは裏腹に、過去十年の間になされた批判は、精神分析によって発見された事実関係の豊かさを丸ごと置き去りにしてさえいるこの説明が、全く不十分であることをはっきりと証明している。

第二の試みは、一九二三年にオットー・ランクがその書『出生外傷』において行ったものである。[76] この試みをアードラーの試みと、ここで強調されるのとは別の点に関しても等しいものと見なすのは、適切ではなかろう。というのも、ランクの試みは、精神分析の土壌の上に留まっており、その思考の歩みを継続しており、分析上の諸問題を解決する正当な努力として承認できるものだからである。個人と危険の間の所与の関係について、ランクは個人の器官の弱さという考えから離れ、危険のさまざまに変化する強度に注意を向けている。出生の過程が最初の危険状況であり、その過程の生み出す経済論的動揺が不安反応の手本となる。私たちはさきに、[77] この最初の危険状況および不安条件をそれ以後に出現してくるあらゆる事柄に結びつける発展の道筋を追跡してきた。その際、それらが皆ある意味では、母親からの分離を表していることから、ある共通のものを保持していることを認めたのである。母親からの分離は、最初は単に生物学的な見地から、続いて直接的な形での対象喪失という意味で、後には間接的経路に媒介されての対象喪失という意味で考えられた。この大きな関連の発見は、ランクによる構築の異論の余地なき功績である。ところで、出生の外傷は個々人にさまざまな強度で侵襲し、外傷の強さによって不安反応の激しさは変動する。そして、ランクによれば、初期における不安の発展が規模の程度によってこそ、個人がそれをいつか支配できるに至るか否か、つまり個人が神経症的になるか正常になるかが決定される、というのである。

私たちの課題は、ランクの立論を詳しく批判することではなく、単にそれが私たちの問題の解決に役立つか否かを検証することである。「神経症者になるのは、出生外傷の強さゆえに、これに対して浄化反応することに決して成功しない者である」というランクの公式は、理論的には極めて疑わしい。外傷の浄化反応という言葉で何を意味しているのかが、はっきりとはわからないのである。ランクの考えを文字通りに受け取れば、神経症者は不安情動を頻繁に、強い強度で再生産すればするほど健康により近づく、という根拠のない結論に至ることになる。現実と理論の間のこの矛盾ゆえに、当時私は、カタルシスにおいて非常に大きな役割を果たしていた浄化反応の理論を放棄したのであった。出生外傷の強さがまちまちであることの強調は、正当に要求されてしかるべき遺伝的な体質という病因論が入り込む余地を全く与えない。出生外傷の強弱は器質的な契機であり、体質に対して偶然の要因として関わる。しかも、この強弱自体、例えば出生の際適切な時期に助産を受けたか、というような多くの偶然的と呼べる影響に左右される。ランクの学説は、体質的な要因も系統発生的な要因も全く考慮に入れていない。しかし、体質に正当な場所を与えようと考え、例えば、重要なのは個人が出生外傷のさまざまな強度に対してどれほど十分に反応するだろうか、という点であるという修正を加えたとしても、この理論の意義は奪われ、新たに導入された要因は副次的な役割を与えられるだけになってしまう。すると神経症の発症を決定するものは、別の領域、つまり、またもや未知の領域源をもつことになる。

人間の出生の過程が他の哺乳類と共通点を持っていながらも、人間には神経症へと導く特別の装備が備わっていて、これが動物たちに対する特権なのだ、という事実も、ランクの学説に都合のよいものでは全くない。しかし、最も主要な反論は、この学説が確実な観察に基づくのではなく、宙に浮いた空論であるという点にある。難産での出生や遅れた出生が、有意な率で神経症の発展と関係を持つのか、このようにして生まれた子供だけが、他の子供に比べ小児初期の不安という現象を、より長く、より強く示すのかに関して、優れた研究は全くない。前頭位分娩のような、母親にとっては楽な出生も、子供にとってはもしかすると重い外傷という意味を持つこともあると認めるとしても、窒息性仮死に至るような出生において、主張されているような結果が確実に認められるであろうと考えることには根拠がある。ランクの病因論の利点は、経験の素材による追試験が可能であるような契機を提示していることであろう。そのような試験を本当に行ってみないうちは、その価値を評価することはできない。

しかし私は、ランクの学説がこれまで精神分析で承認されている性欲動の病因論的意義と矛盾している、とする意見には与しがたい。というのもこの学説は、個人の危険状況との関係だけにかかわるものであって、以下のことを知るための良い通路を開けてくれているからである。すなわち初期の危険を制覇できなかった者は、後に浮上する性的危険の状況においても失敗せざるを得ず、そのために神経症へと押しやられるのだ、ということを。

それゆえ私は、ランクの試みが神経症の根拠付けという問いへの解答を私たちに与えてくれたのだとは思わない。

また、彼の試みがこの問いの解決にどの程度貢献しうるのか、まだ決定できないと考える。困難な出生が神経症の素因に及ぼす影響に関する研究が、否定的な結論に終わるならば、この貢献の価値はほとんどないと評価せねばならない。神経症の把握可能で統一的な「最終原因」への欲求がいつまでも満たされぬままであることは、大変憂慮すべきことである。医師が恐らく今日でも憧れる、最終原因の理想的な例とは、分離して純粋培養でき、そしてそれを接種すればどの個人でも同じ疾病が生じる細菌の場合だろう。あるいは、これほど空想的にならずにいるなら、投与されると特定の神経症が作り出されたり解消したりする、というような化学物質が示される場合である。しかし、恐らくこのような仕方で問題を解決することはできそうにない。

精神分析によって導かれる知識は、それほど単純ではなく、成果も不十分である。私はここで、既に以前から知られたことを繰り返すしかなく、新たに付け足すことは何もない。自我が、例えば抑圧過程によって危険な欲動の蠢きから身を護ることに成功するならば、自我はエスのこの部分を制止し、それに損害を与える。しかし同時に、エスに独立した部分を与え、その分自らの主権を放棄したことにもなる。これは、根本においては逃避の試みである抑圧の性格に由来する。今や抑圧されたものは「法の保護を奪われたもの」として、無意識の領域を支配する法にのみ従属する自我の大きな編成から締め出されている。もしも危険状況が変化して、自我が、あらたに再び生じた、抑圧されたものと類似の欲動の蠢きに対し防衛する動機を全く持たなくなれば、自我の制限という帰結が明らかとなる。あらたに始まる欲動の流れは自動作用――私はむしろ反復強迫と呼びたいが――の影響下で生じる。それは、あたかも一旦克服されたはずの危険状況がいまだに存続しているかのように、かつて抑圧された欲動の流れと同じ道をたどる。抑圧に固着しようとする要因は、つまり無意識のエスによる反復強迫であり、これは通常、自我の自由に運動する機能によってはじめて解消される。さて、自我は自らに立てた抑圧の柵を再び破り、欲動の蠢きに対する自らの影響力を再び獲得し、危険状況を修正するという形で、欲動にあらたな流れを導くことができるかもしれない。しかし事実を言えば、自我はこれに失敗することが非常に多く、また自分がおこなった抑圧を解消することもできないのである。数量的関係によってこの闘争の結果は決まるのかもしれない。その結果が必然的なものであるという印象を受ける場合も少なくない。抑圧された蠢きが退行へと向かう引力、また〔蠢きに対する〕抑圧の力は非常に大きく、再び生じた蠢きは反復強迫に従うしかなくなってしまう。別の場合には、ある別の力が参与するのをみてとれる。抑圧された手本による引力は、再び生じた欲動の蠢きが別の流れをたどるのに逆らう現実的困難の側からの反発によってかえって強化されることになる。

これが、抑圧への固着において、またもはや現実のものではない危険状況の保持において生じている事柄であるが、このことの証明は分析治療における、ささやかではあるが理論的にはないがしろにできない事実に見出される。私たちが分析において、自我が抑圧を解消できるように援助をあたえるなら、自我は、抑圧されたエスに対する力を再び獲得し、欲動の蠢きに、あたかも昔の危険状況がもはや存在していないかのような流れをもたらすことができる。私たちがこうして達成したものは、私たちが医師として他の領域で及ぼすことのできる営為とも一致する。通常私たちの治療は、恵まれた条件下であれば自然に生じたであろう好結果を、より迅速に、より信頼の置ける仕方で、より少ない負担で導ければ、それで事足れりとしなければならない。

これまでの検討から私たちにわかるのは、直接に示すことはできず、遡って推論することによってのみ把握可能な量的関係こそが、昔の危険状況が保持されているか否か、また、自我の抑圧が維持されているか否か、小児神経症が後にまで持続するか否かを決定する、ということである。神経症の発症に関与する要因のうち、したがって心的諸力に優劣を競わせる条件を作り出す要因のうち、私たちの理解するところでは、生物学的要因、系統発生的要因、純粋心理学的要因という三つが挙げられる。生物学的要因は、人間の幼児の寄る辺なさと依存性が長引いたものである。人間の胎内での生活は、大抵の動物に比べて比較的短縮されている。人間は、動物に比べより未熟なまま産み出される。そのため、現実の外界の影響はより強いものとなり、エスからの自我の分化は早い時期から推進される。外界の危険の意味が高まり、唯一この危険から護ってくれ、失われた胎内での生活を代替してくれる対象の価値は巨大化する。つまり、この生物学的な要因が最初の危険状況を作り出し、愛されたいという欲求を生み出すのであり、この欲求はもはや人間から離れることがなくなる。

第二の、系統発生的要因は、私たちが推論したものにすぎない。リビード発展という実に奇妙な事実によって、私たちはこの要因を推論せざるを得なくなった。人間の性生活は、人間に近い種類の動物たちと異なり、最初から成熟に至るまで不断に発達を遂げてゆくものではなく、五歳になるまでの最初の開花期が終わると強力な中断をきたす。次いで、性生活は思春期とともに新たに始まって、幼児期における発端と結びつく。人類の運命においては、何か重要なことが起きたに違いなく(78)、それがこの性的発展の中断を歴史的沈殿物として残したのだと思われる。この契機が病因的意味をもつのは、以下のことから明らかである。小児の性欲による欲動の要求は、その大半が自我によって危険なものと扱われて防衛される。そのため後になって、つまり思春期にはいって生じる、自我に本来は従うべきであるはずの性欲の蠢きが、幼児期の手本の引力に屈し、抑圧のなかでそれを追求してしまう危険に晒される。ここで私たちは神経症の最も直接的な病因に直面している。奇妙なことに、性欲の要求との早期の接触は自我に対して、外界との早すぎる接触と似たように作用する。

第三の心理学的要因は、私たちの心の装置の不完全さに求められる。その不完全さは、まさしく心の装置が自我とエスとに分化していくことに関係し、それゆえ、結局のところ外界からの影響にまでさかのぼる。[79] 現実の危険に対する配慮によって、エスからの一定の欲動の蠢きに対して自我は防御し、その蠢きを危険として処理するように強いられる。自我はしかし、内部の欲動の危険に対しては、自分にとって疎遠な現実の一部に対するようには効果的に身を護ることはできない。自我はエスと内密に結びついているので、欲動の危険を阻むには、自我は自らの編成に制限を加え、欲動による自らの損害の代替物である症状形成に甘んじること以外には道はない。退けられた欲動の怒濤が、その後再び押し寄せるならば、自我には私たちが神経症的病苦として知っているありとあらゆる困難 188
が生じることになる。

神経症の本質と原因について、これ以上の洞察は目下のところ得られていないと私は思う。

XI　補　足

この研究の過程でさまざまな主題に触れてきたが、それらのうち、足早に立ち去らねばならなかったものをここ 189
に集め、当然払われるべき注意を保っておきたい。

A　以前に述べた見解の修正

a、抵抗と対抗備給

抑圧の理論の重要な部分をなすのは、それがただ一度だけの過程として現れるのではなく、永続的な負担を要求するものだということである。この負担がなくなれば、抑圧された欲動は、その源泉から持続的に流れ込んでくるので、次の回にも、前にそこから追い払われたのと同じ通路をたどってくることになるだろう。すると抑圧はその成果を奪われるか、あるいは不定期的に何度も反復されることになるだろう。[80] このようにして、欲動の永続的な本性から、永続的な負担によってその防衛行動を確かなものにするという要求が自我に課せられてくる。この抑圧の保護のための行動が、私たちが治療努力の際に抵抗として感じるものである。抵抗が前提とするのは、私が対抗備給と名づけたものである。そのような対抗備給は、強迫神経症において把握できる。それは、自我の変容、また自我における反動形成の形をとって、抑圧されるべき欲動の方向とは反対方向へ向かう態度（同情、良心的であること、潔癖）の強化によって現れる。強迫神経症におけるこの反動形成は、潜伏期の経過において発展する正常な性格特徴が著しく誇張されたものである。理論的には同様に不可欠であると期待されるのだが、ヒステリーにおける対抗備給を明示するのは、遥かに困難である。ここでもまた、反動形成によるある程度の自我変容は明らかで、さまざまな状況において非常に目立ち、ヒステリー状態の主たる症状として注目を惹くほどである。このように考えると、例えばヒステリーの両価性《アンビヴァレンツ》葛藤は解決される。愛する人物への憎悪は、当人に対する過度の情愛と過度の不安によって抑え込まれる。しかし、強迫神経症との差異として強調せねばならないのは、そのようなヒステリーの反動形成が、性格特徴の一般的本性を示すものではなく、全く特別な関係に限定されたものだという点である。例えば、根本においては憎んでいる自分の子供たちを、過度の情愛を表して扱うヒステリー女性は、だからといって他の女性たちに比べて、総じて愛に満ちているわけではなく、まして他の子供たちにより多くの情愛を注いだりはしない。ヒステリーの反動形成は、ひとつの特定の対象に強く固執するのであり、自我の全般的な姿勢にまで高まるわけではない。強迫神経症にあっては、まさにこの全般化、対象関係の弛緩、つまり対象選択の移動が容易となることが特徴的である。

もう一つの対抗備給の様式は、ヒステリーの独自な在り方とより合致するようである。抑圧された欲動の蠢きは、二つの側面から活性化(新たに備給)される在り方をする。第一は内部から、欲動がその内なる興奮の源泉を出発点に増強されることによって、第二は、外部から、欲動にとって待望といってよいであろう、ある対象を知覚することによってである。その際、ヒステリーにおける対抗備給は、何よりもまず外部に、つまり危険な知覚に向けられる。それは特別な警戒態勢の形をとり、自我の制限によって、知覚が生じてしまいそうな諸状況を回避し、はからずも知覚が生じた場合には、そこから注意を逸らすようにする。フランスの研究者(ラフォルグ)は最近、ヒステリーのこの作用を「暗点化[81]」という特別な名で呼んでいる。ヒステリーの場合以上に眼を惹くのは、恐怖症における対抗備給の技法である。その利害関心は、恐れられている知覚の可能性からどこまでも遠ざかろうとする一点に集中する。対抗備給の方向が、一方のヒステリーおよび恐怖症と、他方の強迫神経症とで反対なのは、絶対的なものではないにせよ、意義深いことと思われる。このことから、私たちは抑圧と外部の対抗備給の間には、退行と内部の対抗備給(反動形成による自我の変容)の場合と同様に、より内密な関連があると推測できる。その上、危険な知覚からの防衛は、神経症に課せられた普遍的な使命である。強迫神経症のさまざまな戒律や禁止も、同じ意図に資するはずである。

かつて私たちは、分析において私たちが克服しなくてはならない抵抗が、自らの対抗備給に固執する自我によってなされることを明らかにした[82]。自我には、自ら戒めてそれまで回避するようにしてきたさまざまな知覚や表象に注意力を向けたり、自分に慣れ親しんだものとは全く対立する蠢きを自らのものと認めたりすることが困難である。分析における抵抗に対する私たちの闘いは、抵抗のこうした把握に基づいている。私たちが抵抗を意識化させるのは、多くの場合そうであるように、抑圧されたものと結びついているために抵抗自体が無意識となっている場所においてである。私たちは、抵抗が意識化された時、あるいはその後で、論理的な議論で対峙し、もしも自我が抵抗することを放棄した時にもたらされる利益と報酬を彼に約束する。自我が抵抗をすることに関しては、それゆえ疑うべきことも修正するべきところもない。これに対して、自我による抵抗のみで、はたして分析において私たちの前に現れる事情がすべて論じつくせるのか、という疑問が残る。私たちの経験によれば、自我は抵抗を諦める決心をした後でさえも、抑圧を撤回することになお、いつも困難を覚える。そこで私たちは、この賞賛すべき決意に引き続いて現れる苦しい努力の時期を、「反芻処理」と名づけた。そこには力動的な契機を認めざるを得ず、これによって反芻処理が必然的で理解可能なものとなる。すなわち、自我による抵抗が解消された後にも、反復強迫の力を、つまり抑圧された欲動の流れに対する無意識の模範の引力を克服しなければならないこと以外には考えようがないのである。この契機を無意識の抵抗と名づけようとすることに異議はなかろう。こうした修正を私たちは倦まず行ってゆこう。それが私たちの理解を少しでも進めてくれるなら望ましいことである。それが以前の理解を否定せず豊かにし、場合によっては一般性に限定を加えながらも、あまりに狭い考え方を広げてくれたりするのであれば、恥ずべきことでもない。

この修正によっても、私たちが分析において出会う抵抗の類型について完全な展望ができたとは思えない。むしろ私たちは、分析を深めてゆくことで、五種類の抵抗と闘わねばならないことに気づく。それらは三つの方面、すなわち自我、エス、超自我に由来する。その際、自我は、これらの力動において区別される三種の抵抗の源泉であることがわかっている。これら三つの自我抵抗のうち第一のものは、以前〔本節冒頭〕に扱われた抑圧抵抗であり、これに関して新たに言うべきことはあまりない。これと区別されるのが、転移抵抗であるが、本質は同じであるが、分析においては別の、はるかに明瞭なさまざまな現象を示す。というのも、この抵抗は、自我が分析状況や分析者の人格との関係を確立することに成功し、その結果、単に想起されるはずだった抑圧を、まるで新鮮なもののように生き返らせることが実現するからである。同じく自我抵抗であるが、全く別の本性なのが、疾病利得から生じ、症状を自我へと取り込むことに基づいた抵抗である。[83] この抵抗は満足や安堵の放棄に対する反抗に対応している。第四の抵抗の様式――エスの抵抗――、これに関しては、ちょうど反芻処理が必然的なのはこの抵抗のせいであると論じたところである。第五の抵抗は超自我の抵抗であり、これは最後に認識されたもので、最も不明瞭だが、必ずしも最も弱いわけではないこの抵抗は、罪の意識あるいは懲罰欲求に由来すると思われる。これはあらゆる成果に反抗し、ゆえにまた分析による治癒にも反抗する。[84]

b、リビードの変転からの不安

この論文で主張されている不安の理解とは、私が以前に正当と思っていたものとはややかけ離れている。[85] かつて私は、不安を不快という条件下にある自我のひとつの一般的反応と考えていて、その出現をいつも正当化しようと努め、現勢神経症の研究を拠り所に次のように想定していた。つまり、リビード（性的興奮）は、自我から拒絶されるか、あるいは用いられないと、不安という形で直接の放散がなされるのだ、と。しかし、これらさまざまな規定はうまく符合せず、少なくともつながりに必然性がないことは無視できない。しかも、不安とリビードとの間に特に密接なつながりがあるように見えるのに、これまた不快反応としての不安という一般的性格とは調和しない。

こうした把握に対する異論は、自我を唯一の不安の座とする傾向から生じたもので、したがって、『自我とエス』において試みられた心の装置の分節化の一帰結なのであった。かつての理解によれば、抑圧された欲動の蠢きのリビードを不安の源泉と見なすのが自然であったが、新たな理解に従うなら、自我はこの不安に対し出資をするものであった。すなわち、自我－不安か欲動－(エス－)不安か、である。自我は脱性欲化されたエネルギーで作動するので、新たな理解では不安とリビードの密接な関連も緩められた。私が少なくとも矛盾をはっきりさせ、不確実さの輪郭を明確に描くことに成功していることを願いたい。

不安の情動は、私自身も最初は主張したように[86]、出生の過程の帰結であり、その当時体験された状況の反復である、とするランクの注意によって、不安の問題を改めて検討せねばならなくなった。出生を外傷として、また不安状態を、それに対する放散反応として、さらに、新たに生じる不安情動をいずれも外傷をますます完全に「浄化反応する」試みとしてみようとする彼自身の理解によっては、私はさらに先に歩みを進めることができなかった。不安反応から、その背後の危険状況へと立ち戻る必要が明らかとなった。この契機の導入により、考察に新たな観点がもたらされた。出生は、生き方が変化したり、心的発展が進んだり、といった新たな条件化で生じる、後のあらゆる危険状況のモデルとなった。しかし、出生固有の意義は、同様に、この危険に対するモデルとしての関係に限定されていた。そこでは出生の際に感じられる不安は、ひとつの情動状態のモデルとなり、それが他の情動と必然的に運命を分かち合うことになるのであった。この情動状態は、ある時は、その根源的状況と類似の状況において、この最初の危険状況においては合目的的であったものが、今では目的にかなっていない反応形式として自動的に再生産される。あるいは、自我がこの情動に対する支配力を掌握し、それを自ら再生産して、危険に対する警告として、あるいは快－不快機制の介入を呼び覚ますための手段として用いるのであった。不安情動の生物学的意義は、不安が危険という状況に対する普遍的な反応として認められて以来、正当なものとなった。不安の座としての自我の役割は、不安情動を自らの必要に応じて生産する機能が自我に正式に認められて以来、確かなものになった。こうして、後の生活における不安には、二種類の根源様式があるとされた。一方は、不随意的、自動的なもので、出生の状況に類似した危険状況が出現する際に、その都度経済論的に説明可能な不安の根源の様式である。他方は、そのような状況が迫りさえすれば、その回避を促すために、自我によって生産される様式である。この第二の場合、自我は、こういってよければ予防接種の場合のように不安に身を任せ、弱められた発病によって、弱められていない発作を逃れるのである。自我はいうなれば危険状況を活き活きと表象するが、その際この不愉快な体験が仄めかしや信号にとどめられるという、見逃しえぬ傾向が認められる。この時さまざまな危険状況が次々に発展し、しかも発生的には相互に結合したままである様子については、既に個別に述べた(87)。私たちが神経症的不安と現実不安との関係という問題に着手するなら(88)、不安の理解をさらに一歩進めることに成功するかもしれない。

リビードが直接不安に置き換わるというかつての主張は、今では私たちの関心にとってあまり意義深いものではなくなっている。それでもこの主張を検討するならば、いくつかの場合を区別する必要がある。自我が信号として惹起した不安について言えば、これは対象外である。ゆえに、自我に作用して抑圧を行わせるようなあらゆる危険状況に関しても同断である。抑圧された欲動の蠢きのリビード的備給は、転換ヒステリーにおいて最も明確に見られるように、不安への転換や不安としての放散とは別のリビード利用である。これに対して、危険状況に関してさらに議論を進めるならば、恐らくは別の評価をせねばならないような不安の発展の事例に突き当たるであろう。(89)

c、抑圧と防衛

不安問題の解明という文脈で、私はある概念――より慎ましく言えば、ある術語――を再び採用したが、それは私が三十年前に研究を開始した際、専ら用いていたもので、その後捨て去っていたものである。つまり防衛過程という概念である。[*7] 私はこの概念を、その後、抑圧の概念で置き換えたが、両概念間の関係は明確に定まらないままであった。私は、防衛の概念を、場合によっては神経症に至るような葛藤の中にある場合に自我が用いる、あらゆる技法の一般的名称であると定めるならば、この古い概念に立ち帰るのは、明らかに利点があると思う。これに対して抑圧は、これらの防衛方法のうち一つの呼称にとどまり、私たちの研究の方向によって、最初によりよく知られるようになったのである。

単なる術語上の改正でさえ正当化を求めるものであるが、それは新たな観察法や私たちの洞察の拡張を言い表すものとなるべきである。防衛概念のあらためての採用と抑圧概念の制限は、既に前から知られているが、いくつかの新たな発見によって意義を増した、ある事実を考慮に入れている。抑圧と症状形成についての私たちの最初の経

＊7　「防衛-神経精神病」〔本全集第一巻〕を参照。

験は、ヒステリーにおいて得られた。私たちは、刺激的体験の知覚内実や、病因となる思考形成物の表象内容が忘却され、そして、記憶における再生産からも排除されることがわかった。それゆえ私たちは、意識からの引き離しにヒステリーにおける抑圧の主たる特徴を認めた。後に私たちは強迫神経症を研究し、この疾病においては病因となる出来事が忘却されないことを見出した。出来事は意識されたままであるが、しかしまだ表象しえぬような仕方で「孤立化」され、その結果、ヒステリー性の健忘症とほぼ同様な成果を得る。そうはいっても、両者の差異はかなり大きく、強迫神経症が欲動の要求を退けるのに用いる過程はヒステリーの場合とは同じものではありえない、という私たちの考えを正当化するに足るものである。研究をさらに進めると、強迫神経症においては、自我の反抗の影響下で、欲動の蠢きが昔のリビード期にまで退行することがわかった。その際の退行は、抑圧を不要とするわけではないが、明らかに抑圧と同じ意味において作用する。さらに、ヒステリーにおいても認めなければならない対抗備給が、強迫神経症においては、反応性の自我変容の形で自我保護の際に特に大きな役割を果たすこともわかった。「孤立化」という手続きに私たちの注意は向けられ、その技法をまだ説明はできないが、それは直接的に症状を表現するものとなる。「なかったことにする」という魔術的とも呼べる手法にも私たちの注意は向けられた。その防衛的な傾向には疑いの余地がないが、もはや「抑圧」の過程とはいかなる類似もない。こうした経験から十分な根拠をもって、これら全ての過程を同じ傾向——欲動要求からの自我の保護——で包括する防衛の旧来の概念を再び用い、抑圧をその特別な場合として包摂させることが可能になる。このような名称を与えることの意義は、私たちの研究が深まることによって、例えば抑圧とヒステリーの間のような、防衛の特別な形式と特定の疾病との間の内密な親縁性が明らかとなりうる、という可能性を考慮するなら、より高まる。私たちの期待はさらに、また別の意義深い依存関係の可能性にも向けられている。心の装置は、自我とエスの明確な分化以前、また超自我の形成以前には、これらの編成段階に到達して以降とは別の防衛方法を駆使していることもありうるのである。

B　不安についての補足

不安情動には、研究によってさらなる解明を約束するようないくつかの特徴がある。不安は期待と見逃しえぬ関係にある。不安とは何かを前にした不安である。不安には不確定性と没対象性という特徴が付き随う。正確な言葉の用法からすれば、不安が対象を見つけてしまえばその名は変わってしまい、不安の代わりに恐れという。不安にはさらに、危険との関係以外に、それとは別の、神経症との関係があり、この関係の解明に私たちは既に長い間努力している。そこでは、なぜ不安反応が全て神経症的ではないのか、また、なぜ私たちは、かくも多くの不安反応を正常と見なすのか、という問いが生じる。最後に現実不安と神経症的不安との区別を根本から考えることが求められている。

後者の課題から始めよう。私たちが先へ進むことができたのは、不安の反応から危険状況へと立ち戻ったからである。現実不安の問題についても同じ変更を試みるなら、その解決は容易になるだろう。現実的危険とは、私たちの知っている危険であり、現実不安とは、そのように既知の危険に対する不安である。神経症的不安は、私たちの知らない危険に対する不安である。ゆえに神経症的危険がまず探求されねばならない。分析によって私たちは、それが欲動危険であることがわかった。この、自我には未知の危険を意識へともたらすことで、私たちは現実不安と神経症的不安の区別を消し去ってしまい、神経症的不安を現実不安と同じように扱えるのである。

現実の危険に際して私たちは、情動的な反応つまり不安の発現と保護行動という二つの反応を発展させる。予測としては、欲動の危険においても同じことが起こるであろう。私たちは、このこれら二つの反応の一方が他方に出動の信号を送ることで、両者が目的にかなう形で協働する場合に加え、一方が他方を犠牲にして広がる不安麻痺という目的から逸脱した場合も知っている。

現実不安の特徴と神経症的不安の特徴それぞれが混在して示されるさまざまな事例がある。危険は既知の現実的なものだが、危険に対する不安はとてつもなく大きく、それは私たちの判断による不安よりも大きい。この、より大きいという点においてこそ、神経症的要素が露呈する。しかし、これらの事例は原理的には新しいものを何ももたらしはしない。分析は、既知の現実的危険に未知の欲動危険が結びついていることを示している。

私たちは、不安から危険に立ち返るだけで満足しているわけにはいかないので、さらに進もう。危険状況の中核、意義とは何か。明らかに、危険状況の大きさと比較して私たちの強さを見積もり、それを前にした私たちの寄る辺なさ、つまり、現実的危険の場合なら物質的な寄る辺なさを、欲動危険の場合なら心的な寄る辺なさを認めることである。そこにおける私たちの判断は、現実になされた経験から導かれるであろう。その見積もりにおける判断が誤っているか否かは、結果にとってはどうでもよい。そのように体験された寄る辺ない状況を外傷的状況と呼ぼう。そうすると、私たちは十分な根拠をもって、外傷的状況を危険状況から区別することができる。

こうした寄る辺なさという外傷的状況を、単に来るに任せるのではなく、予見し予期するようになれば、それは私たちの自己防護における大きな進歩である。そのような予期の条件が保持されている状況こそ危険状況と呼ばれるべきである。この危険な状況のもとで不安信号が与えられる。このことが意味するのは、「私は、寄る辺なさの状況が生じるであろうと予期している、あるいは現在の状況が私に、かつて経験された外傷的体験のあるものを想起させ、それ故私はこの外傷を先取りして、まだそれをわきへそらす時間があるにもかかわらず、あたかもそれが既にそこにあったかのように振舞おうとするのだ」ということである。不安とはすなわち、一方では外傷の予期であり、他方では同じその外傷の和らげられた反復である。不安に関して私たちが気づいたこの二つの特徴は、したがって別々の起源に由来する。不安は、予期との関係においては危険状況に属し、また、その不確定性と没対象性においては、寄る辺なさという外傷的状況に属するのである。そしてこの外傷的状況が危険状況において先取りされるのである。

不安—危険—寄る辺なさ(外傷)、という系列の発展順序に従えば、こう要約できる。危険状況とは、寄る辺なさが認識され、想起され、予期された状況である。不安は外傷における寄る辺なさに対する根源的な反応であり、この反応が後に危険状況において、助けを求める信号として再生産される。外傷を受動的に体験した自我は、今は、同じ外傷の弱められた再生産を能動的に、つまり、その成り行きを自発的に導こうとしつつ、反復する。私たちの知るところでは、子供は、あらゆる自分にとって不快な印象に直面して、それを遊戯において再生産して、同じように振舞う。この、受動性から能動性へと移行する仕方によって、子供は自らが受けた生活の印象を心的に制御しようとする。(90) これが外傷の「浄化反応」の意味であるとしても、もはや異論はなかろう。(91) しかし決定的なのは、不安反応の根源としての寄る辺なさの状況から、不安反応の予期への、つまり危険状況という不安反応への最初の遷移である。これに引き続いて、危険から危険の条件への遷移が、また対象喪失および既に述べたその変様が次々になされる。

小さな子供の「甘やかし」は、対象喪失の危険——あらゆる寄る辺なさの状況に対する保護としての対象の喪失——が、他のあらゆる危険に比べ著しく高められるという、望まざる結果を招く。すなわちこれは、運動面でも心理面でも、寄る辺なさを固有の特徴とする幼児期に引き留まることを助長する。

これまで私たちには、現実不安を神経症的不安とは別様に考察する機会はなかった。私たちには両者の違いがわかっている。現実不安は外部の対象から脅かされるのに対し、神経症的不安は欲動要求に脅かされる。この欲動要求がなんらかの現実的なものである限り、神経症的不安もまた、現実によって根拠づけられると承認しうる。私たちは、不安と神経症の特別に親密な関係の見かけが、以下の事実に拠るものであると理解した。すなわち、自我は不安反応の助けをかりて、欲動危険からも外部の現実的危険からも身を護るが、心の装置の不完全性のためにこの防衛行動の方向が神経症への道を開いてしまう、という事実である。私たちはまた、欲動要求がしばしば(内部の)危険になる理由は、まさしくその満足が外部の危険を呼び寄せてしまいかねない、つまり、この内部の危険が外部の危険を代理表現することに他ならない、という確信も得た。

他方、外部の(現実の-)危険が自我にとって意義深いものになるためには、この危険もまた内面化がなされなければならない。[*8] そこでは外部の危険は、体験された寄る辺なさの状況に関係するものとして認識されねばならない。外部から迫る危険に対する本能的な認識は、人間には全く、あるいはただ僅かな程度しか与えられていないようである。幼児たちは、生命の危険をもたらすようなことをやまず行い、まさにそれ故、護ってくれる対象が欠かせない。ひとを寄る辺なくさせる外傷的状況との関係において、外部の危険と内部の危険が、現実危険と欲動危険が合流する。自我が、ある事例では癒えようとしない痛みを体験し、別の事例では満足を全く見出せない状況が続く欲求の堰き止めを体験する際、経済論的状況はどちらの場合でも同じであり、運動的な寄る辺なさは、心的な寄る辺なさにその表現を見出す。

幼児期の謎めいた恐怖症には、この場でもう一度言及しておく価値がある。(92) それらのうちの一方――独りになること、暗い場所、見知らぬ人物――は、対象喪失の危険に対する反応と理解できる。他方のもの――小動物、雷雨など――に関しては、それらは現実危険に対する、他の動物たちにおいてもはっきり形成されている先天性の準備が委縮した残余であることを教えてくれるもの、と理解することができるかもしれない。人間にとって目的に叶っているのは、この太古の遺産のうち、対象喪失に関連する一部にすぎない。このような小児恐怖症が固着し、より強くなり、後の年齢まで持続する場合、分析が証明するのは、その内実が欲動要求と結合しており、これもまた、内部の危険を代行して表現するものになっているということである。

C　不安、痛み、喪

感情過程の心理学に関しては既に知られていることが僅かしかないので、以下の慎ましい見解にも寛容な判断を

＊8　危険状況と正しく評価されるような状況において、現実不安に一片の欲動不安が付加されることが、相当頻繁に見受けられるかもしれない。欲動の要求は、それが満足されることに自我が怖気づくようなものであれば、マゾヒズム的な要求といってよいだろう。それは、当の人自身に向けられた破壊欲動であろう。この追加は、不安反応が過度で目的を逸脱し、麻痺を呈するような事例を説明するかもしれない。高所恐怖症(窓、塔、絶壁)は、こうした由来を持つといってよいかもしれない。これらの秘められた女性的意味はマゾヒズムと近いところにある。

いただけると期待してよかろう。以下の点において私たちに対し問題が浮上している。私たちは、不安が対象喪失の危険に対する反応となる、と言わねばならなかった。さて、私たちは既にそのような対象喪失への反応を知っている。つまり喪である。そうすると、どのような場合に不安が生じ、どのような場合には喪が生じるのだろうか。私たちは以前既に喪について研究したことがあるが、[*9]喪の一つの特徴が全く理解できないままになっている。(93)すなわち、その特別な痛々しさである。それにもかかわらず、対象からの分離が痛みを伴うことは自明なことに思われる。こうして問題はさらに複雑化する。対象からの分離は、どの場合には不安を、どの場合には喪を、そしてどの場合には、もしかしたら痛みだけを引き起こすのか。

この問いに回答を与える見込みはないことを予め明言しよう。私たちは欲張らず、いくつかの区別と何がしかの示唆を見出すのみにしておこう。

乳児が母親のかわりに見知らぬ人物がいるのを見つけるという、私たちが理解していると思われる状況からもう一度出発してみよう。すると乳児は不安を示し、私たちはそれを、対象喪失の危険との関連で解釈している。しかし、この不安は恐らくもっと複雑なもので、より踏み込んだ議論に値する。乳児の不安に疑いの余地はないが、その顔の表情と、泣き出すという反応から、乳児はさらに痛みも感じているのだと推定できる。乳児においては、後になれば分化されるいくつかのものが流れ込んで一緒になっているようである。彼は一時的に体験される不在と、ずっと続く喪失とをまだ区別できない。乳児は、一度母親の姿を目の前から見失ってしまうと、もう母親を二度と見ることができないかのように振舞う。母親がそのように消え失せても、普通はまた再び現れるものだということを彼が習得するには、慰めとなる経験が何度も反復されねばならない。母親は、子供の前で顔を隠し、彼が喜ぶように再び顔を開き見せるという、お馴染みの遊びを行うことで、彼にとって非常に重要なこの認識を成熟させる。(94)すると子供は、言わば絶望に伴われることがない憧れを感じることができるようになる。

乳児が母親の不在を体験している状況が、彼にとって危険状況である、というのは彼の誤解に基づくもので、それは外傷的状況である。あるいはより正確には、もしもその時彼が、母親によって是非満たしてほしいという欲求を感じると、外傷的状況となる。この欲求がその時ないならば、この状況は危険状況に転じる。自我が自ら導入する最初の不安条件は、それゆえ知覚喪失という条件であり、これが対象喪失という条件と等置されるのである。愛の喪失はまだ考慮には入ってこない。後の経験によって、子供が、対象は存在するものの、自分に対して悪意を持つようになることもあることを学ぶと、対象の側からの愛の喪失が、新たな、遥かに持続的な危険、および不安条件になる。

母親が不在であるという外傷的状況は、ある決定的な点において出生の外傷的状況とは別のものとなっている。出生時には、人が不在を体験するような対象は存在しなかった。不安が唯一の反応として現れたのである。それ以降、満足の状況が反復されることで母親という対象が作り上げられ、今では欲求が生じた場合には、この対象は強度の高い備給を、つまり「思い焦がれ」というべき備給を被る。この刷新にこそ、痛みの反応は関連づけられねばならない。すなわち痛みは、対象喪失に対する本来の反応である。また不安は、この喪失がもたらす危険に対する反応である。さらなる遷移を通し、不安は対象喪失自体の危険への反応となる。

＊9　「喪とメランコリー」〔本全集第十四巻〕を参照。(95)

痛みについても私たちは極めて僅かのことしか知らない。唯一確かな内実を提供するのは次の事実である。つまり，傷みが――差し当たり，そして通常――生じるのは，末梢部を攻撃する刺激が刺激保護の装置を破り，持続的な欲動刺激のように作用する一方，これに対し，刺激された部位において刺激から逃れるのにいつもは有効に働くはずの筋肉の運動が無力にとどまる場合である。[96] 痛みが皮膚の部位からではなく，内部の器官に発する場合でも，この状況に何の変化も及ぼさない。内部における末梢の一部が，外部の末梢部の位置に取って代わっただけである。明らかに子供には，自分の欲求体験とは無関係にこのような痛みの体験をする機会がある。痛みのこの成立条件には，しかし対象喪失とはほとんど似たところがない。逆にまた，痛みには本質的である末梢の刺激という契機が，子供が思い焦がれる状況には全く欠けている。しかしそれでも，言語が，内的な，心の痛みという概念を創り出し，対象喪失の感覚を身体的な痛みと完全に等置していることは，無意味ではありえない。

身体的な痛みにおいて，痛む身体部位にナルシス的と呼べるような高度の備給がなされ，[97] この備給がますます増大し，いうなれば自我を空洞化するような作用をする。[98] 内部の器官の痛みでは，私たちがその身体部位について，意識された表象においては全く現れることがない空間的な表象，およびその他の表象を懐くことが知られている。極めて強い身体の痛みでさえも，別の関心によって心的に逸らされるならば生じない（ここで，無意識に留まっている，と言うことはできない）という奇妙な事実も，痛む身体部位に対する心的代理表現への備給の集中という事実によって説明できる。さてこの点には，痛みの感覚を心の領域へ転移することを可能にする類似があるように思われる。不在の（失われた）対象に対する思い焦がれの備給は，つまり，飽くことを知らない性格のために不断に増大する強度の備給は，傷ついた身体部位の痛みの備給と同様な経済論的条件を作り出す。そこでは，身体の痛みが末梢で条件づけられるということが度外視されてしまう！　身体の痛みから心の痛みへの移行はナルシス的備給から対象備給への変化に対応する。欲求によって高度に備給された対象表象が、増大する痛みによって備給された身体部位の役割を果たす。備給過程の連続性とそれを制止することの不可能性は、心的な寄る辺なさと同じ状態を生み出す。こうして生じた不快の感覚が、不安という反応形式で現れるのではなく、これ以上は詳述できない特殊な痛みの性質を持つならば、その要因はある契機に求められる。つまり、不快へと至るこれらの過程が遂行される備給連関と拘束連関の水準が高いということで、それは通常はあまりに説明を求められることが少ない契機である(99)。

私たちは、対象喪失に対するさらに別の感情の反応、すなわち喪を知っている。その説明はもはや困難なものではない。喪が生じるのは現実吟味の影響下においてである。これが、対象はもはや存在しないのだから、対象からは別れねばならない、と断固として求める(100)。現実吟味がそこで果たすべき作業は、対象が高度な備給を被っていたあらゆる状況下で対象からのこの撤退を実行させるということである。この別れの際の痛みに満ちた性格は、対象への拘束が解かれるべき状況が再生産される一方で、対象への思い焦がれの備給、つまり高度で、満たされることのない備給がなされるという、前に行った説明と合致する。

素人分析の問題

石田雄一
加藤敏 訳

Die Frage der Laienanalyse

緒言

この小論文の表題では何を扱おうとしているのか分からないだろう。そこで説明することにしよう。「素人」とは医師以外の人のことで、「問題」とは、医師以外の人にも精神分析を行うことを許可すべきか、ということだ。この問題が取り上げられたのは、時代的にも地域的にも限られている。時代的というのは、これまで、誰が精神分析を行うのかということなど誰一人として気にも留めなかったからだ。実際、このことに対する関心があまりになさ過ぎた。精神分析など誰一人として行うべきではないという欲望を皆が抱いていたからなのだ。色々な理由づけがされるだろうが、根底には、精神分析に対する嫌悪がある。それゆえ、医師にしか精神分析を行うことは許されないという要請は――それが以前の態度をいくらか修正しただけの代物だという疑いを拭えるのなら――精神分析に対する新たな、見たところ以前よりも友好的な態度といえる。精神分析による治療が場合によっては行ってもよいと認められるなら、それは医師だけに許可すべきだというわけだ。それなら、医師だけに限定する理由を検討する必要があるだろう。

地域的にも素人分析の問題は限られている。なぜなら、この問題は全ての国において同じ重要性を持つわけではないからだ。ドイツとアメリカでは、学術上の議論にしかならない。なぜなら、これらの国ではどの患者も自分が望む方法で望む人から治療を受けることができ、しかも望む者は誰でも、自らの行為に責任を取りさえすれば、「もぐり医者」として随意の患者を治療してよいからである。(1) 患者が損害賠償を求めて訴訟を起こすまで、司法は介入しない。しかし、オーストリアでは、いま私はこの国で、この国に対して筆を取っているのだが、法律は予防

GW-XIV 209

210

的で、医師以外の人が患者を治療することは、その結果の如何にかかわらず、禁じられている。[*1] だから、この国では、素人、すなわち医師以外の人が患者を精神分析で治療してよいかという問題は実践的な意味を帯びてくる。しかし、この問題が提起されるや否や、法律の文言によって決着がついているようにも思える。すなわち、神経質症者は患者であり、素人は医師ではない、精神分析は神経質症者の苦悩の治癒もしくは回復のための方法であり、そのような治療は全て医師だけに委ねられている、ゆえに素人が神経質症者に精神分析を施すことは許されない、もしそのようなことがあれば、刑罰の対象となる。事情がこのように単純なら、素人分析の問題に敢えて取り組む者など居やしない。しかし、法律上は問題にならないが、しかしそれゆえにこそ一考を要する複雑な事情がいくつかある。ことによると、この場合の患者は他の患者とは異なっており、また、素人はいわゆる素人ではなく、医師は、世間が医師に期待してしかるべき能力を持たず、かつ、医師自身が自らの自負の根拠とできるような能力もないということが判明するやもしれない。このことが証明されるなら、ここで問題となっている事例に法律を適用するには先ずはその修正が不可欠だと主張してしかるべきことになろう。

I

そうなるかどうかは、精神分析治療の諸特性をことさら知る必要のない人たちの意見次第である。私たちの課題は、こうした公平な立場の方々が今のところ何の予備知識もないと仮定した上で、彼らに精神分析について知ってもらうことである。残念ながら、彼らにそうした治療の様子を現場で直に聞いてもらうことはできない。「精神分析がなされている状況」にはいかなる第三者も居合わせてはならないからだ。また、どの治療時間も等しく重要だとは限らないので、そのような——居合わせる資格のない——聴衆に場当たり的に治療の現場を直に聞いてもらっても、大概の場合、判断に役立つ印象は得られず、精神分析家と患者との間で何が話し合われているのか理解できず仕舞いになりかねない。さもなければ退屈するだけだろう。だから、私たちが用意する情報でともかく満足してもらうしかない。そうした情報をできるだけ信頼してもらえるように書くつもりである。

そこで、次のような悩みを抱えている患者がいると仮定しよう。気分の変動があり、自分ではどうにもならない。あるいは、ひどく弱気になって、自分は何一つ正しいことができないと思い、気力《エネルギー》が萎えたように感じたり、あるいは、知らない人たちの中にいると不安に苦しんだりしている。彼は、理由も分からずに、自分の仕事をやり遂げることが困難だと感ずる。加えて、比較的重要な決定を下したり、企画を実行することも全て自分には困難なことだと感じる。ある日——原因は分からないが——不安感のひどい発作に襲われ、それ以来、一人で道路を渡るにも鉄道に乗るにも一大決心を要するようになり、事によると両方とも全く出来なくなる。あるいは、とても不思議なことに、自分の思考が我が道を歩み始め、自分の意志で統御できなくなる。思考が全くどうでもよい問題ばかり追求し、それを考えずにはいられなくなる。また、例えば家の正面にある窓の数を数えるというような非常に馬鹿ばかしいことをせずにはいられない。手紙を郵便私書箱に投函したり、ガスの火を消すといった単純な仕事をすると、その直後にそれを本当に行ったかどうか疑ってしまう。これだけなら苛立たしく煩わしいだけかもしれないが、次のような状態は我慢の域を超える。例えば、子供を自動車の車輪の下へと突き飛ばしてしまったとか、知らない人

＊1　同じことがフランスにも言える。

を橋から水の中へ投げ込んでしまったというような想念が急に払い除けられなくなる。あるいは、今日発覚した犯罪の首謀者として警察が手配している殺人犯とは自分のことではないかと自問せずにはいられない。もちろん、これは明らかに馬鹿げたことで、そんなことは自分でも分かっている。自分は誰に対しても悪事を働いたことはない、しかし、もし仮に自分が実際にその手配中の殺人犯であっても、この感情――つまり罪責感――はこれ以上強いことはないだろう。

あるいは、私たちの患者は――今度は女性患者だとしよう――別の形で、別の面で苦しみを抱えている。彼女はピアノ奏者だが、指が痙攣して仕事にならない。パーティに行こうと思うと、すぐに自然的欲求が起こるが〔＝用が足したくなるが〕、社交上その欲求は満たせない。それでパーティや舞踏会、演劇、コンサートに行くのを諦めてしまう。彼女は最も都合の悪いときに激しい頭痛やその他の痛みの感覚に襲われるだろう。時に、食事のたびにいつも決まって吐き出さざるを得ない。それが長く続くと危険なものになりかねない。そして最後に、困ったことに彼女は気の昂ぶりに一切耐えられない。しかし、それは暮らしの中では避けようがない。そうした折には気を失ってしまい、しばしば、重篤な病状かと思わせる筋肉の痙攣を伴う。

さらに他の患者たちは一つの特別な領域、すなわち、感情生活が身体的な要求と密接に関わる領域〔＝性生活の面〕で障碍を感じている。男性の場合、異性に対するこの上ない情愛的な感情の動きが生じても、それを身体的に表現できないのに、あまり愛していない対象には極度に反応してしまう。あるいは、自分が軽蔑し、離れたいと思っている人に官能を覚え、離れることができない。あるいは、自分でも不快に思うようなことでしか官能を満たせない。女性の場合は、不安や嫌悪感や原因不明の障碍のために性生活の要求に応じられない。あるいは、愛に身を委ねても、自然がそのような従順の報償として用意してくれた享楽を感じられない。

これらの人たちは皆、自分が病気だと自覚して、そのような神経質症の障碍を取り除いてくれそうな医師に診てもらいに行く。医師の方は、これらの病気を分類する範疇《カテゴリー》を作成する。彼らはそれらを自分の見解に応じて神経衰弱、精神衰弱、[2]恐怖症、強迫神経症、ヒステリーといった様々な病名で診断する。医師は症状が出現している器官、すなわち心臓、胃、腸、生殖器を診察し、どこも悪くないことを認める。医師は普段の生活ぶりを改めるように言ったり、保養や体の鍛錬、強壮剤を勧める。それによって一時的に症状は緩和する。あるいは、何の変化も生じない。ようやく患者は、そうした苦悩を専門に治療する人がいると聞きつけて、その人のところで精神分析を受け始める。

私が今ここにいると想定している公平な立場の方は、私が神経質症者の症状をかれこれ論じていた間、苛立ちを示していた。今彼は注意を集中し、緊張気味に、次のように言う、「やっと話して頂けるのですね、医師でも助けられなかった患者に精神分析家がどんな治療を行うのかを」と。

患者と精神分析家は互いに話すだけです。精神分析家は診察にさえ器具を使わず、薬も処方しません。ともかく可能なら、患者を普段通りの環境や状況の中で治療することさえあります。これはもちろん必ずしも必要ではなく、いつもそうできるとも限りません。精神分析家は患者に日中の特定の時間に来てもらい、話をさせ、それから患者に語りかけ、耳を傾けさせるのです。

ここまで話すと、公平な立場の方は、明らかにほっとして緊張が解けたという表情を浮かべるが、しかし、そこにははっきりと、「その程度のものかという」軽蔑の気持ちも見て取れる。まるで彼はこう考えているかのようだ、

「それ以上何もないだと。ハムレット王子が言うように、言葉、言葉、また言葉だというのか」と。きっと彼には、言葉でならどんなに楽に事を成せることかというメフィストの皮肉な文句[4]が思い浮かぶことでしょう。ドイツ人なら決して忘れることがない詩行ですから。[3]

彼はまたこう言う、「それは一種の魔術[5]ですね。話をするだけで患者の苦しみを吹き飛ばすというのですから」と。

全くその通りです。もし効果がもっと素早く現れるなら、それは魔術でしょう。ただし、魔術なら迅速さが不可欠となります。つまり、瞬時に成果を出さなければなりません。しかし、精神分析治療は何カ月も、何年さえも必要とします。魔術がそんなにゆっくりしたものだったら、不思議ではなくなってしまいます。ついでに言えば、私たちは言葉を侮るつもりはありません。言葉は強力な道具であり、私たちがお互いに感情を伝え合う手段であり、他の人に影響を及ぼす方法なのです。言葉は、言いようのないほど人を喜ばせたり、ひどく傷つけたりできます。たしかに、初めに行為ありき[6]で、言葉は後から出来たものです。少なからぬ状況において、行為が和らげられて言葉に変えられたとすれば、それは文化的な進歩でした。しかし、言葉はそれでも最初は魔術であり、呪術的行為なのです。それは今でもその古い力の多くを失ってはいません。

公平な立場の方はこう畳み掛ける、「もし患者が私よりも精神分析治療を理解する準備ができていないなら、あなたはどうやってその患者に、言葉や会話の魔術で苦しみから救われるはずだと信じてもらおうというのですか」と。

もちろん患者には準備をして頂く必要があり、そのための簡単な方法があります。患者に次のように注文するのです。精神分析家に対して全く率直でいること、頭に浮かんだことはどんなことでもわざと言わずにおいたりしないこと、そしてさらに、なにがしかの考えや想い出を人に伝える上で妨げとなる事情があっても全て無視すること(7)。皆が知っているように、誰にでも、他人にはなかなか伝える気になれないことや、絶対隠しておきたいことがあります。それがその人の「プライバシー」なのです。またそれ以外にも、自分自身にも認めたがらず、自分自身にも隠しておきたいので、思い浮かぶとすぐに考えるのを止めて自分の思考から追い払ってしまうことがあるということにも誰もが薄々気づいています。これは心理学的自己認識における一つの大きな進歩です。ひょっとしたら誰しも、自分の思考を自分自身に対して隠しておこうとする事態に、とても奇妙な心理学的な問題の発端があるということに気づいているのかもしれません。まるで自分の自己が、日頃自分が考えているような統一体ではもはやないかのようであり、自己に立ち塞がる別の何かが自分の中に存在しているかのようなのです。自己と、広い意味での心の生活との間に対立のようなものがあるということに、不明瞭ながら気づくかもしれません。ですから、全てを語れという精神分析の要求に従うなら、かくも異例な条件のもとでの交流ないしは意見交換によって特異な効果が生まれるのかもしれないという期待をすんなり抱けるようになるのです。

「分かります」と公平な立場の聞き手は言うだろう、「神経質症者は誰しも気を重くさせるような何か、つまり秘密を抱えている、と仮定して、その秘密を打ち明けさせることによって、その重荷から解放し、元気を取り戻させるというわけですね。それはまさしく告解の原理で、カトリック教会がずっと以前から人々を揺るぎなく支配するために利用してきたものですね」と。

そうでもあり、そうでもない、としか私たちは答えられません。確かに告解は精神分析の一部をなしています、いわばその導入段階として。しかし、それは決して精神分析の本質と一致しているわけではなく、精神分析の効果を説明するものでもありません。告解では罪人は自分が知っていることを話すのですが、精神分析では神経症者は自分が知っている以上のことを言わなければなりません。告解がこれまでに明白な症候を取り除く力を発揮したなんて話は聞いたこともありません。

「だとすると、私には全く理解できません」と〔彼は〕反論する。「自分が知っている以上のことを言うとは一体どんなことなのですか。ただ、次のことは想像できます、すなわち、あなたが精神分析家として患者に及ぼす影響が、聴罪司祭が告解者に対して及ぼす影響よりも強いのは、あなたが〔この司祭と比べて〕より長い時間をかけ、より徹底的に、またより個人的に患者と関わり合うからだということ、そして、あなたはこの高められた影響力を利用して患者を病的な思考からそらせたり、患者の心配事を忘れさせるのだということです。このような方法で嘔吐や下痢、痙攣といった純粋に身体的な症状をうまく抑えられるというのなら、それだけで十分に興味をそそられることでしょう。そうした影響を及ぼすことが、もしある人を催眠状態に置くなら、十分に可能だということは私も承知しています。おそらくあなたは、患者へのかかわりを通じて、たとえそうする意図がなくても、そうした催眠的な関係、つまり、暗示によるあなた自身への結びつきを作り出しているのでしょう。だとすれば、あなたの療法がもたらす奇跡は催眠暗示の結果だということになります。しかし、私が知る限りでは、催眠治療は精神分析よりもずっと素早く効きます。精神分析は、あなたがおっしゃるように、何カ月も何年も要するのですから。」

公平な立場の方は、私たちが最初に思っていたほど無知でも、困惑しているわけでもない。明らかに彼は、前から持っていた知識を駆使して精神分析を理解しようし、既に知っている別の事柄に関連づけようと努めている。私たちは今彼に対し、そうしたやり方はうまく行かない、精神分析は《特殊な》[8]方法であり、これまでにない独特なものだから、新たな認識に基づかなければ――あるいは、こう言って良ければ、新たな仮説に基づかなければ――理解できない、ということを理解して頂くという難題を抱えている。しかし、私たちにはまだ、彼の最後のコメントにも答えておく義務がある。

精神分析家が〔患者に〕及ぼす特殊で個人的な影響についてあなたがおっしゃったこと[9]は、確かに大変注目すべきことです。そのような影響は実際に存在し、精神分析において大きな役割を果たしています。しかし、催眠術の場合と同じではありません。催眠術と精神分析では状況が全く異なっている、ということをあなたに示しておく必要があります。[10]私たちはこの個人的な影響――すなわち「暗示的」な要因――を、催眠的暗示で行われるように病気の症状を抑え込むために用いることはない、と言えばそれで十分かもしれません。さらに言えば、この要因が最初から最後まで治療を支え、促進すると考えるのは誤りだということです。〔精神分析を〕開始した時点ではたぶん役に立つでしょう。しかし、次第に精神分析の目的を妨げるようになり、私たちはあらゆる対抗措置を講じることを余儀なくされます。気を逸らせることや忘れさせることがいかに精神分析の技法にそぐわないかを一つの例で示そうと思います。患者がまるで重罪を犯したかのように罪責感に苦しんでいる時、私たちは、間違いなく無実であることを強調して、この良心の呵責を克服するように患者に促したりしません。これは患者自身が既に試みて失敗していることです。そうではなく、私たちは患者に、そんなに強く、そして持続する感情なら、何か実際にあったことに基づいているはずであり、もしかしたらそれを探し出せるかもしれないと教えるのです。

公平な立場の方は次のように言う、「患者の罪責感をそのように〔＝何か実際にあったことに基づいているはずだと〕認めることによって静められるなんて、私にはとても信じられません。しかし、あなたの精神分析の目的とは一体何なのですか、そしてあなたは患者とともに何をしようとしているのですか。」

II

あなたに分かるように話せというのでしたら、私はあなたに心理学の学説を少々お伝えしなければなりません。この学説は精神分析家のグループ以外には知られていないか、もしくは正当に評価されていないものです。この理論が分かれば、私たちが患者に何を求め、それをいかなる方法で達成するのかは容易にご推察頂けるでしょう。私はあなたに、この理論があたかも完成した学説体系であるかのように教条的に説明致します。しかし、哲学の体系のように一挙に体をなしたなどと思わないで下さい。私たちはそれを非常にゆっくりと発展させ、どの部分も長い時間をかけて苦労して得られたもので、常に観察とすり合わせながら修正を積み重ねた末に、ようやく一つの形を獲得するに至り、私たちの目的に沿うと思えるものになったのです。数年前ならまだ、私はこの学説を今とは違った表現の装いのもとに述べなければならなかったところでしょう。もちろん今日の表現形式が最終的なものだという保証は致しかねます。ご存知の通り、科学は神の啓示ではないので、それが出来てから長い時間が経った今でも、人間の思考が求めて止《や》まない確実性、不変性、不可謬性といった性質は得られていないのです。しかし、今あるような科学しか私たちは持ち合わせることはできません。おまけに、私たちの科学は出来てまだ日が浅く、四半世紀そこそこしか経っておらず、しかも、扱っているのは大体、人間の研究に課され得る最も難しい題材なのです。このことも合わせてご理解頂ければ、私が申し述べることに対して難なく適切な態度を取って頂けるでしょう。しかし、もし私の話について来られなかったり、もっと詳しい説明をお望みでしたら、いつでも遠慮なく話を中断して下さい。

「まだお話が始まらないうちから、中断させて頂きます。新しい心理学についてお話し下さるとおっしゃいますが、心理学は何ら新しい科学ではないと思います。心理学も心理学者もこれまで十分いましたし、私は学校でこの分野での偉大な業績について聞かされました。」

その点について争うつもりはありません。しかし、もっと詳細に検討すれば、これらの偉大な業績はむしろ感覚生理学に分類すべきものだと分かるでしょう。心の生活に関する学は、ただ一つの根本的な誤認が妨げとなって発展できなかったのです。今日、学校で教えられているような心理学にどんな事柄が含まれているでしょうか。感覚生理学に関する貴重な認識を別にすれば、あとは私たちの心の過程に関する若干の分類や定義で、これらは慣用的な言葉として日常的に使われるようになったため、教養ある人なら誰でも知っているものとなっています。こうしたものは、私たちの心の生活を理解するためには明らかに不十分です。哲学者、詩人、歴史家、伝記作者は皆それぞれ独自の心理学を自前で作り出し、心の行為の関連や目的に関して優れた仮説を唱えていますが、どれも多かれ少なかれ魅力的でありながら、どれも同じように信用できないものばかりだということにあなたはお気づきではありませんか。そこには明らかに一つの共通の土台といったものが欠けています。そのため、心理学の領野には、こう言ってよければ、敬意とか権威といったものが全くないのです。誰もが好き勝手に「密猟」できます。もしあなたが物理学や化学の問題を提起すれば、自分には「専門知識」がないと分っている人なら皆黙っています。しかし、心理学的な主張をしようものなら、どんな人からも意見やら反論が出て来ることを覚悟していなければなりません。

おそらくこの領域には「専門知識」はないのでしょう。誰にでも自分自身の心の生活があり、それゆえ誰もが自分自身を心理学者だと思っているのです。しかし、このことが〔心理学の分野で意見を述べる上での〕十分な資格を満たすとは私には思えません。「乳母」の仕事に応募した人が、小さな子供の世話ができるかどうか尋ねられたという話があります。その人はこう答えました、もちろんできますとも、だって私自身、昔は小さな子供だったのですから、と。

「心の生活のこの「共通の土台」は、心理学者たちがこれまでずっと見過ごしてきたのに、あなたはそれを患者の観察によって発見したとおっしゃるのですね。」

私たちの所見が患者の観察から生まれたからといって、その価値が下がるとは思いません。例えば胎生学は、先天性奇形の発生を明快に説明できないとしたら、信用に値するものとは言えないでしょう。さて、思考が自分独自の道を歩み出し、そのため自分には全くどうでもいいような問題にあれこれ悩まされてしまう人たちについて既に申し上げました。学校で教える心理学が、かつてそのような異常の解明に少しでも役に立てたとお考えでしょうか。結局のところ、夜間に思考が自分独自の道を歩み出し、様々な事物を作り出すという現象は私たち皆に生じています。そうした事物は私たちには理解できず、私たちを当惑させ、病的な所産を思い起こさせます。私たちの夢のことを申し上げているのです。巷ではいつも、夢には意味や価値があり、何かを意味しているという信仰が頑なに守られてきました。こうした夢の意味について、学校で教える心理学では全く何も取り上げられませんでした。夢にはお手上げだったのです。夢の説明を試みる段になると、感覚刺激とか、脳の様々な部位の間での眠りの深さが異なる、といった非心理学的な説明がなされました。しかし、夢を説明できないような心理学では、正常な心の生活の理解にも役に立たず、科学と称する権利などない、と言って差し支えありません。

「攻撃的になっておられますね。多分痛いところに触れられたのですね。精神分析では夢に大きな価値を置き、それを解釈し、その背後に隠れている実際の出来事の想い出を探しまわる、などということを聞きました。しかしながら、夢の解釈は精神分析家の恣意に委ねられており、精神分析家自身、夢を解釈する方法や、そこから結論を引き出すことの正当性に関する論争を解決できていないとも聞いています。もしそうなら、精神分析が、学校で教える心理学よりも優っているとそんなに大仰に強調するのはどうかと思います。」

あなたは今、実際、極めて正しいことをおっしゃいました。夢解釈が精神分析の理論においても実践においても比類のない重要性を獲得したというのは事実です。もし私が攻撃的に見えるとすれば、私はそうすることでただ身を守ろうとしているだけです。しかし、少なからぬ精神分析家が夢の解釈によって引き起こした悪戯を洗いざらい思い起こしてみると、私も自信がなくなり、「あらゆる進歩はどれも、それが最初に思ったよりも半分くらいの価値しかない」という、偉大な風刺作家ネストロイ[11]の悲観的な格言の言う通りだと認めることになりましょう。しかし、人間とは自分の手に入ったものをいつも混乱させ歪めてしまうものだということはご存知のはずです。少々の用心深さと自己修練があれば、夢解釈の危なげなところの大半は確実に避けることができるのです。しかし、このように脇道に逸れてばかりいたら、ずっと本題に入れませんね。

「そうですね。私の理解が正しいとすれば、あなたは新しい心理学の基礎的な前提について話そうとなさっていましたね。」

そこから話を始めるつもりはありません。あなたに聞いて頂きたいのは、私たちが精神分析による研究を進めるなかで、心の装置の構造についてどのようにイメージするようになったかということです。

「質問してよろしければ、あなたの言う心の装置とは何なのですか。そしてそれは何で出来ているのですか。」

心の装置が何なのかは直に分かります。それがどんな素材から出来ているかは尋ねないで下さい。それは心理学の関心事ではないからです。心理学にはどうでもよいことです。望遠鏡の内壁が金属製かそれとも厚紙でできているのかという問題が光学にとってどうでもよいのと同様です。材質という観点[12]は全て除外するつもりですが、空間という観点は取り上げるつもりです。私たちは、心の活動に使われる未知の装置を、実際に様々な部分――それを私たちは審級と呼んでいます――から構成されている一つの器械のようにイメージしています。その部分は各々一つの特殊な機能を果たし、相互に不動の空間的関係にあると考えています。つまり、「前」と「後」や、「表面」と「深層」といった空間的な関係は、私たちには差し当たり諸機能の規則的な継起的関係を描写する意味だけを持つのです。私の言っていることがお分かりですか。

「ほとんど分かりません、もしかしたら後になって分かるのかもしれませんが、いずれにしても、変わった心の解剖学です。自然科学者なら、もはやそんなものを弄したりはしませんね。」

何をおっしゃいますか。それは科学によくある一つの補助的イメージじゃないですか。一番最初の補助的なイメージというものは、いつも極めて大まかなものだったのですよ。《修正の余地あり》[13]とは、こういう場合にぴったりの言葉です。人口に膾炙《かいしゃ》するようになった「かのように[14]」をここで引き合いに出すまでもないと思います。そうしたものの価値は――哲学者ファイヒンガー[15]なら「虚構」と呼ぶでしょうが――それによってどれだけのことが達成できるかで決まるのです。

話を続けましょう。私たちは日常生活の知恵に従い、人間の中に心の編成があると考えます。この編成は、人の感覚刺激および身体欲求の知覚と、人の運動行為との間に挿入され、ある特定の意図をもってこの両者の仲立ちをするのです。私たちはこの編成をその人の自我〔イヒ〕と呼びます。これは何ら新しいことではありません。哲学者でもなければ、私たちは誰でもそう考えます。たとえ哲学者であっても、そう考える人だっています。しかし、これだけで心の装置を余すところなく記述したとは思いません。私たちは、この自我とは別に、もう一つ別の心の領域があることに気づきます。この領域は自我に比べ、もっと広く、壮大で、闇に包まれたものなのです。これを私たちはエスと呼んでいるのです。先ずこの二つの領域の関係から論じることにしましょう。

私たちはこの二つの心の審級あるいは領域を表記するのに、仰々しいギリシア語の名称を採用する代わりに、〔ドイツ語の「自我《イヒ》」と「エス」という〕単純な代名詞[16]を選びましたが、あなたはそのことに不満をおっしゃるのではないかと思います。しかし、私たちは精神分析ではいつも一般の人々の平易な思考法と接していたいと考え、その思考法の概念を捨てずにできるだけ科学的に使えるようにしようと心がけているのです。それで何かが得られるというわけではありませんが、私たちの学説を患者の方々にも理解して頂きたいので、そうする必要があるのです。患者の中にはとても理知的な方がおられますが、必ずしも学識があるとは限りません。非人称のエスは、普通の人が使っているある特定の表現方法と直接つながっています。「私はひらめいた《エス・ハト・ミヒ・ドゥルヒツックト》[17]」という言い方があります、つまり「この瞬間に私よりも強い何かが私の中にあった」ということです。〔フランス語には〕「《そうせずにはいられなかった《セ・テ・プリュ・フォール・ク・モワ》》[18]」〔という言い回しがあります〕。

心理学では比喩を使わなければ記述はできません。これは特別なことではなく、他の分野でも事情は同じです。

しかし、私たちはこれらの比喩を繰り返し更新しなければならないのです。どの比喩もずっと使っているわけにはいきません。そこで私は、自我とエスとの関係を分かり易く説明しよう思って、自我はエスの一種の正面外壁[19]だ、とか、エスの前景だ、とか、こう言ってよければ外側の皮質層だ、というように想像して下さいと申し上げる次第です。〔「外側の皮質層」という〕最後に挙げた比喩は今しばらく捨てずに使えます。皮質層は、隣接している外側の媒体から変化を促す影響を受けることで、その特有な性質を獲得することが分っています。そこで私たちは、自我はエスという心の装置が外界(現実)からの影響によって変化して出来た層なのだとイメージするのです。こう言えば、私たちが精神分析において空間的な考え方を実際どのように行っているのかお分かりでしょう。自我とは私たちにとっては実際に表面的なもので、エスはもっと深層にあるものなのです、もちろん外から見た場合の話ですけれど。自我は現実とエスとの間にあり、このエスこそが本来の心というものなのです。

「どこからそうしたこと全てが分かるのかは、まだご説明頂かなくて構いません。まずお伺いしたいことは、自我とエスをなぜそのように区別するのか、どうしてそうした区別が必要なのか、ということです。」

ご質問を頂いたおかげで、どうしたら適切に説明できるか分かりました。重要かつ有益なことは、自我とエスとが少なからざる点で互いに異なるということを知っておくことです。つまり、自我においてはエスの場合とは別の法則に従って心の活動が営まれており、自我は〔エスとは〕異なる目的を異なる手段で追求しているのです。それについては話さなければならないことが山ほどありますが、新しい比喩を一つと実例を一つお話しするだけでご勘弁願います。戦争中に現れたような、前線と後背地との違いを思い浮かべて下さい。前線では後背地とは違うことがいろいろ行われ、前線では絶対に禁止されていたことが、後背地ではたくさん許されていましたが、私たちは当時それを不思議には思いませんでしたね。この違いを決定づけたのは、当然のことながら、敵との近さであり、心の生活にとっては外界との近さがそれに相当します。「外部」と「未知」、「敵」〔という三つの概念〕は、かつては同一の概念でした。[20] ここで実例を出しましょう。エスの中には何の葛藤もなく、様々な矛盾や対立は消えずにそのまま並存していて、しばしば妥協によって調整されます。そのような場合、自我は、解決しなければならない葛藤があると感じ取り、ある〔目的の〕追求を別の〔目的の〕追求のために断念するという形で葛藤に決着がつけられるのです。自我は一つの編成であり、その際立った特徴は、極めて顕著な仕方で統一ないしは統合を追求するという点にあります。この特徴はエスには見られません。エスは——言うなれば——支離滅裂で、エスにおける個々の〔目的の〕追求は互いに独立し、互いに構うことなく自分の目的を目指すのです。

「そんなに重要な〔エスという〕心の後背地が存在するのなら、それが精神分析の時代に至るまで見過ごされてきたということはどうご説明頂けるのですか。」

それはもう以前に質問なさったことです。[21] 心理学は、もっともらしさは十分あるけれども根拠のない仮定に固執していたために、エスの領域への入口を閉ざしてしまったのです。その仮定とは、私たちは心の活動を全て意識しており、意識[22]は心というものの特徴であり、もし私たちの脳内に無意識的な過程があるとすれば、それは心の活動という名に値せず、心理学とは無縁のものだ、というものです。

「私にはそれは全く自明のことに思えますが。」

ええ、心理学者たちもそう考えています。しかし、それが誤りだということ、つまり〔意識と無意識とを〕全く不適当な仕方で分けたものだということは容易に示せます。ほんの少し自己観察しただけでも、ふと思い浮かぶ着想ですら何らかの準備がなされた上でないと成立し得ないことが分かります。あなたの思考のそうした着想の準備段階は、実際その性質からして心というものに属するはずなのですが、あなたはこれに全く気づかず、あなたの意識の中には、その出来上がった結果しか入って来ません。時折、この準備的な思考形成を後で再構成するような際に、事後的に意識化できるのです。

「その準備段階に気づかなかったのは、おそらく注意が逸れたからでしょう。」

それは逃げ口上というものです。あなたは次の事実をはぐらかすわけにはいきません。すなわち、あなたの中では、心というものに属する性質の、しかもしばしば極めて複雑な行為が生じており、あなたはそれを全く意識できず、全く知るよしもない、ということです。それとも、何がしかの「注意」を向けると、心の行為ではないものを心の行為に変えられるのだと、あなたは認めるおつもりでしょうか。ところで、こんな論争をして何の役に立ちましょう。催眠術の実験をすれば、そのような意識されない思考が存在することは、学ぶ気がある方にならどなたにでも、反論の余地がないように実地に見せて差し上げられます。

「仰せの通りだと思います。ようやくあなたのおっしゃることが分かってきたように思います。あなたが自我と呼ぶものは意識のことであり、あなたの言うエスとは、今とても話題になっている、いわゆる下意識のことですね。しかし、何のために新たな名称を使って仮装を施すのですか。」

仮装ではありません。〔意識や下意識といった〕他の名称は適していないからです。私は科学の話をしているのであって、文学の話をするつもりはありません。ある人が下意識と言う場合、局所論的な観点から、心の中で意識の下方にあるもののことを指して言っているのか、あるいは、質的な観点から、もう一つ別の意識のことを、いわば隠れた意識のことを言わんとしているのか、私には分かりません。おそらく、当人も全く分からないまま口にしているのでしょう。唯一許容できる対立概念があるとすれば、それは意識と無意識です。しかし、これが、自我とエスの区別に一致するなどと考えるなら、由々しき誤りとなります。もちろん、それほど単純なら願ってもないことでしょう。もしそうなら、私たちの理論で問題は楽々と片づけられることでしょう。しかしそんなに単純ではないのです。確かなのは、エスの中で生じていることは全て無意識の状態にあり、その状態にとどまるのに対して、自我の中での出来事だけが意識されるようになる可能性があるということだけです。しかし、自我の中の出来事が全ていつも必ず意識されるようになるとは限りません。自我の大部分がずっと無意識のままにとどまっているということもあるのです。

心の過程が意識されるようになるということは複雑な事柄です。それに関する私たちの仮説を——再び教条的にですが——あなたに是非とも描いて差し上げねばなりません。自我とはエスの外側の周縁層だということでしたね。さて私たちの考えでは、この自我の最も外側の表面に、外界に直接向いた特別な審級、すなわち一つのシステム、一つの器官があり、この器官の興奮によってはじめて、私たちが意識と呼んでいる現象が生み出されるのです。この器官は外側から興奮させられる、つまり、感覚器官を使って外界の刺激を受け止めるのですが、同様に内側からも興奮させられます。この場合には、まずエスの中の興奮が感知され、次いで自我の中で生じる過程も感知されるのです。

「お話がますます厄介になり、私にはますます分からなくなります。あなたが私を呼んだ目的は、素人にも、つまり医師以外の人にも精神分析治療を行わせるべきかという問題を話し合うためですよね。だとすれば、大胆かつ漠然とした理論をこのように解説したところで、それが正しいと私を納得させることができないなら、何の役に立つというのですか。」

あなたにご納得頂けないことは百も承知です。それはそもそも不可能なことなので、そうするつもりもないのです。自分の弟子たちに精神分析を理論的に教えようとすると、彼らが初めのうちはほとんど感銘を受けていないことが見て取れます。彼らが精神分析の教理を受け容れる態度は、それまで習ってきた他の抽象的な理論を受け容れた場合と同様に冷ややかなものです。中には納得したいと思っている者がいるかもしれませんが、実際に納得した形跡は皆無です。そこで私たちは、他人に精神分析を行おうとするなら、その前に必ず自分自身が精神分析を受けなければならないと決めているのです。この「自己分析」(誤解を生みやすい呼び方ですが(23))が進んでいくなかで、精神分析が求めているプロセスを自分自身の身体《からだ》で(24)——正確に言えば、自分自身の心で——実際に体験して初めて、後に精神分析家になったときに指針となる確信が得られるのです。公平な立場の方であるあなたに、ご自身で経験して確認して頂けないまま、私たちの理論を不完全で短く切り詰めた形で、それゆえ曖昧な形でしか提示できない中にあって、私たちの理論の正当性をあなたに納得して頂くことなどどうして望めましょうか。

私の意図は別にあるのです。精神分析が理に適っているか、無意味なものか、その理論設定において正しいのか、大間違いを犯しているのか、といった問題をあなたと論じるつもりはありません。私たちの理論をあなたに一通り説明しているのは、そうすることで、精神分析がどんな思想内容を持っているのか、個々の患者においてどんな前提から出発しているのか、患者とともに何を行うのか、といったことをあなたに最も上手く説明できるからです。そうすることで、素人分析の問題に対して、とてもはっきりとした光が投げかけられるでしょう。それはそうと、もうご安心頂いて構いません。私の話にここまでついて来られたのでしたら、一番厄介なところはもう終わっています。これからお話しすることはどれも、あなたにはこれまでよりも理解し易くなるでしょう。けれどもここで一息入れさせて下さい。

III

「あなたは精神分析の理論に基づいて、神経質性の病気が発生する様をどのように思い描くことができるか私に示そうとなさっているのですね。」

それを試みてみましょう。しかし、そのためには、私たちは自我とエスを新たな観点から検討しなければなりません。力動論的観点から、すなわち、それらの内部やそれらの間《あいだ》で働いている諸力を考慮して、検討しなければならないのです。先ほどは心の装置を記述するだけでよしとしたのです。

「また話がそう難しくならないことを祈ります。」

私もそう願っています。少しすれば理解できますとも。さて、私たちの考えによれば、心の装置を動かす諸力は身体の器官の中で、大きな身体的欲求の表現として生み出されます。我らが詩人兼哲学者の「飢えと愛」という言葉[25]を思い出しませんか。しかもこれは実に恐るべき力の組み合わせなのです。私たちはこの身体欲求を、それが心の活動にとって刺激となる場合には、欲動と呼んでいます。この語は、他の多くの近代語にはないドイツ語特有の表現です[26]。さてエスは、これらの欲動でいっぱいなのです。エスの中にある全てのエネルギーは、手短に言えば、欲動に由来します。自我の中の諸力の由来も同じで、エスの中の諸力から派生したものです。さて欲動は何をしようというのでしょうか。充足、すなわち、身体的欲求が無くなり得る状況を作り出すことです。身体的欲求の緊張が低くなると、私たちの意識器官は快と感じ、それが高まると即座に不快と感じます。こうした変動から快－不快の感覚の繰り返しが生じ、それに従って心の装置全体がその活動を調整します。これが私たちの言う「快原理の支配」なのです。

エスの欲動要求が充足されないと、耐えられない状況になります。経験を重ねるにつれて、そのような充足状態は外界の助けではじめて作り出されるということが分かるようになります。この時点でエスの外界に向かった部分、すなわち自我が活動を始めるのです。車両を動かす全ての動力がエスから工面されるとすれば、自我はいわば操縦を引き受けるのであり、これなくしては当然のことながら目標には到達できません。エスの中の欲動は何が何でも今すぐに充足しようとしますが、そのような形では何も達成できず、かなりの損害を被ることさえあります。そこでこうした失敗を予防し、エスの要求と現実の外界からの異議とを仲裁することが自我の任務となるのです。自我は自らの活動を二方面で展開します。自我は一方で、自分の感覚器官すなわち意識系を用いて、損害を受けずに充足を得るための好機を捉えるべく外界を観察します。他方で自我は、エスに影響を与え、その「情熱」を抑え、欲動にその充足を先延ばしさせたり、必要と判断した場合には、その目標を修正させたり、あるいは補償と引き換えに充足を断念させるのです。自我はエスの蠢きをそのように抑制することによって、かつては唯一の基準であった快原理をいわゆる現実原理で置き換えるのです。現実原理はもちろん〔快原理と〕同じ最終目標を目指していますが、〔快原理とは違って〕現実の外界によって設定された条件を顧慮するのです。後に自我は、今述べた外界への順応とは別に、充足を保証する他のやり方がまだあることに気づきます。外界を変えるべく介入し、そこに充足を可能にする条件を意図的に作り出すこともできます。この活動はそうなると自我の最高の成果となります。自らの情熱を抑えて現実に屈服させるか、あるいは情熱に加勢して外界に対して防戦するか、この二つのどちらがいかなる場合により適切なのかを判断することは、生きていくための知恵の最も重要な使い所です。

「私があなたのおっしゃることを正しく理解しているとすれば、エスは自我よりも強力な部分だということになりますが、にもかかわらず、エスは自我のそうした支配を甘んじて受けるのですか。」

ええ、自我が完璧な編成と能力を備えていて、エスのあらゆる部分を熟知し、それに影響を及ぼすことができる場合には、自我はエスをうまく支配できます。(27)自我とエスとの間には生来の対立はなく、両者は互いに補完し合って一つのまとまりをなしていて、健常な場合には事実上区別することはできません。

「それは結構な話ですが、この理想的な関係のどこに病的障碍の余地があるのか私には分かりません。」

その通りです。自我および、エスに対する自我の関係が、この理想的な要求を満たしてさえいれば、実際神経質性の障碍はないのです。疾病は思いも寄らないところから始まっているのです。一般病理学の専門家なら驚きはしないでしょうけれども、極めて重要な発達や分化こそが疾病や機能不全の萌芽を宿しているのです。

「ちょっと専門的になりすぎて、おっしゃっていることが理解しかねます。」

もう少し遡って説明しなければなりませんね。圧倒的な力を持つ外界には破壊的な作用がたくさんあるので、こうした外界に対して小さな生物は本当に惨めで無力なものですよね。満足な自我編成が発達していない原始的な生物は、これら全ての「外傷」にさらされているのです。そうした生物はひたすらその欲動欲望を「盲目的」に充足するために生きており、そのために命を落とすことも多々あります。自我の分化は、なによりもまず生命維持への一歩なのです。もちろん命を落としてしまえば何も学べませんが、外傷を運よく切り抜けられたなら、同じような状況が近づくことに注意を払い、外傷を受けたときに体験した印象を縮めた形で反復することによって、すなわち、不安情動によって危険の信号を作り出すのです[28]。危険に気づいてこのように反応することは逃避の企ての始まりです。この企ては、外界にある危険なものに対してさらに能動的に、ことによると攻撃に訴えてでも立ち向かうことができるくらい十分に強くなるまでは、命を守る上で効果的です。

「こうしたお話はどれも、お話し下さると約束した内容からは随分離れてしまっています。」

もうほとんど約束を果たすところまで来ています。〔人間のように高度な〕生物の自我編成は成長すればきちんと役目を果たすようになりますが、こうした生物においてさえ、この自我はまず幼年期には弱く、エスからほとんど分化していない状態にあります。この無力な自我がエスからの欲動要求に遭遇すると、何が起こるだろうか想像して下さい。この自我は、その欲動要求を充足するのは危険で、外傷的状況、すなわち外界との衝突を引き起こすことを察知します。だから自我はその欲動要求に抵抗したいのですが、そのための力がまだないために、その要求を抑制できません。自我は、欲動の危険をあたかも外部からの危険であるかのように扱って逃避を試み、通常なら欲動の蠢きのためにしてやることをエスのこの部分に対して一切拒んだ後、その部分との関わりを絶ち、その部分をその運命に委ねてしまうのです。こうした事態を私たちは、自我がこの欲動の蠢きの抑圧を行う、と言い表しています[29]。これによって差し当たり危険の阻止には成功しますが、内部と外部とを混同してただでは済みません。自分自身から逃げ去ることなどできないのです。自我は、普段なら快原理を修正するはずなのに、抑圧の場合には快原理に従うので、それに対して損害を負担しなければなりません。この損害とは、自我がエスに対する権限を恒久的に制限してしまったということです。抑圧された欲動の蠢きは今や隔離され放任されていて近寄ることができませんが、それに影響を与えることもできません。それは固有の道を歩むのです。自我は大抵、後になって強化されても、この抑圧を解除(30)することはもはやできず、その統合は妨げられ、エスの一部は自我にとって立ち入り禁止のままになります。しかし、隔離された欲動の蠢きも黙ってはおらず、通常の充足が得られなかった代償を得る術を心得ています。すなわち、自分の代わりとなる心的な蘖《ひこばえ》をつくり出し、他の過程を自らの影響によって同様に自我から奪い取って、これと結びつきます。そして、最終的に、気づかれないように歪曲した代替形成に身を潜めて自我や意識に入り込み、私たちが症状と呼ぶものをつくり出すのです。これこそが神経質性障碍の実態です。自我は統合が妨げられ、エスの部分に対して一切の影響力を失い、抑圧されたものと改めて衝突するのを避けるために、そのかなりの活動の放棄を余儀なくされ、抑圧された〔欲動の〕蠢きの蘖である症状に対して大概は無駄に終わる防衛活動で疲れ果てるのです。そしてエスの中では、個々の欲動が自立的になり、人格全体の利害を顧慮することなく自らの目標を追い求め、後はただ、エスの奥深いところで命令を下す原始的な心理学の諸法則にのみ従うようになるのです。この状況全体を見渡すなら、神経症の発生を表す単純な公式は次のように言い表せます、すなわち、自我がエスの特定の部分を不適切な仕方で抑え込もうとし、これが失敗に終わり、エスがその仕返しをしたのだ、と。つまり、神経症とは自我とエスの葛藤の所産であり、自我がこの葛藤に陥るのは、詳細な調査の結果分かったところでは、自我が現実の外界に最後まで従順であろうとするからなのです。対立は外界とエスとの間にあるのに、自我は、自らの最も内なる本質に従って外界の側に与するがゆえに、エスとの葛藤に陥るのです。しかし、よくご注意下さい。この葛藤があるという事実によって病気の前提が作り出されるわけではありません。なぜなら、現実とエスとのそうした対立はそもそも避けようがないものであり、自我とは、そうした対立を仲裁するという変わらぬ任務のもとで主導的役割を果たすものだからです。病気の前提を作り出すのは、自我が葛藤を処理するために抑圧という不十分な手段を使ったという事態なのです。しかしこのこと自体の原因は、自我がその〔外界とエスの対立を仲裁するという〕任務を課せられた時点ではまだ未発達で無力だったことにあります。実際、決定的な抑圧は全て幼少初期に起こるものなのです。

「実に奇妙なご説明の道程《みちのり》でした。とりあえず批判はするな、というあなたの忠告に従っておきます。というのも、あなたは、精神分析では神経症を克服するためにどんなことをするのか、という話につなげるために、精神分析では神経症がどのように成立すると考えられているのかを私に示そうとなさっているだけですから。お尋ねしたいことが色々ありますが、そのなかの幾つかは後にでも申し上げましょう。とりあえず今は、少しばかり、あなたの思考の筋道を頼りに敢えて自ら一つの理論を立ててみたいと思います。あなたは、外界－自我－エスという関係を詳しく説明なさって、自我が外界に従属してエスと戦うということが神経症の条件だと考えておられました。それ以外にも、自我がそのような葛藤の中でエスの側に取り込まれ、外界への顧慮を否認するという場合も考え得るのではありませんか。そのような場合にはどんなことが起こるのですか。精神疾患[31]の性質に関する私の素人じみた考えに従うと、自我のこの決定は精神疾患の前提なのではないかと思います。現実からそのように目をそらすということは精神疾患の本質のように思えます。」

はい、私自身もそのことを考え、その通りだと思ってさえいます[32]。ただこの推測を証明するためには、実に複雑な諸関係について議論しなければなりません。神経症と精神病との間に緊密な類縁関係があるのは明らかですが、しかし他方で、ある決定的な点で区別する必要があります。おそらく、自我がそうした葛藤の中で〔外界かエスの〕どちらの側につくかという点で区別できるのかもしれません。エスはどちらの場合でも、がむしゃらに一歩も譲ろうとしないという性格を失わないだろうと思います。

「それではお続け下さい。あなたの理論に従えば、神経症の病気はどう治療すればよいということになりますか。」

私たちの治療の目的は今では容易に輪郭を示せます。私たちは自我を元の状態に戻し、その制限から解放し、以前に抑圧を行ったために失ってしまった、エスに対する支配権を取り返してやろうとしているのです。このためにこそ私たちは精神分析を行うのです。私たちの全技法はこの目標に向けられています。私たちは以前に行われた抑圧を探し出し、自我を促して、この抑圧を私たちの助けによって修正させ、逃避の試みよりももっと良い方法で葛藤を処理させなければなりません。この抑圧は幼年初期に起きたものなので、精神分析の作業の中で私たちは人生のこの時期に目を向けることになります。ほとんど忘れ去られた葛藤状況を私たちは患者の想い出の中で蘇らせようしているのですが、そのためのヒントは、患者の症状や夢、自由な思い付きの中に隠されています。これらはもちろん先ず解釈し、翻訳する必要があります。というのも、それらはエスの心理学に影響されて形を変え、私たちが普通には理解できないような形式で表現されているからです。患者が私たちに思い付きや考え、想い出を伝えようとすると何か心の中に逆らうものを感ずることがあります。そうした場合、伝えようとしたことが何やら抑圧されたものに関係しているか、あるいはその蘖だと考えて差し支えありません。私たちは、患者が話す上での抵抗を乗り越えるように促すことによって、患者の自我を鍛錬し、逃避を試みようとする傾向を克服し、抑圧されたものに近づけるようにしてやるのです。最終的に、抑圧の状況を患者の想い出の中で再生することに成功するなら、患者は〔精神分析家に〕素直に従ったことが報われるのです。抑圧の状況からかなりの年月が経過しているということは患者には有利に働きます。幼少期の自我が恐れをなして逃亡してしまった困難な状況が、大人になり強くなった自我には往々にしてただ児戯に等しいものとして現れるからです。

IV

「あなたが私にこれまでお話し下さったことはどれも心理学ですね。しばしば奇妙で扱い難く不明瞭に聞こえましたが、それでも、言ってみれば、清潔な話ばかりでした。さて私はもちろんこれまであなたの精神分析についてほんの少ししか知りませんでしたが、私の耳に入った噂によれば、精神分析は、清潔とは言い難い事柄にばかり携わっているということでした。これまでのお話の中でその種の事柄に全く触れられなかったのは、意図的に差し控えられていたように私には思えます。私はもう一つ別の疑念も抑え込むことができません。神経症は確かに、あなた自身がおっしゃるように、心の生活の障碍です。それなのに、私たちの倫理、私たちの良心、私たちの理想といった重要な事柄がこのように根の深い障碍において何ら役割を果たしていないというのですか。」

私たちのこれまでの話の中では、低俗極まりないことも最も高尚なことも顧みられなかったとお考えなのですね。けれどもそれは、私たちが心の生活の内容をそもそもまだ論じていないからなのです。さて今度は私自身がちょっと、話の進展を妨げる中断者の役割を演じることをお許し下さい。私があなたにこれまで心理学の話をしてきたのは、精神分析の作業はちょっとした応用心理学であり、しかも、それは精神分析以外では知られていない心理学なのだという印象を持って頂きたかったからです。精神分析家はとりわけこの心理学、つまり深層心理学もしくは無意識の心理学を、少なくとも今日知られているくらいは学んでいなければなりません。これは後に示す結論に必要となります。それはさておき、先ほどあなたは清潔なこととおっしゃいましたが、それはどんなことなのでしょうか。

「ええ、巷の噂によると、精神分析では性生活における最も内密な、最もみだらな事柄が微に入り細にわたって話題にされるそうです。もしそうなら、――そうだという確信はあなたの心理学的な説明からは全く得られませんでしたが――それは、そのような治療が医師だけに許されるということの強力な論拠となりましょう。医師以外の人だと秘密を守ってくれるかどうか疑わしく、その人格には何ら保証がありません。それなのに、そんな危なっかしい特権を認めるなど、論外ではありませんか。」

その通りです、医師は性的な領域で一定の特権を認められています。医師には生殖器の診察も許されています。もちろん、東洋では医師はそのようなことをしてはなりません。また、少なからざる理想主義的改革者たちは――あなたは私が誰のことを言っているのかご存知ですね[33]――この特権を廃止しようとしました。しかし、あなたがまず知りたいことは、精神分析では患者の性生活に立ち入る特権が認められるのか、そしてなぜそれが認められねばならないのか、ということですね――確かにそうした特権は認められます。

そうした特権が認められねばならないのは、第一に、精神分析はそもそも〔患者が〕完全に正直であることを前提にしているからです。精神分析の最中には、例えば財産状態がまさにそのように詳細かつ率直に開陳され、相手が商売敵や税務署員でなくても決して言わずに隠しておくようなことまで話してもらいます。このように〔患者の側に〕正直であれという義務があるのですから、精神分析家にも重大な倫理的責任が課されます。私はこのことに反論するつもりなど毛頭なく、むしろ私自身、そうした責任が精神分析家に課されることを明確に強調するつもりです。第二に、精神分析家に特権が必要なのは、神経質性疾患の原因や誘因の中でも性生活に関わる要因が演ずる役割は極めて重要であり、それは他の比ではなく、ひょっとしたら特有な役割でさえあるかもしれないからです。精神分析は、その材料、すなわち患者が提供する素材にじっくり取り組むという以外に何ができましょうか。精神分析家は決して患者を性的な事柄に踏み込むように仕向けたりしません。精神分析家が患者に、「あなたの性生活の密事が問題なのだ」などと予め言うことなどありません。精神分析家は患者に好きなところから話してもらい、患者自身が性的な事柄に触れるまでずっと待つのです。私はよく弟子たちに次のように忠告しています。私たちの敵は私たちが性的な要因が重要ではない症例に出くわすだろうと予告した、だから私たちは性的な要因を〔自ら〕分析に持ち込むようなことはしないように気をつけ、敵が言うような症例を見つけるチャンスを潰さないようにしよう、と。さて、今に至るまで私たちの中にはこの幸運に恵まれた者はおりませんが。

私たちが性欲を正当なものとして承認しているということが、——当人が認めようが認めまいが——他の人たちが精神分析に敵意を抱く最大の動機となっているということは、私ももちろん存じております。そんなことで私たちは動じたりするでしょうか。そのことは、まさに、私たちの文化生活全体がいかに神経症的なのかを私たちに教えているのです。というのも、健常者と思われている者の振舞いは神経質症者とそう大差がないからです。ドイツの学会で精神分析に対する裁判が厳粛に執り行われていた頃、——今日では随分と静かになってしまいましたが——ある講演者が、自分の主張は格別に信用に値するものだと言いました。なぜなら、その講演者自身が言うところでは、彼も〔精神分析家がするように〕患者自身に話をさせるからだそうです。診断する目的で、しかも精神分析家の主張が本当か調べるつもりでそうしていることは明らかです。しかしその講演者が言い添えたところによれば、もし患者が性的な事柄について話し始めたら、自分は患者の口を遮る、というのです。このような証明方法をどう思われますか。学会はそんな講演者を恥ずべきなのに、彼に喝采を送っていました。先入観を共有しているという意識があると、人は意気揚々として安心していられるものですが、そうした安心感があったからこそ、この講演者はあんなにも論理的に軽率でいられたのでしょう。数年後、私のかつての弟子の何人かは、精神分析が押しつけようとする性欲という頸木《くびき》から人間社会を解放したいという欲求に負けてしまいました。ある者は、性的なものは決して性欲そのものではなく、抽象的なもの、神秘的なものといった何か別のものを意味していると表明しました。またある者は、性生活とは、人間が自分を駆り立てる権力と支配への欲求を実行に移そうとする領域の一つにすぎない、とさえ言いました。(34) 少なくともしばらくの間は、彼らは非常に多くの賛同を得ました。

「それなら私はひとつ敢えてあなたの味方をしてみましょう。性欲が生物の自然的、本来的な欲求ではなく、何か他のものの表現だという主張は、私には勇み足に思えます。動物を例にするだけで分かることです。」

そんなことを言っても無駄なのです。性欲が支配的な力を持つという恐るべき事態に対抗できる特効薬だと喧伝すれば、どんなに馬鹿げた合剤だろうとも社会は喜んで飲み込むものなのです。

ところで、あなたご自身も、性的な要因が神経症を引き起こす上で非常に大きな役割を果たしていると認めることに反感を表されましたね。これは公平な第三者としてのあなたのお役目にはあまり相応しくないと申し上げておきます。そのような反感があると正当な判断ができなくなるという心配はありませんか。

「あなたがそう言われるのは残念です。私への信頼は揺らいでいるように思えます。それではなぜ私以外の人を公平な第三者として選ばなかったのですか。」

あなた以外の人だって、あなたと同じように考えただろうからです。しかし、もしその人が最初から性生活の意義を認める準備があるなら、世の中の人はこぞって次のように叫ぶでしょう、そいつは公平な第三者ではない、そいつはお前の信奉者だ、と。いいえ、私はあなたの考えを変えてみせるという気持ちを捨ててはおりません。しかし、今度の場合は私にとって先に論じた場合とは事情が異なるということを認めます。心理学的な説明の場合には、ただ純粋に心理学的な問題だという印象をあなたに持って頂ければ、あなたが私の言うことを信じようが信じまいが構いませんでした。今度の場合、つまり、性欲という問題の場合には、あなたに次のことを素直に認めて頂きたく思います、すなわち、あなたが反対する最大の動機は、あなたが他の多くの方々と同じ敵意を最初から抱いているからなのだ、と。

「しかし、あなたは経験をお持ちなのでそんなにも確固たる確信を持てるのでしょうが、私にはそうした経験がないのですよ。」

よろしい。もう私の説明を先に進めてよい頃合いですね。性生活は人生に色を添える薬味にとどまらず、科学が真剣に取り組むべき問題でもあります。そこには見聞すべき新事、解明すべき妙事がたくさんありました。精神分析は患者の幼年初期に立ち戻らねばなりませんでした。それはこの時期に、自我がまだ弱かった頃に、決定的な抑圧が起きたからです。このことは既に申し上げました。しかし、幼年期には性生活はないのでしょうか。性生活は思春期とともにようやく始まるのでしょうか。そうではありません。性的な欲動の蠢きは誕生の時点から人生に付いて回るものであり、まさにこの欲動に対して防衛するために幼児の自我は抑圧を行うのだ、ということを私たちは発見せざるを得ませんでした。小さな子供が既に性欲の支配力に逆っているのです。それと同じことを後になって学会の講演者や、さらにもっと後になって、独自の理論を立てた私の弟子たちが行っています。これは奇妙な一致ではありませんか。どうしてそうなるのでしょうか。最も一般的な答えは、そもそも私たちの文化は性欲の犠牲の上に築かれている、ということでしょう。しかし、これについては他にたくさん話さなければならないことがあります。

この世には見つけてしまうと恥ずかしく思えるものがありますが、幼児性欲の発見もそうしたものの一つなのです[(35)]。それがどういうものか承知している小児科医や、さらには保母がいつも何人かはいたように思います。ところが、児童心理学者を自称している才気溢れる方々は非難がましい口調で「〔精神分析は〕幼年期の無邪気さを奪う」と言い立てました[(36)]。〔こうした連中の言うことは〕いつも感情論ばかりで論拠を欠いています。私たちの政治団体ではそうした出来事は日常茶飯です。野党の何某が立ち上がり、官庁や軍隊や裁判所等の乱脈ぶりを弾劾します。すると他の者が――大方は政府の誰かが最もそうしたがるものですが――そうしたことを認めてしまうと国家や軍隊、王家、さらには国民の自尊心さえもが傷つけられる、と言うのです。だから、そうしたことは事実として扱ってはならない、というのです。こうした自尊心は踏みにじってはならないことになっているのです。

幼児の性生活はもちろん大人の性生活とは違います。性機能はその最初期の段階から私たちのよく知っている最終的な形態に到達するまで複雑な発展を遂げるのです。それは、個別の目標を持った数多くの部分欲動が一つにまとまって出来上がるものであり、多くの段階の編成を経た末に、生殖に役立つようになるのです。各々の部分欲動が全て最後の結末〔つまり、生殖〕に等しく役に立つわけではなく、それらは他の方向へ向けられ、造り変えられ、一部は抑え込まれなければなりません。そのように大規模な発展がいつも申し分なく成し遂げられるわけではなく、発達障碍が生じたり、初期の発達段階への部分的な固着が起きたりします。後に性機能の遂行が阻まれたりすれば、性的な〔目的の〕追求――つまり、私たちの言うリビード――がそうした過去の固着点へと後退しようとするのです。幼児性欲を研究し、それが成熟するまでの変化を調査することで、私たちはいわゆる性的倒錯を理解するための手がかりを得ました。それまでは性倒錯の記述となると、有らん限り全ての嫌悪の表徴が援用されましたが、その発生は解明できないままでした。その分野全体はこの上なく興味深いものです。しかし、これについてさらにお話しすることは、私たちが話し合う目的に限って言えば、さほどの意味もありません。性倒錯についてよく知るには、もちろん、解剖学や生理学の知識が必要で、残念ながらそれが全て医学校で得られるわけではありません。しかし、文化史や神話に通じていることも同じように必ず必要となります。

「私としては、幼児の性生活と言われても、全くイメージが浮かびません。」

それならもう少しこのテーマに留まることにしましょう。どのみち私はこのテーマからそう簡単には離れられませんから。よろしいですか、幼児の性生活で最も注目すべきは、私が思うに、生まれて五歳までに極めて広範囲に及ぶかなりの発達が遂げられるということです。この時点から思春期まではいわゆる潜伏期であり、この期間には――普通は――性欲は全く発達せず、逆に性的な追求は強度を失い、子供が既に行《おこな》ったり知っていた多くのことが放棄され、忘れられていきます。人生のこの時期、つまり早咲きの性生活の花が枯れた後の時期に、あの自我の態度が形成されます。すなわち、羞恥や嫌悪、道徳のように、後の思春期の嵐に対抗し、新たに芽生える性的欲望に道をつけるべく定められた自我の態度が形成されるのです。このいわゆる性生活の二節性の発動は神経質性の病気の発生に極めて大きく関わっています。それは、人間にのみ認められるように思われ、ひょっとしたら、神経症になるという人間の特権の前提条件の一つなのかもしれません。性生活にこうした有史以前があるということは、精神分析以前には見過ごされていました。これは、他の分野で意識的な心の生活の背景が見過ごされていたのと同様です。この両者が内的にも関連していると考えて頂いて差し支えないでしょう。

　性欲のこの初期段階がどのような内容を持ち、どう現れ[37]、どんな機能を持つのかということに関しては、大変多くのことを申し上げる必要がありますが、それは予想だにしないことばかりです。例えば、こう申し上げればあなたはおそらくびっくりなさるでしょうが、小さな男の子が父親に食べられるかもしれないと心配するということは、とてもよくあることなのです。（私がこうした不安を性生活の現れの一つと位置づけていることにも驚きませんか。）しかし、クロノス神の神話を想い出して頂きたい。この話はひょっとしたら学校時分に聞いてまだ忘れておられないかもしれませんが、クロノス神も自分の子供たちをぺろりと食べてしまいます。あなたがこの神話を初めて聞いたとき、とても変な話だと思ったはずです。しかし、私たちは皆当時この神話を聞いても何も心に思い浮かべることはなかったと思います。今日なら、狼のように何でも食べてしまう動物が登場する物語を私たちはいくつも想い出せます。そしてそれが父親の変装なのだと気づくことでしょう。この機会にはっきりと申し上げておきますが、神話や説話の世界はそもそも幼児期の性生活の知識によって初めて理解できるようになるものなのです。この発見は精神分析的研究の副産物のようなものです。

　こう言うとあなたはまた同じくらい驚かれるでしょうが、男の子は父親に自分の性器を奪われるかもしれないという不安に苦しみ、この去勢不安がその男の子の人格発達と〔男性と女性のどちらへ向かうかという〕性の方向の決定に最も強い影響を及ぼすのです。ここでも神話を想い出せば、精神分析を信じる気になるでしょう。自分の子供を貪り食ったまさに当のクロノスは、自分の父親であるウラノスを去勢してもいて、その後、報いを受けて、母〔レア、すなわちクロノスの妻〕の策略によって救われた息子のゼウスに去勢されるのです。精神分析が幼児の早期性欲について語ることはどれも精神分析家たちの下品な空想《ファンタジー》に由来するものだとお考えでしたら、せめて次のことはお認め下さい。すなわち、この空想《ファンタジー》は、神話や説話に表れている原始的人類の空想活動と同じものを作り出したということです。別の、もっと穏やかで、おそらくもっと適切な見解を述べるなら、幼児の心の生活には、かつて人類文化の原始時代に普く支配していた太古の局面がまだ今日でも残っていることが証明できる、ということになります。幼児はその心の発達において系統進化を縮めた形で繰り返しているのかもしれません。それは胎生学がずっと以前に身体の発達に認めたことに似ています。

幼少初期の性欲のさらなる特徴として、いわゆる女性の性的な陰茎がこの時期の性欲において何の役割も果たしていないということが挙げられます。それは幼児にはまだ発見されていないのです。力点は全て男性の陰茎に置かれ、関心は全てこれが有るのか無いのかということに向けられます。小さな女の子の性生活については、男の子の性生活ほどには分かっていません。私たちは〔男女に関して〕こうした差が出ていることを恥と思う必要はありません。なぜなら、大人の女性の性生活もまた心理学にとって《暗黒大陸》[38]だからです。しかし、女の子は男性の陰茎と同等の性器を持っていないことをつらく感じ、それゆえ自分が劣っていると思うこと、そしてこの「ペニス羨望」が女性に特徴的な一連の反応の起源となることは分かっています。

幼児に特有なこととして、〔排便、排尿という〕二つの排泄的な欲求が性的関心で占められているということも挙げられます。後に躾《しつけ》によって〔排泄と性とを〕きちんと区別するように強要されるのですが、逆に機知に富む言葉を紡ぎだして、その区別を再び曖昧にするのです。こうしたことを私たちは不潔なことだと思いますが、ご存知のように、幼児の場合には、嫌悪感が芽生えるまでにかなりの時間が必要なのです。普段なら子供の心は天使のように純粋だなどと言っている人たちでも、このことは否定しませんでした。

しかし、私たちの注意を何よりも引きつけるのは、子供が性的な欲望をいつも自分の近親者に向けているという事実です。子供は性的な欲望を最初に父親と母親に向け、しばらくして兄弟姉妹に向けるのです。両性愛的な素因が逆の態度を助長しない限り、男の子にとっては母親が、女の子にとっては父親がそれぞれ最初の愛の対象となります(39)。もう一方の親は邪魔な競争相手と感じられ、強い敵意が浴びせられることも珍しくありません。ただ、次の点は誤解のないようお願い致します。子供が自分が贔屓にしている親から受けたいと思っているものは、私たち大人が親子関係の本質と思いたがるような種類の深い情愛だけだなどと私は言うつもりはありません。それどころか、精神分析は次のことにいささかの疑念も残しておりません。すなわち、子供の欲望は、こうした情愛を超えて、私たちが官能的充足と理解するもの全てに向かっていくのです。ただし、それは、子供が表象可能な範囲においてのことです。子供には男女の性的結合が実際にどう行われるかのか決して推測できないということは容易に分かります。そこで、子供はその代用として自分の経験や感覚から導き出した表象を用いるのです。通常、子供の欲望の極みは、子供を産みたい、もしくは——漠然とした形で——子供をもうけたいという気持ちに他なりません。子供を産みたいという欲望は、男の子でも何も知らないままに抱《いだ》いているものなのです。そうした心の構造全体こそ、私たちが、有名なギリシアの伝説に名を借りて、エディプスコンプレクスと呼んでいるものなのです。これは通常、幼児性欲期が過ぎると捨て去られ、徹底的に解体され、造り変えられます。そしてこの変造がうまく行けば、後の心の生活において重要な機能がきちんと果たせるようになるはずなのです。しかし、大抵、十分といえるほど徹底的に行われないため、後に思春期を迎えたとき、このコンプレクスが復活し、由々しき事態を招きかねないのです。

あなたがなお黙っておられるというのも妙です。それを同意と受け取るわけには行きませんね。――精神分析では、幼児の最初の対象選択は、専門用語を使って言うと、近親相姦的だということになります。こう主張すれば、またしても人類の最も神聖な感情を害すること請け合いで、当然それ相応の不信と反論、非難を覚悟しなければなりません。こうした非難を精神分析はたっぷりと受けてきました。精神分析は、エディプスコンプレクスが人類共通の宿命的な形成物だと主張しました。このことが、精神分析が同時代の方々の支持を失う破目になった一番の理由です。ギリシアの神話はもちろん〔精神分析と〕同じことを言わんとしていたはずです。しかし、現代人の大多数は、学識の有無にかかわらず、自然は近親相姦の可能性を防ぐべく生得的に〔近親相姦を〕嫌悪するように定めていると考えたがるのです。

まず私たちの主張を裏づける証拠を歴史から出してみましょう。C・ユリウス・カエサルはエジプトに足を踏み入れたとき、若々しい女王クレオパトラが――彼女は後にカエサルにとってとても大切な人になるのですが――彼女のさらに若い弟であるプトレマイウスと結婚していることを知りました。このことはエジプトの王朝では何ら特別なことではありませんでした。本来はギリシア人であるプトレマイオス家は、前王朝の支配者である昔のファラオたちが数千年来行ってきた慣習を受け継いだだけです。しかし、これは兄弟姉妹間での近親相姦に過ぎず、現代でも比較的大目に見てもらえるものです。それゆえ、太古の状態の最重要証人たる神話学に伺いを立てることにしましょう。神話学が私たちに教えるところによれば、ギリシア神話に限らず、どの民族の神話にも、父と娘の肉体関係や母と息子の肉体関係さえも非常にたくさん出てきます。宇宙論や王族の系譜は近親相姦に基づいています。いかなる意図でこうしたお話が作られたとお思いですか。神々や王たちに罪人の烙印を押したり、彼らを人類の嫌悪の標的にするためでしょうか。そうではありません。近親相姦欲望が人類の遠い過去の遺伝的素質であり、決して完全には克服されていなかったからです。そのため、普通の人間の大多数はもうその欲望を断念しなければならなくても、神々やその子孫ならまだその欲望を成就してよかろうと考えられていたのです。近親相姦欲望が個々人の幼年期において、今日でもなお存在し、作用を及ぼしているという私たちの考えは、歴史や神話学が教えるところと完全に一致しているのです。

「幼児性欲に関することを全て私に隠しておこうとしたなんて、あなたも人が悪いですね。幼児性欲が人類の先史時代と関係があると聞いて、私はとても興味を持ちましたよ。」

その話をすると、私たちの本来の目的から遠く逸れてしまうのではないかと心配したからです。でも、話してかえって良かったかもしれませんね。

「それでは、幼児の性欲に関して精神分析に基づいて導き出された結論にどれくらい確証があるとお考えなのか、私にお話し下さい。その結論が神話学や歴史と一致しているというだけで正しいと確信なさっておられるのですか。」

いいえ、違います。直接の観察に基づいてその正しさを確信したのです。その次第を申し上げるなら、私たちはまず幼児性欲期の内容を成人の精神分析から推論しました。つまり二十年から四十年ほど後の時点での分析から推論したのです。その後、私たちは幼児自身の精神分析を行いました。その結果、その間に生じる被覆や歪曲にもかかわらず、〔成人の精神分析から〕推論した通りのことが全て幼児に確認できました。この勝利は決して小さなものではありません。

「なんとまあ、小さな子供たちを精神分析したのですか。六歳前の幼児ですよね。そんなことはそもそもうまく行くものなのですか。その子供たちにとってかなり憂慮すべきことにはなりませんか。」

とてもうまく行きます。四歳から五歳の幼児の中で起きていることは、ほとんど信じられないことばかりです。幼児はこの年齢では精神的にとても活発です。幼児性欲期は幼児にとって知的な面での開花期でもあります。私が受けた印象では、幼児は潜伏期に入ると同時に精神的に内気になり、鈍感にもなります。多くの子供たちはその時点から身体的な魅力も失います。早期精神分析が及ぼす害に関してあなたに次のことを申し上げられます。すなわち、二十年ほど昔に初めて実験的に子供の精神分析を行いましたが、その最初の子供はその後、健康かつ有能な若者となり、重度の心的外傷にもかかわらず思春期を申し分なくやり過ごすことができました(40)、と。早期精神分析の「犠牲者」となった他の子供たちも同じように順調に成長してくれることを祈っています。この幼児精神分析には多方面の関心が向けられております。将来、重要性がさらに増すことも考えられます。これが理論面で大きな価値を持つことに疑念の余地はありません。幼児精神分析のおかげで、成人の精神分析でははっきりしなかった問題に関して明確な情報が得られ、こうして分析家は、自分にとって重大なことになりかねない誤謬を犯さずに済むのです。神経症を形作る要因をまさに分析作業の現場で取り押さえるので、それを見誤る心配はありません。もちろん、幼児のためを考えれば、精神分析による感化は教育的措置と結びついた形で行う必要があります。この技法はまだ完成したわけではありません。しかし、私たちが分析を施した非常に多くの子供たちが成長の過程で、明らかに神経症的な時期を経験しているという観察結果は、実地に役立つ関心を呼び起こします。物事をさらに明晰に見られるようになってからは、次のように言いたくて仕方がありません。すなわち、幼児神経症は何も例外的な現象ではなく、誰にでも決まって起こる現象なのであって、まるで幼児の体質を脱して社会的な文化へ移行する過程において決して避けて通ることができないものであるかのようだ、と。大抵の場合、児童期に出現するこの一過性の神経症は自然に克服されます。その痕跡が平均的な健常者にあっても常に残っているか否かは不明です。それに対して、後になって神経症になる人の場合は、児童期の神経症の発症がその当時はあまり目立たないものであったとしても、そうした昔の発症との関連が必ず確認できます。人は誰でも一度は幼児期に結核に罹っていると今日内科医の方たちが言うのとよく似ていると思います。ただし、神経症者の場合に問題になるのは、予防接種という観点ではなく、単に疾病素質という観点に過ぎません。

私たちの見解の確たる証拠についてのあなたのご質問に話を戻しましょう。私たちは児童を直《じか》に精神分析的に観察することで、成人が自分の幼年時代について話したことを正しく解釈していたと概ね確信しました。しかし、一連の症例を分析していると、別の類のことも確認できるようになりました。私たちは精神分析の素材から特定の外的な事象、すなわち幼年期の印象深い出来事を復元したのです。これらの出来事を患者は意識的に想起することが全くできませんでしたが、たまたま運よく両親や養育係りから話が聞けて確認できたことで、この推論した出来事が実際にその通りに起きていたことが異論の余地なく証明されたのです。こんな成功はそれほど頻繁にあったわけではありません。しかし、成功したときには、その印象はすさまじいものでした。実際にあったことが客観的に証明できるか否かはともかく、そのような失われた幼児体験を正しく復元してやると、常に大きな治療的効果が得られます。このことは是非とも知っておいて下さい[41]。そうした出来事が治療上とても重要なのは、もちろん、とても幼い頃、つまり、自我がまだ弱かったために外傷的な作用を受けやすい時期に起きた出来事だからです。

「精神分析で見つけ出さなければならない出来事には、どんなものが考えられるのでしょうか。」

色々なものがあります。まず、幼児の芽生えつつある性生活に長期にわたって影響を与える可能性のある印象が挙げられます。例えば、成人同士の性的な営みを目撃したとか、自分自身が成人や他の幼児と性経験を持ったことなどです――これは決してそう珍しいことではないのです――、次に、他の人たちの会話を小耳に挟んで、それがその時点ですぐに理解できたにせよ、あるいは事後的にようやく理解できたにせよ、その会話によって、謎を秘めた、あるいは不気味な事柄が解明できたと思った場合です。そしてさらに、子供自身が、他の人々に対して抱く情愛のこもった、あるいは敵意に満ちた特別の気持ちを示すような、言葉を発したり、行動を取ったことです。精神分析においては、忘却された幼児期の自分自身の性行動を想い出させ、加えてそれに終止符を打った大人の干渉を想い出させることが格別に重要なのです。

「ちょうどよい機会なので、前からお尋ねしたかったことを一つ質問させて下さい。あなたのおっしゃるところでは、この早期における幼児の「性行動」とやらが精神分析の時代以前には見過ごされてきたそうですが、それは一体どのようなものなのでしょうか。」

不思議なことに、この性行動の規則的かつ本質的な部分は見過ごされてはいませんでした。つまり、そこには不思議なものは何も無く、まさに見過ごし得ないものだったのです。幼児の性的な蠢きは主として、自分自身の性器、実際には、性器の男性部分を刺激することによる手淫という形で表現されます。この幼児の「悪習」がとても広く蔓延していることを大人はいつも知っていて、それ自体が重い罪と見なされ、厳しく罰せられました。幼児が反道徳的な傾向を持つ――なぜなら、幼児たちは、彼ら自身が言うように、楽しいのでそうするのだから――という観察結果を、幼児たちは生まれながらに純粋で肉欲を持たないという理論とどうやって調和させることができたのか、などと私に尋ねないで頂きたい。この難問はそうした理論を主張する方たちに解いてもらって下さい。私たちにはもっと重要な問題があります。幼少初期の性行動にはどう対処したらよいのか、という問題です。それを抑え込むことでどんなことになるか分かっていますが、それを無制限に許そうなどとは思いません。文化の低い国民、あるいは文化の高い国民でも下層の階級にあっては、幼児の性欲は放任状態にあるようです。そのようにすれば、おそらく個々人が大人になってからの神経症の発症は強力に予防できるかもしれません。しかし、それは同時に文化的な能力水準の著しい低下をもたらすのではないでしょうか。私たちはここで新たなスキュレとカリュブディス(42)を前にしていると考えてしかるべきです。

しかし、神経症者の性生活の研究によって様々な関心が触発されることで、好色を呼び覚ますような雰囲気がつくり出されるか否かは、あなたご自身の判断にお任せ致します。

V

「あなたの目論見が分かったように思います。精神分析を実施するためにどんな知識が必要なのかを私に示して、医師だけにその資格があるかどうかを私が判断できるようにするおつもりですね。さて、これまでのところ、医療の話は僅かしかなく、心理学の話が多く、生物学ないし性科学が少しばかり話題になりました。しかし、ひょっとしたら話はまだ終わってはいないのではないですか。」

その通りです。まだ不備が多く、埋め合わせていかなければなりません。そこでお願いですが、今、精神分析治療をどのようなものだとお考えなのか話して頂けませんか。あなたがご自分で、この治療に取り掛かる場面を想定して。

「ええ、それはよい考えです。そのような実験をすることで私たちの論点に白黒つけようなどとは本当のところ考えておりません。しかし、お望みならそう致しましょう、その責任はあなたの側にあるのですよ。それでは始めますが、患者が私のところに来て自分の苦しみを訴えるとしましょう。私は患者にこう約束します、もし私の指示に従うつもりなら、病気は治り、あなたは良くなりますよ、と。そして患者に次のように求めます、知っていること、また思い付いたことは何でも私にすっかり正直に話して下さい、言うのが嫌なことであっても、この決意は変えないで下さい、と。規則は以上でよろしかったでしょうか。」

ええ、ただ次のように付け加えるべきでしょうね、たとえ、思い付いたことが重要でないとか、無意味だとか思っても〔私に全て正直に話して下さい〕、と。

「それも言わなければならないですね。それでは、患者が話し始めて私が耳を傾けるとしましょう。次は何でしたっけ。患者が話すことから、患者がどのような印象や体験、欲望の蠢きを抑圧したのかを推測するのでしたね。それがなぜ抑圧されたかと言えば、その当時は患者の自我がまだ弱くて、恐れをなして関わり合うことを拒否したからでしたね。患者がそのことを私から聞き知ったなら、彼はその当時の状況に身を置いて、今度は私の助けで問題をうまく処理できる。すると自我に課せられた制限から解放され、患者は快癒する、というわけですね。これで正しいでしょうか。」

素晴らしい《ブラヴォー》、素晴らしい《ブラヴォー》。医師以外の人に精神分析家になる教育を授けたとまたもや非難されかねませんね。あなたはその教育を〔医師でもないのに〕立派に身に着けてしまったのですから。

「私はただ、暗記したことを暗唱するときのように、あなたから聞いたことを繰り返しただけです。私はどうやったらよいのか見当もつきませんし、どうしてそうした作業を何カ月もの間ずっと毎日一時間ずつ続ける必要があるのか理解できません。普通の人は通常そんなに多くのことを体験しているわけもなく、幼年期に抑圧されるものは、多分どの患者の場合でも同じなのでしょう。」

精神分析を実際に行ってみると、なお様々な事を教えられます。例えば、患者が話してくれたことから、忘却された経験や抑圧された欲動の蠢きを推測するのは決してそんなに簡単ではないと分かるでしょう。患者が口にすることは、最初はあなたにとっても患者自身にとっても無意味なことばかりです。被分析者が〔思い付いたことはどんなことでも隠さずに話すという〕規則に従ってあなたに素材を提供したなら、あなたはこれを非常に特殊な方法で理解するという覚悟がなければなりません。鉱石から貴重な金属の含有物を取り出すのに、特定の工程を経なければならないのに似ています。それなら何トンもの鉱石を加工する覚悟もできますね。おそらくその鉱石の中には探している貴重な物質がほんの少ししか含まれていないのでしょうから。これが、治療が長くかかる一番目の理由なのです。

「しかし、あなたの喩えで言うなら、この原材料をどうやって加工するのですか。」

患者が口にすること、思い付くことは、探している当のものに対する歪曲にほかならないと仮定します。それはいわば仄めかしであり、そこからあなたはその背後に隠れているものを推測しなければなりません。一言で言えば、あなたはこの素材を、それが想い出だろうと、思い付きだろうと、夢だろうと、何はさておき解釈する必要があるのです。こうしたことは、もちろん、あなたが〔患者の話すことに〕耳を傾けながら、ご自身の専門知識によって心の中で予想したことを考え合わせながら行われるのです。

「解釈ですって。嫌な言葉ですね。そんな言葉は聴きたくもありません。それでは私のすることの確実性が失われてしまいます。全てが私の解釈次第だというのなら、私が正しく解釈しているということを誰が私に保証してくれましょうか。それでは全てが私の恣意に委ねられてしまうことになります。」

まあそう慌てなさんな。そんなに困ったことではないのです。あなたは他の人の心の過程には法則性があると認めておられるのに、なぜあなた自身の心の過程にはそれがないと思うのですか。もしあなたが一定の自己修練をして特定の知識を身につけるなら、ご自身の解釈は、あなたの個人的な特性に影響されることなく、正しいことを言い当てるでしょう。この部分の仕事には精神分析家の個性がどうでもよいなどとは言っておりません。無意識の抑圧されたものを聞き分ける能力は大切です。この能力は誰もが同じ程度に持っているわけではありません。とりわけここでは、深い独自の分析によって精神分析の素材を先入見なく受けとめることができなければならないという、精神分析家に課せられた義務が関わってきます。もちろん、天文学的観察でいうところの「個人方程式」(43)と同じ問題が一つ残っています。この個人的な要因は精神分析では常に他の分野よりも大きな意味を持つことになるでしょう。異常な人でもちゃんとした物理学者にはなれるかもしれませんが、精神分析家の場合、彼自身の異常性は、心の生活のイメージを歪めることなく捉える上での妨げになります。誰に対してもその人の異常性を証明することはできないので、深層心理学においては全般的な見解の一致に達することはとりわけ難しいことです。多くの心理学者が、それは見込みがないことであり、どんな馬鹿でも自分の馬鹿さを賢さだと称する権利を等しく持つとさえ考えています。私はこの点ではもっと楽観的だと申し上げておきます。というのも、私たちの経験が示すところでは、心理学でもかなり満足な意見の一致に達することが可能だからです。どの研究分野でも、ともかく解決する上で労を要する特別な困難があるものです。それはそうと、精神分析の解釈術では、他の学識分野の素材となるようなものをたくさん習得する必要もあります。例えば、象徴による独特な間接描写に関連することです。

「はてさて、私はもう頭の中だけでも精神分析治療を試みる気持ちはありません。この先どんなに驚かされるのか誰が知りましょう。」

そんな気持ちはお捨てになられるのが正解です。どれくらいの教育と訓練がさらに必要なのかお気づきですね。正しい解釈を見つけたら、新たな課題が出てきます。患者にあなたの解釈を首尾よく伝えるためには、適切な時機が来るのを待たなければなりません。

「何を基準にその都度適切な時機だと判断するのですか。」

それには繊細な感覚が必要なのですが、これは経験によって大いに磨き上げることができるのです。精神分析の時間を短縮しようとして自分の解釈を見つけるや否や、すぐさまそれを患者に面と向かって言おうものなら、あなたは重大な過ちを犯すことになります。そんなことをしようものなら、患者から得られるものは抵抗や拒否、憤激の言動だけです。患者の自我が抑圧したものを取り戻すことになどなりません。守るべき規則は、患者が抑圧したものに十分に近づき、あなたの解釈の導きがあればあと数歩というところまで待つ、ということです。

「それはとても習得できそうにありませんね。もしも私がその注意を守って解釈したとしたら、次はどうなるのですか。」

そうすれば、必ずあなたは思いがけない発見をします。

「その発見とは何なのですか。」

あなたが患者について思い違いをしていたということ、患者の協力や従順は期待できないということ、患者は自ら進んであらん限りの面倒を起こして共同作業を妨げるということ、一言で言えば、患者はそもそも健康になりたくないということです。

「何ですって、それはこれまで伺った中で最も馬鹿げた話です。そんなことは本当だとも思えません。とても苦しんでいて自分の体の不調を切に訴え、治療のためにとても大きな犠牲を払うその当の患者が、健康になりたくないなんて。多分あなたは本気でそうおっしゃっているのではないのでしょう。」

気を静めて下さい。私は本気です。私が言ったことは真実です。もちろん、真実を全て丸ごと言ったわけではありませんが、その極めて注目すべき部分なのです。患者はもちろん健康になりたいと思っていますが、なりたくないとも思っています。彼の自我はその統一を失っており、そのため彼はまとまった意志を示すこともないのです。そうでなかったら、彼は神経症者ではありません。

「もし思慮深かったら、テルなんて名ではございません(44)〔というような具合ですね〕。」

抑圧されたものの蘖《ひこばえ》は自我の中へ侵入し、その中で地歩を固めます。これに由来する〔目的の〕追求に対して自我は、抑圧されたものそれ自体に対してと同様、ほとんど支配力を持ちません。しかも通常、自我は全くそのことに気づかないのです。これらの患者はまさに特殊で、私たちが普段予期しない面倒をもたらします。私たちの社会制度は全て、統一された健常な自我を持った人たちに合わせて作られています。そうした自我は善か悪かに判別できます。そしてこの自我は自らの役割を遂行するか、あるいは抗い難い影響によって機能停止するかのどちらかです。それゆえ、責任能力が有るか無いかという司法上の二者択一が可能なのです。神経症者たちにはこうした裁定はいずれも当てはまりません。社会的な要求を彼らの心理状態に適合させることは難しいと認めざるを得ません。先の戦争ではこのことが大きな規模で経験されました。兵役を逃れた神経症者は詐病者か否か。彼らはそのどちらでもあるのです。(45) 彼らを詐病者だと決めつけて、病気であることが彼らにとって本当に居心地の悪いようにすると、彼らは健康になりました。回復したと見なされた者を兵役に送ると、彼らは即座に再び病気に逃げ込んだのです。彼らにはお手上げでした。そして同じことが、平時の暮しを送っている神経症者にも当てはまるのです。彼らは病気だと訴えますが、可能な限り病気を利用するのです。もし彼らから病気を取り上げようとすると、彼らは、諺で雌獅子がわが子を守ると言うくらい必死に病気を守ろうとします。この矛盾ゆえに彼らを非難したところで何の意味もありません。

「しかしそれなら、この面倒な人々は治療など一切せずに、放っておいてやるのが一番良いのではないでしょうか。そうした患者全て一人ひとりに、私があなたのお話に従って必要だと考えねばならないくらいたくさん手間をかけてやるなど、骨折り損だと思います。」

私はあなたのご提案には賛成しかねます。人生の複雑な縺《もつ》れを否定しようとなどせず、それをあるがままに受けとめてやる方がきっと正しいのだろうと思います。私たちが治療している神経症者が皆、精神分析の努力に値するわけではありません。しかし彼らの中には、非常に尊敬すべき人もいます。私たちが目指さなければならないのは、個々人が文化生活に〔適応すべく〕対処する際に極めて不十分な心の装備しか持たないというような事態をできる限りなくしてやることなのです。だから私たちはたくさんの経験を集め、たくさんのことを理解できるようにならなければなりません。精神分析を重ねる度に、各々の患者が個人的に精神分析に値するかどうかは別にして、知識は増え、私たちは新たな啓発を得ることができるのです。

「しかし患者の自我の中に病気を失うまいとする意志の蠢きが生ずるとすれば、それは何らかの理由や動機があるはずで、何かそれを正当化するものがあるはずです。しかし、何のために病気になりたがるのか、そこから何が得られるのか全く分かりません。」

いいえ、そんなに見当もつかないわけではありません。戦争神経症者のことを考えてみて下さい。彼らは病気だという理由で兵役に行かなくて済むのです。市民生活では病気は、仕事や他人との競争で自分に至らないところがあれば、それを言い繕うための言い訳となります。家庭では、他の人たちに犠牲や愛の証明を強いたり、自分の意志を押しつけるために使えます。(46) こうした事柄は全て極めて表面的なものに属し、私たちはそれらを一括りに「疾病利得」と呼んでいます。唯一奇妙なことと言えば、患者が、つまり患者の自我が、そのような動機が自分の首尾一貫した行動と結びついていることに全く気づかないということです。こうした〔目的の〕追求が及ぼす影響は、自我にそれを無理やり気づかせることで克服できます。しかし、病気であり続けようとする、別のもっと深層に根を下ろした動機があるのです。こちらはそう簡単には解決できません。この後者の動機は、心理学の理論に再度立ち入らないとご理解頂けないものです。

「お話を続けて下さい。少しばかり理論が出てきたとしても、もう大したことありません。」

あなたに自我とエスとの関係を説明したとき、私は心の装置に関する理論の重要な部分を話さないでおきました。それは何かと申しますと、自我そのものの中に、私たちが超自我と呼ぶ一つの特別な審級が分化していると仮定せざるを得なかった、ということです。この超自我は自我とエスとの間で特別な位置を占めています。それは自我に属し、自我における高次の心理学的編成を共有していますが、他方で、エスと特別に緊密な関係にあるのです。それは実際、エスの最初の対象備給の沈殿物であり、エディプスコンプレクスが廃された後にその跡を引き継いだ相続人なのです。この超自我は自我に対立し、自我を一つの対象のように扱うことができ、しばしばとても厳しく扱います。(47) 自我にとっては、エスとだけではなく、超自我とも協調関係にあることが重要なのです。自我と超自我との間の仲たがいは、心の生活にとって深刻な意味を持ちます。もうご推測なさっているように、超自我は私たちが良心と呼んでいる現象の担い手なのです。心の健康にとって非常に重要なことは、超自我が健全に発達していること、すなわち超自我が〔父親という〕人格的な姿を十分に消し去っているということです。エディプスコンプレクスの改変がうまく行かなかった神経症者にはあっては、まさにこのことが認められないのです。神経症者の超自我は今でもなお、厳しい父親が子供に対しているように自我に向かっており、その道徳性は、自我が超自我に罰せられるという原初的な形で働いています。病気はこうした「自己懲罰」の手段として使われ、神経症者は、あたかも罪責感に支配されているかのように振舞うことを余儀なくされ、この罪責感を満足させるために懲罰としての病気が必要とされるのです。

「それは本当にとても不可解な話に聞こえます。中でも最も奇妙なのは、患者には自らの良心のこの支配力さえも意識にのぼらないというところです。」

ええ、私たちは今やっと、この重要な状況全体の意味を正しく理解するとば口に立ちました。だから、私の描写はかくも不明瞭たらざるを得なかったのです。これでようやく話を先に進められます。私たちは治癒のための作業に逆らう力を全て患者の「抵抗」と呼んでいます。疾病利得は、ある種のそうした抵抗の源です。しかし、「無意識的な罪責感」は超自我の抵抗を代表するものであり、これこそ、最強の、私たちが最も恐れている要因なのです。私たちは治療中にさらに他の抵抗にも出くわします。自我が幼少期に不安ゆえに何かを抑圧した場合、さらにその不安がそのまま消えずに残り、自我がその抑圧されたものに近づこうとすると、その不安は抵抗となって姿を現します。結局のところ、何十年も特定の道を進んでしまった欲動過程に突然新しい道を開いてそこに行かせようとすれば、必ず困難が伴うと思えます。これはエスの抵抗と呼ぶことができましょう。こうした全ての抵抗との戦いが精神分析治療の間の私たちの主要課題であり、それに比べれば解釈という仕事は無いに等しいものです。しかし、このように戦って抵抗を克服することで患者の自我も変化し、そして強くなり、私たちが治療の終結した後の患者の将来の行動を安心して見守ることができる段階に達するのです。さて、何のために長い治療時間が必要なのかもうお分かりですね。発達の過程でたどってきた道が長いとか、素材が内容豊かだといったことが決定的な理由なのではありません。むしろ重要なのは、道が塞がっているかどうかということなのです。平時なら鉄道で数時間で行ける道程でも、そこで敵の抵抗を克服しなければならないとなると、軍隊は数週間も押《お》し止《とど》められかねません。このような戦いになれば、心の生活の場合でも時間がかかるのです。精神分析治療のスピードを大幅に速めようと努力してきましたが、残念ながら、これまでのところ全て失敗に終わったと認めざるを得ません。精神分析治療を短縮する最良の方法は、それを正しく行うことのようです。

「あなたのお仕事に手を出して、自ら他の人に精神分析を行ってみようという気持ちにたとえなったとしても、抵抗に関するあなたのお話を聞けば、そんな気持ちは失せたでしょうね。しかし、〔分析家が患者に〕特殊な個人的影響を及ぼすことをあなたは認めておられましたが[48]、この影響はどうなのでしょうか。これを利用して抵抗に対抗することはできないのですか。」

それをお尋ね頂いて好都合です。この個人的な影響は私たちの最強の力動論的な武器であり、私たちはそれを新たに取り入れ、状況を進展させるために使います。私たちの説明の知的な内容を〔患者に〕説いて聞かせたところで何にもなりません。なぜなら、患者は周囲のあらゆる先入見を吹き込まれているので、私たちの言うことを信じる訳などないからです。その点では私たちの学問上の批判者と同様です。神経症者は、精神分析家の言うことを信じるから、〔精神分析の〕作業に取りかかるのです。また神経症者は、精神分析家の人格に特殊な感情的態度を取るようになるので、精神分析家を信じるのです。子供だって自分が慕う人だけを信じます。私たちがこの特別に大きな「暗示的」影響を何に用いるのかは既に申し上げました。症状を抑え込むためではなく——この点で精神分析的方法は心理療法の他のやり方とは異なっています——患者の自我にその抵抗を克服するように促すための原動力として用いるのです。

「それでは、もしそれが成功するなら、万事上手く行くのではないですか。」

ええ、そのはずです。しかし、思いもよらない面倒な問題が出てきます。患者は精神分析家に対して全く独特な性質の感情的関係を取るようになります。これは精神分析家にとっての最大の驚きだったのかもしれません。精神分析を試みた最初の医師――それは私ではありません――はこの現象に突き当たり、どうしたらよいか途方に暮れました。(49) この感情的関係とはすなわち――はっきり申し上げますと――恋着《れんちゃく》という性質のものです。奇妙ですよね。というのも、精神分析家は患者を挑発するようなことは何もせず、むしろ逆に患者から人間的に距離を置き、自分の人格をある種の冷淡さで取り囲んでいるのです。さらにこの特別な恋愛関係は、他にどんな促進要因が実際にあろうとなかろうと一切関係なしです。つまり、個人的な魅力や年齢、性別、身分がどうだろうとお構いなしなのです。この恋愛は全く避けようがないのです。こうした特性が自然な恋着の場合には全く見られないというわけではありません。そうしたことが非常に頻繁に起こるということは、あなたもご存知の通りです。しかし、精神分析の治療現場ではそれがいつも決まって生じ、しかもその合理的な説明ができません。精神分析家に対する患者の関係からは、ある程度の尊敬や信頼、感謝、人間的好感以上のものは生じる必要がないと見るべきです。しかし、そうした感情の代わりにこの恋着が生じてしまうのであり、この恋着は、病的な現象のような印象さえ与えるのです。

「それはあなたの精神分析的な目的に好都合なはずですが。恋する者は従順で、相手のためにできることは何でもするのですから。」

ええ、最初は好都合でもあります。しかし、後になってこの恋着が深まると、多くの点で精神分析の仕事とは相容れない恋着の本性《ほんしょう》がそっくり姿を現すのです。患者の愛は相手の言いなりになることでは満足せず、要求がましくなり、情愛と官能による充足を求め、〔治療者を〕自分だけのものにしようとし、嫉妬心を高め、その目的が達せられないと一層はっきりとその好ましくない面を示し、憎しみや復讐心をいつでもむき出しにするようになります。同時にそれは、あらゆる恋着と同様に、他の心の中身をすべて押し退け、治療や回復への関心を失わせてしまうのです。手短に言えば、恋着が神経症に取って代わったのであり、私たちの作業が病気の一つの形態〔＝神経症〕を別の形態〔＝恋着〕によって追い出すことに成功したのです。このことに疑問の余地はありません(50)。

「絶望的なおっしゃり様ですね。それでは何をすればよいのですか。分析を断念してしかるべきところですが、あなたがおっしゃるように、そんなことにいつも成功する〔＝神経症が決まって病的恋着に変わる〕というのですから、そもそも精神分析など行いようがないのかもしれませんね。」

先ずはこの事態を十分に利用して、そこから学ぼうではありませんか。そうして得たものが、次にその事態を制御する上で助けとなるかもしれません。どんな内容の神経症でも病的恋着という状態に変換できるなら、それは極めて注目すべきことではありませんか。

神経症の根底には、病的な形で利用されている恋愛生活の一断片があるという私たちの確信は、この経験によって揺るぎないくらい強固になるはずです。この洞察によって私たちは再び足場を固め、この恋着そのものを精神分析の対象にすることもできるのです。もう一つ別のことにも気づきます。精神分析特有の恋着がすべての症例において、私が試みに申し上げたほどに明瞭かつ顕著に現れるわけではないということです。しかし、なぜそうならないのでしょうか。それはじきに分かります。患者の恋着における官能に満ちた側面や敵意に満ちた側面が現れようとするにつれて、患者はそれを表に出すまいと反発し始めるからです。患者は私たちが見ている前でそれと戦い、それを抑圧しようとします。ようやく何が起きているのか分かってきます。患者は、既に以前一度経験した心の体験を精神分析家への恋着という形で反復しているのです、――患者の内には彼の神経症の発生と密接に結びついた心の態度が予め用意されていて、患者はそれを精神分析家に転移したのです。彼はまた自分のかつての防衛行動をも私たちが見ている前で反復します。そしてあの忘れてしまった生涯の一期間の運命的な出来事を、出来ることなら全て、精神分析家との関係の中で反復したいのです。患者が私たちに示しているのは自分の密かな伝記の核心部分なのです。患者は、それを想い出す代わりに、目に見えるようにありありと再現するのです。これで転移性恋愛の謎は解け、まさに精神分析家にとってこの上なく危険に思われたこの新たな事態を助けとして、精神分析をさらに進めることができるのです。

「実にうまいやり方ですね。それで患者はそんなに簡単にあなたの言葉を信じて、自分が〔実際には〕恋着しているのではなく、ただ古い戯曲を再度上演するように強いられているだけなのだと思えるものなのですか。」

〔治療がうまく行くかどうかは〕全て今やそれ次第なのです。そしてそれを成し遂げるには「転移」を扱う上での腕前がフルに求められます。精神分析の技法が最も必要とされるのはこの点においてだということはお分かりですね。ここで最も深刻な誤りを犯すこともあれば、最も大きな成功を手にすることもあるのです。転移を抑え込んだり無視したりして困難を避けようとするのは無意味なことであり、そんなことをすれば、他に何をしていても、分析と呼ぶに値しないでしょう。患者の転移神経症の不都合な面が生じるや否や、患者を追い出すというのは、より思慮深いというわけでもなく、それればかりか卑怯な行為です。それはまるで幽霊を魔法で呼び出しておきながら、それが現れるや否や逃げ出すようなものです。もちろん現実には時にはそうせざるを得ないこともあり、解き放たれた転移が手に負えなくなって、精神分析を中断しなければならない場合もあります。[51] しかし、その悪霊と力の限り闘うくらいは最低限すべきでしょう。転移の要求に折れて、情愛的で官能的な充足を求める患者の欲望を成就してやるなどというのは、道徳的な理由で拒絶して当然なだけでなく、精神分析の目的を達するための技法上の手段としても全く不十分です。神経症者の内部に予め用意されている無意識的な紋切り型を訂正しないまま反復させたところで、その神経症者は治癒しません。精神分析にさらに協力することと引き換えに部分的な充足を与えることで患者との妥協に手を染めるというのなら、司祭が病気の保険代理人を改宗させようとする笑い話みたいにならないよう注意しなければなりません。病人は改宗しないままなのに、司祭は保険の契約をして手を引くという話です。[52]転移という状況を打開する唯一可能な策は、患者が実際に体験したか、あるいは患者の空想《ファンタジー》が欲望成就のために作り出したかしたような過去に引き戻すことなのです。このために精神分析家には、多くの技量と忍耐、沈着、それから自制が必要となるのです。

「それでは、どこで神経症者は自らの転移性恋愛の手本となるものを経験したとお考えなのですか。」

患者の幼年期にです。通常、両親の片方との関係においてです。私たちがこの最初期の感情的関係にどのような重要性を認める必要があったか覚えてますね。これで説明は全て完了です。

「ようやく終わったのですか。あなたからあまりにも沢山のことをうかがって私は少し混乱しています。あと一つだけ、精神分析を実際に行う上で必要なことはどこでどうやって学ぶのかおっしゃって下さい。」

目下のところ、精神分析の授業が受けられる養成所は二箇所あります。一番目はベルリンの養成所で、現地の精神分析協会のマックス・アイティンゴン博士が開設しました。二番目の養成所は「ウィーン精神分析協会」が自らの資金で相当の犠牲を払って維持しています。政府諸機関の関与があるとすれば、今のところ、せいぜい新しい企てに様々な難題をご用意頂いているくらいです。三番目の養成機関はちょうど今、ロンドンで現地の学会がE・ジョーンズ博士の指導のもので開設する予定です[53]。これらの養成所では志願者たち自身が精神分析を受け、精神分析にとって重要なテーマ全てに関して講義形式で理論を教わり、軽度の症例を用いた最初の実習が許されるようになると、年長の経験を積んだ精神分析家の監督を受けます。こうした養成には二年ほど見込んでいます。もちろん、この期間が終わってもまだ初心者にすぎず、立派な有資格者になったわけではありません。まだ欠けているところは、実践を重ね、精神分析学会で意見を交換していく中で補っていかなければなりません。精神分析学会は若い会員が年長の会員に会う場所なのです。精神分析家として活動するための準備は決してそう容易いものでも簡単なものでもありません。精神分析の作業は難しく、責任は重いのです。しかし、そうした研修をきちんとやり遂げ、自らも精神分析を受け、無意識の心理学から今日ともかく教え得る限りのことを理解し、性生活の科学に精通し、解釈術、抵抗の克服、転移の操作といった精神分析の厄介な技法を習得したなら、その人は精神分析という分野ではもはや素人ではありません。その人には神経症性障碍を治療する資格があり、時が経てば、この治療に求められることは何でもできるようになるでしょう。

VI

「あなたは大変なご苦労をなさって、精神分析とはどんなものなのか、そして成功を見込んでそれを行うにはどのような知識が必要なのかを示そうとなさいました。結構です、あなたに耳を貸しましたところで何の損もございませんから。しかし、そのようなご説明をなさって私の判断にどんな影響を及ぼそうとなさっているのか、私には分かりません。〔精神分析には〕それ自体そんなに特別なところがないように私には思えます。神経症が特殊な種類の病気であり、分析はその治療のための特殊な方法であり、医学上の特殊分野だというだけです。医師が医学の特殊分野を専門とするなら、学位免状で証明されるだけの研修では足りないというのは他の分野でもごく普通のことです。とりわけ、比較的大きな町で開業しようとするなら、そこでは専門医でなければ食べて行けませんから、なおさらです。外科医になるつもりなら数年間外科病院で働きます。眼科医や、喉頭科医等々も同様で、ましてや精神科医はひょっとしたら国立の施設や診療所に一生いなければならないかもしれません。精神分析家の場合も同じでしょう。この新たな医療の専門分野を志す者は、学業を終えた後、あなたがお話しになった教育施設で二年間の研修を受けるでしょう、実際にそんなに長い時間がかかるならですが。それから、精神分析学会で同業者と連絡し合うことが自分の利益になることにも気づくでしょう。こうして全てが何事も問題なくうまく行くのでしょう。素人分析が問題になる余地などどこにあるのか私には分かりません。」

　あなたは医師なら研修を受けるはずだとおっしゃいますが、それをきちんとやる医師なら、私たちは皆喜んで迎えるでしょうね。私が弟子と認めた者のうち五人に四人はどのみち医師なのです。さて、医師と精神分析との関係がこれまで実際にどうだったか、そしてそれが今後どうなりそうなのか、あなたに申し上げることをお許し下さい。医師たちには過去の経緯からすれば精神分析を独占する権利などありません。それどころか、つい先頃まで彼らは、精神分析を傷つけるためなら、浅薄極まりない嘲弄から被害甚大な中傷に至るまでありとあらゆることをやってきたのです。それは過去のことなので、未来には必ずしも影響しないとおっしゃるのは分かります。私も同意しますが、未来はあなたの予想通りには行きそうもありません。

「もぐり医者」という言葉を法律で言うのとは違う意味で用いることにしましょう。法律では、国の学位免状の所有によって医師であることを証明できないのに、患者を治療する者のことをもぐり医者といいます。私は別の定義をしたいと思います。すなわち、もぐり医者とは、治療に必要な知識や能力を持たずに治療を行う者なのです。この定義に従えば、私は敢えて言わせて頂きますが、分析におけるもぐり医者の圧倒的な部分は——ヨーロッパの国々に限らず——医師たちが占めていることになります。彼らは精神分析治療を習得せず理解もしていないのに、極めて頻繁にそれを行っているのです。

あなたはこうおっしゃるかもしれません、そんな無責任なことを医師がするわけがない、医師免状が私掠船免状ではなく、患者が法益被剝奪者でないことを医師が知らないはずはない、医師はことによると過ちを犯すかもしれないが、その場合でも正しいと信じてやっているのだといつも認めてやっていいだろう、と。そんなふうに私に反論しても無駄です。

厳然たる事実があるのです。それをあなたがお考えのように説明できたらと思います。医師は他のどの分野でもやらないように心がけている振舞いを、どうして精神分析に関することではやりかねないのでしょうか、その理由を説明申し上げましょう。

まず第一に考えなければならないのは、医師は医学校で、精神分析の準備として必要なこととほぼ正反対の教育を受けている、という事実です。彼らの注意は客観的に確認できる解剖学的、物理学的、化学的な事象に向けられ、これらを正しく把握して適切に影響を与えることに医療行為の成否がかかっている、というわけです。医師の視野に入る生命の問題は、これまでに無機物界においても証明可能な諸力の戯れから説明できたものに限られています。

生命現象の心の側面に対しては関心が呼び覚まされることはなく、もっと高次な知的能力の研究に医学が取り込むことはありません。それは他の学部が扱う領域だと見なされているのです。唯一精神医学は心の諸機能の障碍に取り組むことになっていますが、どんな方法でどんな目的でやっているのかは知れたものです。精神医学は心の障碍の身体的基礎を探し、それを他の病因と同じように扱うのです。

精神医学はその点で誤っているわけではなく、医学教育は明らかに優れたものです。精神医学が一面的だと言うのなら、まずこの〔一面的だという〕評価がどのような観点からなされると非難めいたものとなるかを明らかにしなければなりません。いかなる科学もそれ自体としては一面的であり、特定の内容、視点、方法に限定することで、一面的にならざるを得ません。ある科学を別の科学と競わせるというような馬鹿げたことに私は関わりたくありません。物理学があるからといって化学が重要でなくなるわけではなく、前者は後者に取って代わることはできません。しかし後者が前者の代わりをすることもできないのです。精神分析は多分、心の無意識に関する科学という点からして極めて一面的なのでしょう。つまり、一面的であるという権利は医学のどの分野にもそれが科学である以上、認められてしかるべきなのです。

科学的な医学から実践的な治療学に目を転じたとき初めて、求めていた観点が見つかります。病気の人間は複雑な存在であり、彼らは私たちを、かくも理解し難い心の現象もまた生命のありようを知る上で欠かせないものだと戒めてくれるのです。神経症者は歓迎されざる面倒な存在であり、司法や兵役にとってだけでなく、治療学にとっても同じくらい困りものなのです。しかし神経症者は実際に存在していて、特に医学には密接に関係しています。神経症者を正しく理解し、また治療する上で、医学教育は何の貢献もしていません。実際、全く何もしていないのです。私たちは身体的なものと心のものを区別していますが、それらの間の緊密な関係について、いつの日か、諸器官に関する生物学や化学から神経症の現象領域へと至る我々の認識の道が拓かれることでしょう。そして、願わくは、私たちがこのような方向で影響を及ぼす道も拓かれることでしょう。しかし、その日はまだ遠く、目下のところ、私たちはこの病気の諸状態に対して医学的な側面からはアプローチできないのです。

医学教育が医師たちに神経症の分野での指針を与えてくれないというだけなら我慢もできましょう。それ以上のことがあるのです。医学教育によって医師たちは誤った有害な考え方を持つようになります。医師たちは、生命の心的要因に対する関心が呼びさまされなかったために、今度はそれを過小評価し、非科学的だと茶化したがるようになるのです。それゆえ彼らはそうした要因に関わる事柄を何ら真剣に受け止めず、そこに由来する責任を感じないのです。だから彼らは心理学的な研究を素人のように小馬鹿にして、医師としての労を払わなくなります、そして彼らは次のように考えます。神経症者は病人であり、医師に助けを求めているのだから治療しなければならない、常に新たなことも試さなければならない、しかるに何のために長々とした準備で苦労しなければならないのか。これでもうまく行くだろう、精神分析の養成所で教えられることにどんな価値があるのか誰が知ろう、と。医師は対象を理解していないほど、新しいことに手を出そうとします。本当に分かっている者だけが謙虚になります。なぜなら、この知識がどんなに不十分なものなのかを理解しているからです。

私を宥《なだ》め賺《すか》そうとして精神分析という専門分野を他の医学の分野と比較なさいましたが、それは適切ではありません。外科や眼科などは医学校それ自体が引き続き専門研修の機会を授けることができます。精神分析の養成所の数は限られており、設立されて日が浅く、権威もありません。医学校は精神分析の養成所の存在意義を認めておりず、関心を示しません。若い医師は自分の教師たちの教えることを山ほど信じ込まなければならないので、自分の判断を養う機会がほとんどなくなり、そのため、公認の権威がまだ存在しない分野となると、ここぞとばかりに批判者の役をちょっとばかり買って出る機会に手を伸ばしたくなるのです。

医師がもぐりの精神分析に手を出したくなる事情はまだ他にもあります。眼の手術を十分な準備もなしに行おうとすれば、白内障除去や虹彩切除に失敗し、患者が来なくなるので、そんな無謀なことは直ぐに止《や》めるでしょう。これに比べると、精神分析を行うことは医師にとって危険が少ないです。一般の人々は、眼科手術は平均してうまく行くので、執刀医が治してくれるものと思い込んでいます。しかし、「神経科医」が患者を治せなくても誰も変に思いません。神経質症者の場合は、治療が成功して当たり前だなどと思われていません。神経科医は少なくとも「患者のためにたいそう労を尽くしてくれた」という程度です。要するに、医師は大したことはできず、自然に治るか、あるいは時が経って治るのを待たなければなりません。それゆえ、女性の場合、治るとすれば、先ずは、月経、次いで結婚、後に閉経の時です。結局、本当の救いとなるのは死なのです。その上、医師である精神分析家が神経質症者に施した治療は、非難などされようのないくらい目立たないものです。彼は道具も薬も使わず、ただ患者と話し、患者に何か言い含めたり、思い切らせようとしただけですから。実際、この治療は害になることはなく、とりわけその際に不快なことや腹立たしいことに触れないようにすれば問題はないのです。厳格な研修を受けずに精神分析を行った医師は、おそらく精神分析を改良して毒牙を抜き、患者にとって心地よいものにしようとしたことでしょう。彼がずっとそうやっていたとすれば、それは本当に幸いです。というのも、実際に抵抗を呼び起こしてしまい、その後、これにどう対処したらよいか分からなかったら、彼は実際に評判を落としてしまったかもしれないからです。

公平に言うなら、研修を受けていない精神分析家の治療は、患者にとっても下手な執刀医の治療より危険が少ないと認めざるを得ません。害があるとすれば、それは患者が無用な苦労をさせられ、治癒の機会が失われるか危うくされるくらいです。さらに言えば、精神分析治療の評判が悪くなるくらいです。こうしたことはどれも全く望ましくはありませんが、もぐりの外科医が使うメスの危険とは比べようがありません。精神分析を下手に使ったところで、私の判断では病状が著しく続けざまに悪化するという心配はありません。好ましくない反応があったとしても、しばらくするとまた徐々に消えていきます。病気をひき起した生涯の外傷と比べれば、医師による些細な虐待など大した問題ではないのです。不適切な治療を試みても患者には何ら良いことがない、というだけです。

「医師によるもぐりの分析に関するご説明を口を挟まずじっくり聞かせて頂きましたが、お見受けしたところ、あなたは医師への敵意に満ちておられるようですね。その敵意が生じた経緯の説明はあなたご自身が糸口を示されましたが。それでも、あなたのおっしゃる通りだと思うことが一つあります。それは、どうせ精神分析が行われることになるなら、そのために徹底的に研修を受けた人たちが行うべきだということです。精神分析に取り組む医師たちも徐々に、この研修を我が物とするためなら努力を惜しまなくなるとは思われませんか。」

そうはならないと思います。医学校が精神分析養成所に対して今のような関係にある限り、医師たちはきっと、楽をしようという誘惑が大きすぎると思うでしょう。

「しかし、素人分析の問題について直接意見を言うことをあなたは頑なに避けているように思えます。私は今次のように推測せざるを得ません、すなわちあなたは、精神分析を行おうとしている医師たちを自分の管理化に置くことができないものだから、いわば復讐心から懲罰として医師から精神分析の独占権を取り上げて、この医療活動の門戸を素人にも開こうと提案なさるのだ、と。」

私の動機をあなたが正しく推測なさったのかどうか私には分かりません。ひょっとしたら、私はあなたに後ほど、〔あなたが考えているよりも〕もっと公平な態度表明をしているのだという証拠を示せるかもしれません。しかし、私は、一定の研修を受けてその資格を得ていないなら、誰であろうと分析を行ってはならない、と強く要求します。この人物が医師であるかないかは重要ではありません。

「それでは、どんな明確なご提案をなさろうとしているのですか。」

まだそこまで話が進んでいませんし、そもそもそこまでこぎ着けるかどうかも分かりません。私はそれとは別の問題を論じたく思っています。しかし、その話に入るためにある特定の点にも触れておきたいと思います。所轄の官庁が医師たちの提案を受けて、素人が精神分析を行うことを全面的に禁止しようとしているそうです。精神分析協会の非医師会員は優れた研修を受け、実践を通じて一廉《ひとかど》の精神分析家となっているにもかかわらず、この禁止令の対象となることになりましょう。そもそも禁止令というものが出ると、とてもよく仕事をこなせると信頼されている一群の人たちがその仕事を行うことができなくなり、他方、同様の保証など到底与えられない人たちにその仕事が明け渡されるという事態が生じます。これは必ずしも立法が求めている結果ではありません。ただ、この〔素人分析の禁止という〕特殊な問題に限って言えば、さして重要でもなく、解決が難しいわけでもありません。そこで対象となるのは一握りの人々で、大した損害を受けるわけでもありません。彼らはおそらくドイツに移住し、そこでは法の規定に妨げられることがないので、すぐに能力を認められるでしょう。彼らにこんな手間をかけさせず、法の厳格さを和らげたいなら、よく知られた前例に基づいて容易にそうすることができます。君主制時代のオーストリアでは札付きのもぐり医者が本当に能力があると認められ、特定の分野で医療行為を行う許可が《個人的に[54]》与えられるということが何度もありました。これらの事例は大抵の場合、農村の治療師で、当時はかなり大勢いた大公夫人のうちの一人が定期的に推薦をしていたのです。しかし、都市居住者に対しても、別の、純粋に専門的な保証に基づいて行うこともできたはずです。もっと深刻なのは、そうした禁止令がウィーン精神分析養成所に与える影響でしょう。なぜなら、これ以後、医師以外の人たちから志願者を研修に迎えられなくなるからです。それによって私たちの祖国ではまたもや、他の国では自由に発展することが許されている精神的活動の一つの傾向が抑え込まれるでしょう。私に法律や条例を判断する資格があるなどと言うつもりは全くありません。しかし、次のことくらいは私にも分かります。すなわち、もぐり医者に関するオーストリアの法律を殊更に強調することは、今日誰もが目指すべき目標と考えているドイツの状況[55]に近づけることにはならず、この法律を精神分析の事案に適用することには何か時代錯誤なところがある、ということです。というのも、その法律が公布された当時は、まだ精神分析はなく、神経症という疾患の特殊な性質がまだ知られていなかったのですから。

もっと議論が重要だと思われる問題に移りましょう。精神分析を行うことはそもそも、官庁の干渉を受けるべき事柄なのでしょうか、あるいは、自然の成り行きに任せた方が目的に適っているのでしょうか。もちろんここで決着をつけるつもりなどありませんが、あなたによく考えて頂くためにこの問題を提示させて頂きます。私たちの祖国では昔から文字通りの《禁止狂[56]》、すなわち監督やら干渉やら禁止をしたがる傾向が蔓延しており、それは、皆が知っての通り、必ずしも良い結果をもたらしませんでした。新しいオーストリア共和国になっても、まだ大して変わっていないように思えます。今私たちが取り組んでいる精神分析の事案について決定が下される際には、あなたのご意見は重要な意味を持つと察しております。私には、あなたがお役所の意向に反対する気持ちをお持ちなのか、あるいはそのための影響力をお持ちなのか分かりません。いずれにせよ、この問題に関する卑見を差し控えるつもりはありません。私は、条例やら禁止令が多すぎると、法律の権威が損なわれると思います。次のようなことが見てとれます。すなわち、禁止令が僅かしかないところでは念入りに遵守されますが、どこに行っても禁止令がつきまとうようなところでは、人は文字通り、わざと破ってみたくなる誘惑にかられるのです。さらに、法律や条例はその起源からして神聖不可侵という性格を持ち得ず、しばしば内容が不十分で、私たちの正義感に背くものとなったり、あるいは少し時間が経つと正義感に背くものとなります。しかも、社会の指導的立場の人たちが重い腰を上げようとしない場合には、そのような不適切な法律を改めようとすれば、敢えて法を侵犯するしかありません。このようなことは無政府主義者でなくともすぐにも分かることです。さらに言えば、法律や条令に対する敬意を維持したいと思うなら、遵守しているのか違反しているのか監視するのが難しいような法令は公布しないのが賢明です。医師が分析を行うことに関して申し上げたことの多くは、法律が抑え込もうとしているいわゆる素人分析にも言えることです。精神分析〔の治療〕の経緯はかなり地味なものです。薬も道具も用いず、対話と言葉の遣り取りだけで成り立っています。ですから、もしも、素人の方が、自分はただ慰めの言葉をかけ、啓発を与えて、心の助けを必要としている者に有益な人間的影響を及ぼそうとしただけなのだから、医師がそうしたことをしばしば行っているというだけで、それを私に禁止することはできないじゃないか、と主張するなら、その人に、あなたは「精神分析」を行っているのだと立証してやるのは容易ではありません。英語圏の国々では「《クリスチャン・サイエンス》」[57]の実践が非常に広まっています。それはキリスト教の教えを引き合いに出すことによって生命の中の悪を対話を通じて否認するものなのです。この方法は残念ながら人間の精神を誤った道に導くものだと私は迷わず主張しますが、アメリカやイギリスでそれを禁止して処罰しようなどと誰が考えましょうか。私たちの国の政府の方々は、天国への正しい道について確信を持っているので、誰もが「自分なりに天国の喜びに与ろう」[58]とするのを妨げようとするのでしょうか。確かに多くの人たちがほったらかしにされて危険な目に合ったり被害を被ったりすることがあるわけですが、政府当局は、不可侵とすべき領域を慎重に限定して、その他の点では、可能な限り、人間は自ら経験を積んで相互に影響し合うことで学ぶままに任せた方がよいのではないでしょうか。精神分析は世間ではとても新しいものなので、大多数の人はそれについてほとんど何も知らず、それに対する公式の科学の態度はまだ揺れているのですから、現時点でもう法的な規定でもってその発展に干渉するのは私には時期尚早に思えます。心を助ける術を学んでいない人に心の助けを求めたりすれば、それが自分にとって有害だということは患者自身に気づいてもらいましょう。それについて説明し、用心するよう警告しましょう。そうすれば私たちは患者にそれをわざわざ禁止する必要などありません。イタリアの街道では送電鉄塔に《触ると死ぬ[59]》と短く印象的な字句が記されています。通行人が垂れ下がった電線で危ないことをしないよう規制するには、これで十分です。それに対応するドイツの警告は不必要かつ不愉快なほどに冗長なもので、送電線に触れることは命の危険があるので固く禁止する、というのです。禁止令とは何のためにあるのでしょうか。命を大切にする人なら自分で自分に禁止令を出すでしょうし、そうやって死にたい人は許可を求めたりなどしません。

「しかし、素人分析の問題を考えるための法的な先例として挙げることができる事例があります。素人による催眠術の禁止令と、最近公布された、オカルト的な集会やそのような結社の設立の禁止令です。」

私はこれらの措置には賛成しかねます。後者が警察の監督権の濫用であることは明らかで、知的自由を損ねるものです。私はいわゆるオカルト現象に多大な信仰を寄せたり、それを公認してもらいたいと願う気など微塵もありません。しかし、そのような禁止令を出したところで、この秘密の世界と称するものへの人々の関心が圧殺されることはないでしょう。ひょっとしたら反対に極めて有害な結果になったのかもしれません。不偏不党な好奇心に基づいてこうした鬱陶しい不確かな事柄に取り組めば、それを馬鹿げたものと判断できるようになり、迷妄から解放されるのに、〔禁止令を出すことで〕その道を閉ざしてしまったのかもしれないのです。しかしこれも、またもやオーストリアだけの話です。他の国では「超心理学的」研究も法律に邪魔されることはありません。催眠の事例は精神分析のそれとは事情が異なります。催眠は異常な心の状態を呼び起こすもので、今日では素人は見世物の手段として使っているだけです。催眠療法は最初はとても期待されていましたが、もしその期待通りに続けられていたなら、精神分析と似たような事態に陥ったことでしょう。ついでながら、催眠の歴史は、精神分析が辿《たど》っている運命の前例を別な方向において提供してくれています。私が神経病理学の若き講師だった頃、医師たちはやたらと熱心に催眠に反対して、それをペテンだとか悪魔の惑わしだとか、良くても危険な療法だと決めつけました。今日では彼らはその同じ催眠術を独占して、それを平気で検査方法として用いており、少なからざる神経科医は今でも治療の主要手段として使っているのです。

しかし、既に申し上げましたように、精神分析に関して法的に規制するのか、あるいは自由に任せるのか、どちらがより正しいのかを決定した上で、それに基づいた提案をしようなどとは考えておりません。これは原理原則に

272

関する問題であり、その解決には論証よりも権威のある人々の好みが大きく影響することが分かっているからです。《自由放任主義》[60]の政策の利点と思われるところは、既にまとめて申し上げました。しかし、これとは異なり積極的介入の政策を採るというのなら、それは、非医師による精神分析を何の考慮もなしに〔一切合財〕禁止するという説得力を欠いた不当な措置であり、満足な成果を上げられるとは私には思えません。この場合は、もっと多くの事情を考慮に入れ、精神分析を行おうとする全ての者に対して、それを行うための許可条件を定め、何らかの権威ある機関を設立し、その機関に照会すれば、精神分析とは何であり、精神分析を行うにはどのような準備が必要かということに関して情報が得られるようにしなければなりません。それゆえ、自由に任せるか、あるいは秩序と透明性を作り出すかのどちらかなのです。もはや時代に合わなくなった規定から機械的に導き出された行き当たりばったりの禁止令によって、錯綜した状況に介入するというのは論外です。

VII

「ええ、でも医師、医師〔の問題に話を戻しましょう〕。私たちの討論の本来の主題をまだきちんと論じて頂いておりません。あなたは、私が伺いたいことをずっと避けていらっしゃいます。精神分析を行う独占権を医師に認めなくてもよいのかということです。例えば、医師が一定の条件を満たした後ならどうでしょう。医師が、あなたがおっしゃるようなもぐりの精神分析家だとしても、多分その大多数がそうだというわけではないでしょう。あなた自身、あなたの弟子と信奉者の圧倒的多数が医師だとおっしゃっています。これらの方々は、素人分析の問題ではあなたと立場を異にしていると漏れ聞きいております。あなたの弟子の方々も、あなたと同様に、十分な準備が必要だという考えなどには賛同していると当然考えてよろしいのでしょう。しかし、弟子の方々は、こうした考えが、精神分析の実施を素人に対して禁止することと矛盾しないと考えています。これはその通りなのでしょうか。もしそうなら、あなたはそれについてどうお考えなのでしょうか。」

よくご存知ですね、その通りです。もちろん全員ではありません。しかし私の協力者である医師のうちのかなりの方々がこの件に関しては私と見解を異にしており、神経症者の精神分析治療は医師だけが行うべきだと考えています。このことから、私たちの陣営でも見解の相違があってもよいということがお分かり頂けますね。私がどちらに肩入れしているかは皆が知っており、素人分析という点で意見が対立するからといって私たちの協力関係が終わることはありません。こうした弟子たちの態度をあなたにどう説明できましょうか。私にははっきり分かりません。思うに、それは〔医師であるという〕身分意識のなせる業なのでしょう。彼らは私とは異なる経歴を持ち、同業者から孤立するのを嫌い、完全な有資格者として《同業者連》[61]に受け容れられたいと思っております。そして彼らは、〔同業者から〕このように迎えられるためなら、人生の重大事であっても、その重大さをはっきり分かっていないばかりに、平気で犠牲にするのです。ひょっとしたらそうではないのかもしれません。もしも、彼らが競争心からそうしているのではないかと考えるなら、彼らに卑しい心根があると責めているだけでなく、彼らが格段に近視眼的だと見なすことになりましょう。彼らはいつも進んで他の医師たちに精神分析の手ほどきをしており、自分が受け持てる患者が同業者や素人に取られるなどという心配は、彼らの経済状況からすればどうでもよいことなのです。しかし、おそらくまだ他にも何か訳があるのでしょう。精神分析を行う際に素人よりも明らかに有利な立場を医師に保証するある特定の事情があり、そのことが医師である私の弟子たちの判断に影響しているのかもしれません。

「有利な立場を保証する、ですって。それ見たことですか。医師が有利な立場にあることをようやくお認めなのですか。これで問題の決着がついたのでしょうね。」

私はそれを認めるに吝《やぶさ》かではありません。あなたが思っているほど私は〔素人分析という問題に関して〕夢中になって分別を失っているわけではありませんよ。この事情について議論するにはまたもや理論的な説明が必要となるので、それに触れるのを先延ばししていたのです。

「何のことをおっしゃっているのですか。」

まず診断の問題です。いわゆる神経質性障碍に苦しむ患者に精神分析治療を行うなら、その患者が確かにこの治療に適しており、患者をこの方法で救えるということを——可能な範囲でですが——予め確認しておきたい。しかし、それは、その患者が本当に神経症者だという場合に限られます。

「そのことはまさしく現象をもとに、つまり彼が訴えている諸症状をもとにして診立てがなされるのだと思いますが。」

ここに、まさに新たな面倒の種があるのです。それは常に十分な確信をもって診立てができるとは限らないからです。患者は外見上は神経症の病像を呈しているものの、しかし、別の病気のことがあるのです。例えば、不治の精神疾患の起こり始めとか、脳が破壊されていく過程の初期段階とか。この識別——つまり鑑別診断——はいつも容易とは限らず、どの段階でも即座になされるとは限りません。そのような決定の責任を取ることができるのは、当然のことながら、医師だけです。これは、既に申しましたように、医師にとって常に容易とは限りません。症例によっては、比較的長い間重症に至らないような特徴しか現れず、後で初めて悪性の性質が姿を現すということもあります。確かに、神経質症者には、精神疾患にならないのかという懸念が付き物です。しかし医師がそのような症例を長い間誤診していたり、それをずっと見抜けずにいたりしても、そう大した影響があるわけではありません。被害が生じたわけでもなく、起こらずに済んだことが起きたわけでもないのです。この患者に精神分析治療をしたからといって、確かに患者には何の被害もないでしょうが、しかし、余計な苦労だったと物笑いにされるでしょう。いずれにしてもそうした不幸な転帰を精神分析のせいにする人も少なからずいることは確かです。もちろんそれは不当な言いがかりですが、そんな言いがかりはつけられないに越したことはありません。

「悲観的なおっしゃりようですね。神経症の本性と発生についてお話し頂いたことが全て何の意味もなくなってしまいます。」

いいえ、違います。神経症者はどの側にとっても、つまりは精神分析家にとっても不快なものであり、困惑の種なのだと改めて確認しただけです。今申し上げたばかりのことをもっと正確な表現でお伝えすれば、あなたの混乱は解けるかもしれません。今私たちが問題にしている症例は、現に神経症を発症しているが、この神経症は心因性ではなく体因性のもの、つまり、心の原因ではなく身体の原因によるものだと言った方がおそらく正しいのでしょう。私の言うことがお分かりですか。

「分かりはします。しかし、私はそれをもう一方のもの、つまり心理的なものと結びつけて考えることなどできません。」

要するに、生命を持った物質の複雑な事情を考慮に入れるなら、その二つを結びつけて考えることは可能なのです。神経症の本質をどのように説明したか覚えていらっしゃいますか。自我とは、外界の影響によって形成された心的装置のより高次な編成であり、エスと現実とを仲介するものなのですが、自我はこの仲介の役割が果たせなくなると、その弱さゆえにエスの欲動の一部から身を引いてしまいます。そしてこの役割放棄の結果として、否応なく種々の制限や症状、成果のない反動形成が現れることになります。ここに神経症の本質があるのです。

そうした自我の弱さは、私たちの誰にでも幼年の頃に決まって生じるものなのです。それゆえ、幼年期の最初の頃の体験は後の人生にとって大きな意味を持つのです。私たちはほんの数年の間に、石器時代の原始人から今日の文化に与る者となるまでの莫大な発展の道程《みちのり》を踏破しなければならず、その際、特に幼児性欲期の欲動の蠢きを撃退しなければなりません(62)。この幼年期の並はずれた重荷の下で私たちの自我は抑圧に逃避し、その結果、幼児神経症が出現します。この沈殿物が、後に神経質症を発症する素因として成熟後の人生に持ち込まれるのです。そこで全ては、大人になったときに如何なる運命が待ち受けているかによって決まるのです。人生が過酷すぎたり、欲動の要求と〔それに対する〕現実〔から〕の異議との間の隔たりが大きすぎると、自我は両者を和解させようとして挫折するでしょう。こうしたことは、幼年期から持ち込まれた素因によって自我が妨げられる度合いが大きければ、それだけ起こり易くなります。そこで、抑圧の過程が反復され、欲動は自我の支配を逃れて退行という経路でその代替充足を行い、哀れな自我は寄る辺なく神経症になってしまうのです。

自我編成の相対的な強さこそが、この状況全体を一つに結びつける中心点だということだけは忘れないでおきましょう。そうすれば、私たちの病因論的観点は容易に完全なものにできます。神経質症は通常、幼児期の自我がその弱さゆえに性欲の早期の蠢きの克服を断念してしまったことに加え、どちらかと言えば偶発的に起こる幼児体験の影響が原因となって生ずるということは既に分かっています。しかし、幼児期以前に由来する他の要因も一役買っていることもあるのではないでしょうか。例えば、エスの中で欲動の活動が先天的に強くて手に負えず、自我に課せられる課題が最初から大きすぎるということが考えられないでしょうか。あるいは、未知の原因で自我の発達が特別に弱いということも考えられるのではないでしょうか。当然、これらの要因は病因論的に重大なものとなり、いくつかの症例では最も重要な意味を持つに違いありません。私たちはそれぞれの症例毎に、エスの中の欲動の強さを考慮に入れておく必要があります。欲動が過剰に発達している場合、私たちの治療の見込みはあまりありません。自我の発達が制止されている原因は、まだほとんど分かっていません。根本において体質的な基礎を持った神経症の症例がおそらくこれにあたるのでしょう。そのような体質的、先天的な何らかの助長要因がなければ、神経症などほとんど起こらないのです。

ところで、自我の相対的な弱さが神経症の発生にとって決定的な要因だとするなら、以下のこともあり得るはずです。すなわち、後に身体的に病気に罹ることで自我が弱まりさえすれば、それによって神経症が引き起こされる、ということです。そしてこのこともまた、多くの症例に当てはまるのです。そうした身体的障碍はエスの中の欲動の活動に影響し、欲動の力を自我が抗し切れないまでに高めるのです。こうした過程の正常例の典型は、例えば月経や閉経の障碍によって女性に生じる変化でしょう。あるいは身体的な全身疾患、さらには神経中枢組織の器質的疾病は心の装置の栄養状態を悪化させ、そのため、心の装置の機能低下、またそのより繊細な働きの停止が余儀なくされます。この後者の働きには、自我編成の維持が含まれています。こういう症例では、どれも神経症とおよそ同一の病像が見られます。神経症の心理学的機制は常に同じなのですが、私たちが察しておりますように、その病因は多様で、しばしば複合的なのです。

「そのようにお話し頂けるとありがたいです。ようやく医師らしい話し方をなさいましたね。神経症のように複雑な医学的問題は医師だけが取り扱うことができる、とお認め頂けそうですね。」

それは行きすぎだと思います。私たちはほんの少し病理学の話をしたのであって、精神分析はあくまでも治療方法なのです。もちろん、精神分析の対象となりそうな事例は、すべて先ず最初に医師が診断を下すべきだということは認めます、いえ、そう要求します。私たちが治療に携わる神経症者の圧倒的多数は幸いなことに心理的な性質のものばかりで、病理学的に疑わしいところはありません。医師がそれを確認すれば、治療は安心して素人分析家に任せられます。私たちの精神分析学会ではいつもそうしてきました。医師と非医師の会員との緊密な連絡のおかげで、危惧される過誤はほぼ完全に避けられました。それから、精神分析家が医師に助けを必要とするもう一つの場合がまだあります。精神分析治療を行っていると——大抵の場合、身体的な——症状が現れ、それを神経症の脈絡で捉えるべきか、あるいはそれとは無関係な器質的疾病が障碍として現れたものと理解すべきか分からないことがあります。この判断についても、また医師に任せる必要があります。

「つまり素人分析家は、精神分析の最中でも医師がいなければだめなのですね。素人分析家が有用だということを否定する新たな論拠となりますね。」

いいえ、このようなことがあるからといって、素人分析家を否定する論拠とはなりません。なぜなら精神分析家自身が医師であっても、同様の事例では全く同じことをするからです。

「おっしゃっていることが分かりません。」

つまり、精神分析家は、そうした二通りに解釈できる症状が治療の過程で現れた場合、たとえ自分自身が医師であり自分の医学的な知識に自信があっても、それを自分だけで判断せず、精神分析とは関わりのない医師、例えば内科医に医学的評価をしてもらうという技法上の決まりがあるのです。

「私にはとても無駄なことに思えますが、なぜそんな決まりがあるのですか。」

それは無駄ではありません。理由はいくつかあります。第一に、一人では器質的治療と心的治療をうまく統合できないからです。第二に、転移の関係が生じている場合、精神分析家は患者の身体を診察するのを差し控えた方がよいからです。第三に、精神分析家の関心は心的な要因に集中的に向けられるため、自分が先入見で見てはいないかと常に疑ってかからなければならないからです。

「あなたが素人分析にどのような立場を取られているのか今分かりました。素人分析家が必要だということは譲れないのですね。けれどもあなたは、素人分析家ではその仕事が十分に果たせないということを否定できないものですから、彼らの存在を弁明して仕事を続け易くしてやるために役立つことなら何でも並べ立てているのです。しかし、二流の治療者にしかなれない素人分析家が何のために必要なのか私にはそもそも理解できません。私としては、既に研修を受けて精神分析家となった若干の素人の方は別にして、新たに素人分析家を養成するべきではない、養成所はこれ以上素人を研修に受け容れてはならないと思います。」

そのように制限することが、考慮すべき全ての利益に資すると示せるなら、私はあなたに同意します。そこには三種類の利益、つまり、患者にとっての利益、医師にとっての利益、そして――《最後ですが、重要です》[(63)]――科学にとっての利益があることをお認め下さい。この最後の利益には、将来の全ての患者にとっての利益が含まれているのです。この三点を互いに絡めながら検討してみましょう。

さて、患者にしてみれば、〔精神分析による〕治療を始める前や治療の途中で突発的な事態が起きたときには医師に医学的評価を求め、それによって自分の健康状態が誤認される危険が取り除かれさえすれば、精神分析家が医師であろうとなかろうとどうでもよいことです。患者にとってずっと重要なのは、精神分析家が信頼に値する人物たる個人的資質を備え、任務を遂行するに不可欠な知識や分別、経験を持っていることです。精神分析家が医師ではなく、そのため少なからざる状況において医師に頼らなければならないと患者が知ったなら、精神分析家の権威が損なわれてしまう、と思うかもしれません。私たちは当然のことながら、精神分析家が医師であるか否かを患者に伝えるのを怠ったことは決してありません。その結果、患者が職業身分に基づく先入見に左右されることはない、つまり、精神分析家が医師であろうとなかろうと喜んでその治療を受ける、ということを確信できました。ついでに言えば、このことを医師資格を持つ人たちはとうの昔に知って、ひどく感情を害したのです。しかも、今日精神分析を行っている素人分析家は、どこぞの素性も知れないような輩ではなく、大学教育を受けた方々や哲学博士や教育学者や、偉大な人生経験と卓越した人格を備えた若干の女性たちなのです。精神分析養成所の受講者たちは皆精神分析を受けることを義務づけられていますが、それは同時に、〔精神分析という〕厳しい仕事を成し遂げる上で自分が人格的に適しているか知るための最良の方法なのです。

さて次は医師にとっての利益です。精神分析を医学に吸収することによって、医師が得をするとは思えません。医学校を卒業するのに今でも既に五年も必要で、最終試験の受験は第六学年にまで及びます。二、三年毎に学生に対して新たな課題が与えられ、それがこなせないと将来医師として働く上での準備が不十分だされてしまいます。医師になるのはとても難しく、なったところで仕事は大して満足の行くものでもなければ、さほど恵まれたものでもありません。医師は病気の心の面にも通じていなければならない、という要求は全く正当なものですが、その要求を受け容れ、従って医師の教育を精神分析の準備教育の分だけ拡大するとなると、それは結局、授業内容を増やして、それに応じて修学年限を延ばすことを意味します。精神分析は医師が行うべきだと言い張るならこうした結論になりますが、それで医師たちが満足するだろうか私には分かりません。しかし、そういう結論にならざるを得ません。しかも昨今は、医師を輩出する階層は暮らし向きの条件がとても悪くなり、そのため若い世代はできるだけ早く自分で稼げるようになれと急き立てられているのに、そうした負担が増えることになるのです。

しかし、あなたはもしかしたら、精神分析治療の準備を医学校の履修課程に入れて負担を重くするつもりはなく、将来精神分析家となる者は、医学校での学業を終了した後に初めて必要な研修を受けるようにした方がよいとお考えなのかもしれませんね。それで時間を失うとしても実際上は問題にならない、なぜなら心の助けを為そうとするならまず患者の信頼を得ることが前提となるが、三十歳前の若い男性が患者の信頼を得られはしないだろうから、とおっしゃるかもしれません。このご意見にはもちろん、次のように応じることもできましょう、すなわち、身体の病気を扱う新米の医師も患者から絶大な尊敬を受けることなど期待できない、だから若い精神分析家は経験豊富な開業医の監督のもとで精神分析の外来患者診療をすることで自分の時間をうまく埋めることができよう、と。

しかし、あなたのこうした提案が人員の無駄遣いを後押しするということの方が私には深刻に思えます。そんな無駄遣いはこの困難なご時勢にあっては実際上、経済的な観点から正当化できません。精神分析家の研修にはもちろん、医師の養成と重複する部分があります。しかし、前者が後者をすっかり含むわけではなく、前者が後者にすっかり含まれるわけでもありません。精神分析の大学などと言っても今日ではまだ現実味がありませんが、仮にそれを設立しなければならないとなると、そこでは医学部でも教えている多くの事柄が教えられなければなりません。深層心理学は常に主要な部分となりますが、その他にも生物学入門や、可能なかぎり広範囲にわたって性生活に関する理論、精神医学の様々な病状に関する知識が教えられることになりましょう。他方、精神分析の教育に含まれる学科には、医師には縁遠く、医師が仕事の中ではまず触れることのないものもあります。文化史、神話学、宗教心理学および文芸学です。これらの分野の知識がないと、精神分析家は自らの素材の大部分が分からず仕舞いになってしまいます。その反面、医学校で教えられることの大部分は精神分析家の仕事には役に立ちません。足根骨の知識や、炭水化物や脳神経組織の構成に関する知識、バクテリア性病原体やその撲滅、血清反応や組織再形成に関して医学が明らかにした事柄は、どれもそれ自体としては極めて価値あるものですが、精神分析家には全く無意味で、何の関係もなく、神経症を理解したり治療したりする上で直接の助けとなるわけでもなく、そうした知識があったところで精神分析家に最も必要とされる知的能力に磨きがかかるわけでもありません。医師が医学の他の専門分野、例えば歯科の仕事に従事する場合でも事情は似たようなものだ、などと反論しないで下さい。この場合も、試験の科目となっているかなりの事柄は役に立たず、学校で予め教わることのない沢山の事柄をそれに加えて学ばなければなりません。しかし、この二つの事例を同等に扱うことはできません。病理学の重要な観点、つまり炎症や化膿、壊死に関する理論や身体器官の相互作用に関する理論は歯学にとっても重要です。しかし、精神分析家が自らの経験を通じて赴く先はそれとは別の世界であり、そこには別の現象があって、別の法則が支配しているのです。いかに哲学が身体的なものと心のものとの隔たりを無視しようとも、この隔たりは私たちの経験にとってまず最初に存在しており、そして、私たちが治療の努力をしていく場面でもなくなりはしません。

恐怖症や強迫表象に苦しむ人を救おうとしている者に、医学を修めるという遠回りを強いるのは不当であり、不適切です。精神分析を完全に抑え込めない以上、そんなことをしてもうまく行きません。次のような風景を想像してみて下さい。ある見晴らしの良い地点に行くのに二つの道があります。一方は短くて真っ直ぐな道です。もう一方は長く曲がりくねった回り道です。あなたは近道に禁止標識を立てて通行止めにしようとしています。近道の方は幾つかの花壇の脇を通っているため、それを荒らされたくないから、とでもしておきましょう。あなたの通行禁止が尊重される見込みがあるとすれば、それはその近道が急坂で難儀な道で、遠回りの道がゆるやかな上り坂だという場合に限られます。しかし、もし事情が違って、逆に遠回りの方が厄介な道なら、通行禁止の効き目と花壇の運命は推して知るべしです。私が医師たちに精神分析を学ぶ気を起こさせられないのと同様、あなたは素人の人たちに医学を修めることを強要できないと思います。人間の性分というものをご存知でしょう。

「あなたがおっしゃるように、精神分析治療は特別な研修なくしては行えない、他方で、医学の履修課程は精神分析の準備による負担増が不可能で、しかも、医学の知識の大部分が精神分析家にとって不必要だ、というのでしたら、どうすれば医師という職業のあらゆる課題に応えられる理想的な人物を育成できるのですか。」

どの道を行けばこうした困難が解決できるのか私は予言できませんし、またそれを申し上げる立場にもありません。私には二つのことしか分かりません。一つは、あなたにとって精神分析は困惑の種だということです。できれば精神分析などない方がよい、ということなのでしょう──そうかもしれません、神経症者も困惑の種なのですから──、もう一つは、医師たちが〔精神分析家という〕治療者の一範疇を容認すると決めてくれれば、差し当たり全ての利益が尊重されるということです。この治療者たちは、かなりの頻度で生じる心因的な神経症者の治療という厄介な仕事を医師から肩代わりしてくれますし、医師たちと常に連絡を取り合うことで患者のメリットにもなります。

「これがこの件に関するあなたの最終的な見解ですか。それともまだ何かおっしゃることがあるのですか。」

もちろん、あります。私はあと三番目の利益について論じておきたいと思います。つまり学問にとっての利益です。私がここで申し上げることは、あなたの心にはあまり響かないでしょうけれど、だからこそ私には一層重要なのです。

私たちは、精神分析が医学に飲み込まれ、遂には精神医学の教科書にとりあげられて、治療に関する章に催眠暗示や自己暗示、説得といった方法と並んで記載されるなどという事態は望ましくないと思っています。こうした方法は私たちの無知から生じたもので、短い間しか続かない効果があるにしても、それは人間の怠惰と臆病のなせる業なのです。精神分析はもっと良い運命を辿るに値するものであり、実際にそうなることを願っています。「深層心理学」すなわち心の無意識に関する学として精神分析は、人類の文化やその偉大な制度——たとえば芸術、宗教、社会秩序——の成立の歴史を研究する全ての学問にとって不可欠なものになるかもしれません。これらの科学の問題を解決する上で、精神分析はもう既にかなり役に立っているのです。しかし、これはまだ少しだけ役立てられたに過ぎません。なぜなら、文化史家や宗教心理学者、言語研究者等々がこの利用可能な新たな研究手段を自ら使うことに同意するなら、もっと多くのことが達成されるはずだからです。神経症者の治療に精神分析を用いるのはその応用例の一つに過ぎません。ことによると将来、もっと重要な応用例が出てくるかもしれません。いずれにしても、この〔広大な〕応用領域が〔神経症者の治療という〕医学の利益の領分にかかわるという理由だけで、ただ一つの応用を優先し、他の全ての応用〔の可能性〕を犠牲にするというのは不当なことでしょう。

というのも、ここには広大な関連領域が拓かれるので、そこで干渉などしようものなら害を及ぼさずにはいられないからです。様々な精神科学の代表者たちが精神分析を学び、その方法と視点を自らの素材に応用するというのなら、精神分析関係の文献に記載された成果に依拠するだけでは不十分です。そうした方々が精神分析を理解できるようになるには、開かれた道はただ一つしかありません。すなわち、自ら精神分析を受けることです。精神分析を必要とする神経症者に加えて、知的な動機から精神分析を受ける第二の範疇の方々がいます。こうした方々は、自らの能力の向上を同時に達成できるとなれば喜ばしく思うことでしょう。これらの人たちに対して精神分析を行うとなると、かなりの数の精神分析家が必要になり、こうした〔健常者を対象とした〕精神分析家にとっては、たとえ医学の知識を持ち合わせていたとしても、それは格段に小さな意味しか持たないでしょう。しかし、この種の精神分析家たちは――私たちは彼らを養成分析家と呼ぼうと思います――格別に念入りな研修を受けなければなりません。彼らにこの研修をきちんと受けてもらおうと思うなら、示唆と啓発に富んだ症例を十分に経験する機会を与えなければなりません。健常者は好奇心という動機でもなければ精神分析を受けたりしないので、養成分析家が――注意深い監督のもとで――後々の〔養成分析という〕医療ではない仕事のために実習をしようとすれば、ここでも神経症者を対象とせざるを得ません。こうしたこと全てに関してある程度の活動の自由は本当に必要であり、料簡の狭い制限を加えるわけにはいかないのです。

精神分析がもたらすこの純粋に理論上の利益を信じて頂けないかもしれません。あるいは、それが素人分析の実践上の問題には影響がないとおっしゃるかもしれません。もしそうでしたら、精神分析には、もぐり医者取締り法の対象外で、医師が自分の領分だと主張することはまずないであろう応用分野がもう一つあることを想い出して下さい。教育における応用です。幼児が望ましくない発達の兆候を示し始め、不機嫌になり、反抗的で注意散漫になる場合、小児科医も校医さえもその事態に何の手も打てないでしょう。幼児が心配性、食欲不振、嘔吐、不眠といった明らかに神経質性の症状を示したとしても何もできません。子供の環境の諸々の状況に取り組むことをいとわず、幼児の心の生活に入り込む術を心得ている人々が、精神分析の効果を教育的措置と結びつけた治療を行うなら、神経質性の症状を取り除き、起こりつつある性格変容を元に戻す、という二つのことが同時に成し遂げられるのです。幼児神経症はしばしば目立たないものですが、後の人生において重い病気を引き起こす素因になりかねません。このことを理解すれば、幼児精神分析が優れた予防方法だということが分かります。精神分析を目の敵《かたき》にする人たちがまだいることは否定できません。彼らが、この教育学的精神分析家もしくは精神分析的教育家の活動をも邪魔しようとして、どんな手段を用いることができるのか私には分かりませんが、それがそう簡単にできるとも思えません。もちろん決して安心してばかりはいられませんけど。

　ところで、成人の神経質症患者の精神分析療法に関する問題に話を戻すなら、これについてもまだ全ての観点を論じ尽くしたわけではありません。私たちの文化は、ほとんど耐えられない圧力を私たちにかけ、〔私たちを〕矯正しようとしているのです。精神分析は、諸々の困難にもかかわらず、人々に、そのような矯正に対処できるような心の準備をするのに適したものなのかもしれない、と期待するのは空想的すぎましょうか。ひょっとしたら、またもやアメリカ人でしょうが、少しばかりお金を出して、自国の《社会福祉士[64]》に精神分析の教育を施し、文化的神経症の克服のための援軍に育て上げる、などということを思い付くかもしれません。

「なるほど、新種の救世軍ですね。」

よいではないですか、私たちの空想《ファンタジー》には常にモデルとするものが必要なのです。〔精神分析を学ぼうと志す〕向学心のある人たちの流れがヨーロッパに向かって押し寄せて来るでしょうが、ウィーンを避けて、その傍らを通り過ぎざるを得ないかもしれません。なぜなら、精神分析の発展は、この町でこそ、早期の禁止という外傷を負い、潰されたかもしれないからです。お笑いになりますか。こんなことを言ってご判断を惑わすつもりはありません。決してそんなつもりはありません。私の言うことを信じて頂けないことは百も承知です。そうなるだろうとお約束することもできません。ただ一つだけ確かなことがあります。あなたが素人分析の問題に関してどのような決定をなさろうとさほど重要ではありません。ローカルな影響は出るかもしれません。しかし、重要なことは、すなわち、精神分析の内的な発展可能性は、条例や禁止令によって打撃を受けることなどないのです。

『素人分析の問題』補遺

287

前述の討論[65]は私の小論を踏まえたものだが、この小論を執筆するにあたって直接のきっかけとなったのは、非医師の精神分析家であるTh・ライク博士がもぐり医療の疑いでウィーンの当局に起訴されたことである。広く人の知るところとなったように、予備捜査が全て完了し、様々な鑑定書が提出された後、この訴えが却下された。それが私の〔この〕本の成果だなどと思ってはいない。事案は訴追に足るものではおよそなかったのであり、被害を受けたと訴えた人物はあまり信用ならないと立証された。ライク博士に対する訴訟手続きが打ち切られたことで、素人分析の問題に関するウィーン裁判所の根本的な裁定が示されたとはおそらく言えない。私は自分の考えを表明したこの論文の中で「公平」な対話者という架空の人物を登場させたが、そのモデルとして私が念頭に置いていたのは、オーストリアの高官のさるお方[66]である。その方は親切な心根と並外れた潔癖さをあわせ持つ人物であり、私自身、ライク訴訟に関して彼と話し合い、それから彼の希望でその訴訟に関する個人的な鑑定を差し上げている。その方に私の意見に賛成するように考えを変えて頂くには至らなかったことは承知していたので、私と公平な立場の方と 288
の〔架空の〕対話も最後まで意見の一致を見ないようにした次第である。

私は、精神分析家だけの間で素人分析の問題に関して統一した態度表明にまで漕ぎ着けるなどと期待していたわけでもない。この論集を見てハンガリーの協会の発言をニューヨークのグループのそれと比較したら、私の論著の目論見が失敗に終わり、誰もが以前から自分が取っていた立場に固執していると思われるかもしれない。しかし、私はそうは思わない。多くの仲間が自分の極端な立場を和らげ、私の見解を受け容れてくれたと思う。つまり、素人分析の問題は昔からの慣わしに従う形で決着をつけるようなことはしてはならない、それは新たな状況から生じたものだから新たな裁定が必要なのだ、と。

この問題全体に対して私が示した新たな見地も賛同を得た。すなわち、重要なのは精神分析家が医師の国家資格を持っているか否かではなく、医師が精神分析の実施に不可欠な特別な研修を受けているか否かだ、という命題を私は前面に掲げたのである。これを踏まえて、精神分析家になるための最適な教育とはどのようなものかという問題が提起され、私たちの同僚の間で熱心に議論された。それは大学で将来医師となる者が学ぶべく指定されている内容とは異なるものだと私は考えていた。そして私は今でもそう主張している。いわゆる医学教育は精神分析家の職業にとっては面倒な回り道であるように私には思える。医学教育は、なるほど精神分析家にとって必要不可欠な知識をたくさん提供するが、他方で、精神分析家が決して利用できないことをあまりにも多く課すことになる。そのため、彼の関心や思考方法が心的な現象の理解から逸れてしまう危険が必然的に伴う。まず精神分析家のためのカリキュラムを作らなければならない。そこには精神科学的な内容、つまり心理学的、文化史的、社会学的な内容が解剖学的、生物学的、発生学的な内容と並んで含まれている必要がある。そこでは学ぶことがあまりにも多いので、精神分析家の仕事に直接の関係がないことや、他の専修課程と同様、知性や感覚的観察の訓練にただ間接的にしか役に立たないことは、授業から除外してしかるべきである。この提案には容易に次のように反論できよう、すなわち、そのような精神分析の大学など存在しない、それは理想上の要請に過ぎない、と。おっしゃる通り、理想である。しかし、実現可能な理想であり、しかも、実現しなければならない理想なのである。私たちの養成所はまだできたばかりで十分なものではないとは言え、そうした理想の実現の手始めなのである。

読者はもうお気づきだろうが、私がこれまで述べてきた際に自明のこととして前提にしてきたことの中には、議論の中で今でも激しく争われていることがある。すなわち、精神分析は医学の一専門分野ではない、ということだ。どうしてこのことを認めようとしないのか私には理解できない。精神分析は心理学の一部であり、古い意味での医学的心理学でも病的過程の心理学でもなく、心理学そのものなのである。確かに心理学の全てではないかもしれないが、その基底部であり、ひょっとしたら、そもそもその土台なのかもしれない。医学的な目的に精神分析を応用する可能性があるからといって見誤ってはならない。電気やレントゲン線も医学に応用されたが、この二つを扱う科学は物理学である。歴史的に論証したところで、この二つが物理学に属するという結論に変わりはない。電気に関する学説がそもそも神経筋肉標本の観察から始まったからといって、それが生理学の一部分だと主張する者はいない。精神分析に関しては、一人の医師が患者を助けようとしていたときに発明したと言われるかもしれない。しかし、このことはその〔帰属の〕判断を左右するものではないことは明らかである。加えて、この歴史的論拠はかなり危険である。そうした歴史的な議論を続けて行けば、医師たちが当初から精神分析に対してどれほど無愛想な、いや、どれほど悪意をもって拒絶的な態度を示してきたかが想い出されるだろう。そこから、彼らは今日でもなお精神分析に対して何の権利も持たないという結論が引き出されるかもしれない。私はそうした結論に与するつもりはないが、実際、私は今日でも次のように疑っている、すなわち、医師たちが精神分析を我が物にしようとする振舞いは、リビード理論の観点からすると、アブラハムの言う下位段階(67)のうちの一番目と二番目のどちらの段階に帰すべきなのか、つまり、対象の破壊を目論む占有なのか、それともその確保を目論むものなのか、と。

歴史的な論拠についてもう少し話を続けよう。私個人のことなので、関心がある方がいれば、私自身がどんな動機で精神分析を編み出すことになったか明らかにしてもよい。これまで四十一年間医師として働いてきて、私は結局のところ真の医師では全くなかったという自己認識を持った。私が医師になったのは、もともと目指していた目標の変更を余儀なくされたことによる。そして、私の生涯の成功は、大きな回り道の後に最初の方向を再び見出したことにある。幼少の頃からして、私は苦しんでいる人を助けたいという欲求を感じた覚えは一切ない。私のサディズム的素質はあまり大きくなかったので、その素質の蘖の一つであるこの欲求は発達する必要がなかったのである。私は一度も「お医者さん」遊びをしたこともなく、幼児期の私の好奇心は明らかに別の道を歩んでいた。青年期になると、この世の謎をいくらか理解したい、できれば自分でその解明になにがしか貢献したいという欲求が大変強くなった。医学部に入学したのは、そのための最良の道だと思われたからである。しかし、私は、そこで動物学と化学に挑戦した。成果は出ず、続いて、最大の権威者であるフォン・ブリュッケ(68)から感銘を受け、彼の影響で生理学に腰を落ち着けることになった。当時の生理学はもちろん組織学に過度に限定されたものだった。私はそのとき既に医学試験を全て終えていたが、医師になることには興味がなかった。しかし結局、私の乏しい経済的状況では理論畑で生きていくことは無理だと尊敬する師から諭され、医師になることにした。それで私は神経系の組織学から神経病理学に転じ、新たな刺激を得て神経症の治療へと転じた(69)。もっとも、私に真の医師としての資質が不足していたとしても、私の患者にはさほどの不利益もなかったと思う。なぜなら、治してやりたいと思う気持ちが医師の側で情動的に強くなり過ぎても、それで患者が良くなる訳ではないからだ。患者にとって最良なのは、医師が冷静かつ可能な限り正確に仕事をすることである。

以上に述べたことは、おそらく、素人分析の問題の解明にはほとんど役に立ちはしないだろう。仮にも他ならぬ私が、精神分析には固有の価値があり、それは医学的な応用から独立したものだということを唱えている以上、私自身が個人としてしかるべき経歴を有していること〔=私はそもそも真の医師ではなく、科学者を志していたということ〕を強調しておきたかっただけである。しかし、ここで私に次のように反論する方がおられよう。科学としての精神分析が医学の一分野なのか、あるいは心理学の一分野なのかということは学術的な問題にすぎず、これを実践する上では全くどうでもよいことだ、問題になっているのはそれとは別のことだ、つまり、患者の治療に精神分析を応用することなのだ、精神分析を患者の治療に使う以上は、例えばレントゲン学と同様に、専門分野として医学に組み込まざるを得ず、すべての治療方法に適用される規則には従わなければならない、と。私はこれを認め、同意する。ただし、治療が科学を滅ぼすようなことはないようにくれぐれも注意して頂きたい。残念ながら、喩えというものはどれも限られた範囲内でしか有効ではなく、その範囲を越えると、喩えられている二つのものはお互いに遠ざかってしまう。精神分析の場合は、レントゲン学の場合とは事情を異にする。物理学者は、レントゲン線の法則を研究するのに病気の人間は必要ない。他方、精神分析は人間の心の諸々の事象だけを素材とし、人間を対象とすることでしか研究できない。神経症者は、独特で把握が容易な在り方をしているため、健常者よりも遥かに教育的で、理解し易い素材である。精神分析を学んで応用しようとしている人からこの素材を取り上げるなら、その教育の可能性は優に半減してしまう。神経症患者にとっての利益を教育と科学的研究の利益のために犠牲にしろなどと言うつもりはもちろん些《いささ》かもない。私が素人分析に関する小論で示そうとしているのはまさに、特定の注意事項を守れば、双方の利害は極めてうまく一致させることができ、そのような形で解決するなら、正しく理解した上での医師の利益にも貢献する、ということなのである。

この注意事項は全て私が自ら挙げておいた。議論の過程でこの点に関して新しいことは何も付け加えていないと言って構わない。しかし、議論では時折、実際にはあまり重要でないことでも大げさに取り上げたということも知っておいて頂きたい。鑑定診断が難しく、身体的症状の判断が不確かな多くの症例があり、医師の知識ないしは医師の介入が不可欠になると述べたが、それは全て事実である。しかし、それよりも数から言えばずっと多い症例では、そもそもそうした疑いが浮上することはなく、医師が必要とされない症例の方がはるかに多い。これらの症例は学術的には実に退屈なものかもしれないが、実生活においては極めて深刻なもので、そうした症例に対処できる素人分析家の活動が是非とも必要なのである。私は先日ある医師仲間の精神分析を行ったが、この方は、医師でない者が医療活動に手を出すことに格別に容赦のない拒否反応を示す人だった。私は彼にこう尋ねてみた、私たちはかれこれ三カ月以上も精神分析の作業をやってきましたが、どこの部分で私の医学知識は必要でしたか、と。彼は、そうしたところは見当たらなかったと白状した。

素人分析家は、必要とあらばいつでも医師に伺いを立てなければならないので、患者に対して威厳を欠き、治療助手やマッサージ師くらいにしか見られないという論拠も私はさして重要だとは思わない。患者は自らの感情転移に応じて〔治療者を〕威厳のある者と見なすのが常で、医師の国家資格の有無は患者にしてみれば医師が考えるほど重要ではない。これは別にしても、こうした〔治療助手やマッサージ師という〕類比はまたしても適切ではなかろう。本職の素人分析家にしてみれば、世俗の司牧者としての自分に相応しい尊敬を得ることなど難しくはないだろう[70]。精神分析家が患者に対して果たす役割は、医師だろうと素人だろうと、総じて「世俗的司牧」という言い回しで言い表せるかもしれない。プロテスタントの聖職者や最近ではカトリックの聖職者の中にも私たちに味方してくれる人たちがいる。彼らはしばしば、自分の教区の信者にその葛藤を少しばかり精神分析的に説明した後に信仰心を回復させることによってその生活上の障碍〔＝生活上の制止〕を取り除いている。我々の敵であるアードラー派の個人心理学者たちは、精神不安定のために仕事ができなくなった人たちに対して、そうした人たちの心の生活のたった一つの片隅にだけ光を当て、利己的で疑い深い自らの感情がどれくらい病気に関与しているのかを示した後に、社会共同体に対する関心を呼び起こすことによって、〔上記の聖職者たちの司牧と〕同じ変容をもたらそうとしている。これら二つの方法はいずれも精神分析に依拠することで効力を発揮しており、精神療法の枠内に位置づけられる。私たち精神分析家は、患者を出来る限り完全かつ深部に至るまで分析することを目指している。私たちは患者を、カトリックやプロテスタントや社会主義の共同体に受け容れることで楽にしてやるのではなく、次のようにすることで患者自身の心の内から豊かにすることを目指している。すなわち、抑圧のために無意識の中で拘束されていて〔自我が〕近づけない状態にあるエネルギーや、自我が抑圧を不毛な形で維持するために浪費を余儀なくされているエネルギーを、その患者の自我に引き渡してやるのだ。私たちのこうした営みは、最も優れた意味で司牧と呼ぶに相応しいものである。私たちはあまりに高い目標を立てているというのだろうか。私たちの患者の大半は、私たちがこの仕事のために費やす労に値するのか。欠陥を外から支える方が、それを内部から改良するよりも経済的ではないのか。こうした問いに私は答えることができないが、次のことは自信をもって言える。精神分析では最初から治療と研究とが密接に結びついていた。何かが分かると治療が上手く行き、治療をすれば必ず何か新しいことが分かった。新たな解明がなされたときには必ず、治療に良い結果がもたらされた。私たちの精神分析の方法は、この貴重な相乗効果が今なお続いている唯一の実例なのである。私たちは精神分析的司牧を行って初めて、今ようやく分かりかけてきた人間の心の生活の理解をさらに深めることができる。このような学術的な収穫が見込まれるということは、精神分析作業の最も重要で、かつ最も喜ばしい特徴だった。これを何らかの実践上の配慮のために犠牲にすることなど許されようか。

この討論の中での幾つかの発言を聞いていると、素人問題に対する私の論著がある点で誤解されたのではないかと思う節がある。まるで私が、医師は一人残らず精神分析を行う能力がないと宣言し、医師は精神分析に参入してはならないというスローガンを発したかのように、私に対して医師たちを擁護しようとしている人がいるのである。とにかく、これは私の意図するところではない。このような誤解が生じたのはおそらく、私が論争的な叙述をする中で、医師が研修を受けずに精神分析を行うなら素人よりもずっと危険だと言う必要があったからだろう。以前『ジンプリチシムス』誌に女性に関する冷笑的な発言が掲載されたが、それをそのまま借用すれば、上記の問題に関する私の本当の考えを明らかにできよう。一方の話し手が、女性は男性よりも美しいけれども弱くて厄介だ、と嘆くと、それに応えてもう一方の話し手は、でも女性はこの種の中では我々が持てる最良のものだ、と言うのだ。精神分析家の養成のために学校を創れたらよいと思っているが、そうした学校がない以上、医学的な予備知識を持つ人たちが将来の精神分析家となるべき最良の素材だと私は思っている。ただし、精神分析を志す医師には次のことを守ってもらいたい、すなわち、医学の予備知識があっても精神分析の研修を必ず受けること、医学校の授業で助長された一面的な思考を克服すること、心理学的な事実を心理学的な補助表象で把握しなければならないところでは、内分泌学や自律神経系〔といった概念〕に手を伸ばしたいという誘惑に屈しないこと、である。心的な現象と、その器質的、解剖学的、化学的な基盤との関係に関する問題はどれも、双方を専攻した者、つまり医師である精神分析家だけが着手できるという考えは私も持っている。しかし、それが精神分析の全てではないということ、そして精神分析のその他の側面に関しては精神諸科学の予備知識を持った人たちの協力が不可欠だということを忘れてはならない。便宜上の理由から私たちは、出版論文に関しても、医療目的の精神分析を、〔医学以外の分野での〕精神分析の応用から区別する習慣に従っているが、これは正しいことではない。本当は、分割線は科学的精神分析と、その医学的分野および非医学的分野への諸応用との間に引かれているのである。

この討論では、アメリカの精神分析家たちが素人分析に対して最も極端な拒否的態度を示している。彼らに反論すべく二、三の所見を述べておく必要があるだろう。私は精神分析を論争的な目的に濫用するつもりは毛頭ないのだが、彼らの抵抗はもっぱら実践上の要因に起因するものだとの見解を表明しておこう。彼らは自分の国で、素人分析家が精神分析を用いて数多くの迷惑行為や濫用を行い、その結果、患者が被害を受け、精神分析の評判が損なわれるのを見ている。彼らが憤怒のあまりこうした害をなす無責任な人々とは縁を切り、素人を精神分析への一切の関与から締め出そうとするなら、それは無理もないことである。しかし、この事情だけでも既に、彼らの態度表明がさほど意味のあるものではないと考えるに足りる。なぜなら、素人分析の問題は実践上の都合だけで決定してはならず、アメリカ一国の状況を私たちにとっての唯一の基準にするわけにはいかないからである。

アメリカの精神分析家たちは根本的には実践上の動機に基づいて素人分析反対の決議を行っているのだが、私はそれが有益だとは思わない。なぜなら、そうしたところで、状況を左右している要因は何一つ変わらないからである。それは抑圧の試みに等しい。素人分析家が仕事をするのを妨げることなどできないし、素人分析家を撲滅しようとしても患者たちの支持が得られないとすれば、素人分析家が存在しているという事実を認めた上で、彼らに研修の機会を与え、彼らを影響下に置き、医師たちの認可を受けて治療協力者になれるという可能性を励みにして、道徳的および知的水準を高めたいと思うように仕向ける方が目的に適っているのではないだろうか。

論稿（一九二五―二八年）

解剖学的な性差の若干の心的帰結
Einige psychische Folgen des anatomischen Geschlechtsunterschieds

私や私の学徒たちの研究は、不断に強まる決意で、神経症者の分析が初期小児期、つまり性生活の初期の開花時期にも踏み込んでゆかねばならないという要請を主張している。生得性の欲動素質の最初のさまざまな発現と最初期の生活印象のさまざまな作用を究明する場合にのみ、はじめて後の神経症における欲動の諸力を正しく認識することができる。また、成熟期におけるさまざまな変形や相互干渉に惑わされて、間違った判断へと導かれずにすむのである。この要請は単に理論的に意義深いだけではなく、実践的重要性もある。というのも、それによって、我々の努力は、単に治療のみを目指して分析方法の一区間だけを利用するような医師たちの仕事から明確に区別されるからである。そのような幼児期分析は時間がかかり、骨が折れ、医師に、また患者に対し要求することが多く、それらが実践において必ず満たされるわけでもない。さらに幼児期分析は、闇の中へと私たちを導き入れ、そこを通り抜けるための道標もない状態がずっと続く。つまり言いたいのは、分析者の学問的作業は、機械化されて、ゆえに面白みのないものとなるような危険に、向こう数十年にわたっても脅かされることはないと保証できる、ということである。

以下で私は分析的研究の一成果を伝えるが、これが一般的に妥当すると証明されるなら極めて重要なものであろう。なぜ私は、より豊かな経験によって、可能ならばこの証明が得られるまで発表を延ばさないのか。それは私の仕事がおかれた状況のなかに、それによって及ぼされるさまざまな影響を否定できないある変化が生じたためである。かつて私は、新しいと思われたものを、その裏づけや訂正点が見出されるまでの間さえも、自分のもとに留め置くことができない連中の仲間ではなかった。『夢解釈』と『あるヒステリー分析の断片』(症例ドーラ)を私は、ホラティウスの流儀で九年間[1]とはいわずとも、世に問うまで四、五年間は抑え込んでいた。しかし、その当時時間は見通しも立たぬほど先の長いもの——愛すべき詩人の言う《時の大海》[2]——と私には思え、資料は夥しく私のもとへと押し寄せてきたので、私はそれらの経験から身を護ることができないほどであった。私はまた、新たな領域におけるたった一人の作業者であったし、私の慎重さによって自分に危険がもたらされることはなく、また他の誰にも損害を与えることはなかった。

これら全てのことが、変わってしまったのである。私が前にしている時間には限りがあり、仕事だけに使い尽くされもしない。新たな経験をする機会はそれほど豊富には訪れない。私が何か新しいものを見たと思えば、それが確証されるまで私が待てるかは不確かなままである。表面を流れ去って行くものは、既に全てすくい取られてしまっており、残りはゆっくりとした努力で深みから取り出されねばならない。ようやく私は一人ではなくなり、一群の熱心な協力者たちが、まだ不完全なものやまだ不確かな認識をも利用してくれようとしている。私は、自分で片付けねばならなかったはずの仕事の一部を、彼らに委ねることが許されている。こうして私は、この度、次のような報告をすることを正当と感じている。それは、急ぎ再検討を要するもので、価値あるものか無価値なものかがまだ明確になっていない報告である。

子供の性生活の最初の心的組成を研究する場合はいつも、我々は決まって男性の子供、男の子を対象とした。小さな女の子の場合には、似たようなことになろうが、しかし何らかの仕方で異なっているのだろうと我々は考えていた。発達の経路のどの段階でこの違いを見出せるのかは、はっきりとは示されないのであった。

エディプスコンプレクスの状況は、少年においては確実に認められる最初の段階である。その状況下の子供が、先行する乳児－養育期において、まだ性器的ではないリビードで既に彼が備給していたのと同じ対象に固執するので、この状況は容易に理解できる。その際子供が父親を、斥けて取って代わりたい邪魔なライヴァルと感じることも、現実的な諸関係から円滑に導かれる。少年のエディプス態勢がファルス期に属し、去勢不安すなわち性器へのナルシシズム的関心によって消滅することも、私は別の場所で詳述した[*1][(3)]。理解が困難となるのは、エディプスコンプレクス自体が、少年の両性的な素質に対応して能動的と受動的という二重の方向性を与えられている、という複雑さのゆえである。少年はまた、父親の愛の対象として母親を代替しようともするのであり、これを我々は女性的態度と名づけている[(4)]。

少年におけるエディプスコンプレクスの前史については、すべて明らかになっているというには程遠いままである。我々がそこで知っているのは、情愛的な性質の父親への同一化であり、そこには母親をめぐるライヴァル関係という意味合いはまだ欠けている。この前史のもうひとつの要素を恒になすのは、私が思うに、性器いじり、すなわち幼児期自慰であり、これに対しては養育者の側から多かれ少なかれ暴力的な抑圧がなされて、去勢コンプレクスが活動化する。我々は、この自慰がエディプスコンプレクスに依拠しており、その性欲の蠢きの放散を意味して

＊1　「エディプスコンプレクスの没落」〔本全集第十八巻〕。

いると推定する。この行為が最初からこれと関係を持っているのか、むしろ自発的に器官の作動として出現し、後に初めてエディプスコンプレクスとの結びつきができあがるのかは、はっきりしないが、後者の可能性のほうが、はるかにより確からしい。また疑問なのは、寝小便の役割と、教育の介入によりその習慣をやめさせることである。我々は、寝小便が長引くのは自慰の成功であり、寝小便の抑圧は少年にとって、性器活動が制止されたように、すなわち去勢脅迫の意味をもつ(5)、という単純な総合を考えたいが、それが常に正しいのかは、まだ確定していない。最後に、分析によってもぼんやりとしかわからないのは、幼児期に両親の性交を盗み見たことが、どのように最初の性的刺激を与え、その事後的な作用によって、全ての性的発展の端緒たりうるのか、ということである。自慰もエディプスコンプレクスの二つの態度も、後には、その後解釈された印象と結びつく。ただし我々は、そのように性交を見ることが決まって起こるものだと想定することはできず、ここで「原空想《ウアファンタジー》」という問題に突き当たる(6)。つまり、かくも多くのことが、少年のエディプスコンプレクス前史においても未だ解明されておらず、常に同じ経過が想定できるのか、あるいは極めて多様な前段階が同じ終着状況で出会うに至るのか、吟味と決定が待望されている。

小さな女の子におけるエディプスコンプレクスは、少年のそれよりも一つ余計な問題を孕んでいる。どちらにとっても母親が最初の対象であり、少年がこの対象をエディプスコンプレクスまで保ち続けたとしても、我々は不思議とは思わない。しかし、少女はどのようにしてこの対象を放棄し、その代わりに父親を対象とするようになるのだろうか。この問題を追求しながら私は、まさしく少女におけるエディプス関係の前史を照らし出せるようないくつかの問いを立てることができた。

22

分析家は誰でも、女性のなかに、父親との結びつきに、また、それが昂じて父親から子供を儲けたいという欲望に特別な強度と執拗さでしがみつく人がいることを知っている。この空想《ファンタジー》された欲望が、彼女の幼児期の自慰の原動力であったと想定されても仕方がないだけの十分な根拠もあり、ここに子供の性生活の原初的で、これ以上は解体しえない事実と直面しているのだという印象を受けるのもたやすい。しかし、これらの事例のより踏み込んだ分析は別のことを示している。すなわち、ここではエディプスコンプレクスに長い前史があり、またそれがある程度において二次的な形成物だということである。

昔の小児科医リントナーの見解では[*2]、子供は乳房への吸い付き（おしゃぶり）の間に、快を与えてくれる性器領域――ペニスあるいはクリトリス――を発見する。私は、子供が本当にこの新たに獲得された快の源泉を、少し前に失われた母親の乳首の代替物とするのかという問題は、後年の空想《ファンタジー》（フェラチオ）がこのことを示唆しているという考えがあるが、棚上げにしておこう。手短に言えば、性器領域はいつかある時に発見されるものだが、その最初の性的もてあそびに心的内実をこじつけるのは正当とは思われない。このように開始されるファルス期における次の進展は、この自慰とエディプスコンプレクスの対象備給を結合することではなく、小さな女の子に割り当てられる、ある深刻な帰結を伴う発見である。女の子は兄弟や遊び友達に、大きな形をしたペニスを見つけ、それが自分の小さく隠れた器官に優越する対応物であることを即座に認め、そこからペニス羨望に陥る。

両性の振舞いには興味深い対照性がある。小さな少年が女の子の性器の辺りを最初に見ると、彼は躊躇し、最初

＊2　『性理論のための三篇』〔本全集第六巻、二三〇頁〕を参照。

は殆ど関心を示さない。彼には何も見えないか、あるいは自分の知覚を否認し(7)、この印象を和らげ、その知覚を自分の予期と調和させるために情報を求めるとする。この観察が彼にとって意味をもち始めるのは、後になってから、つまり、去勢の脅威が彼に影響を及ぼすようになってからである。この観察を想起するか、あるいは新たに観察すると、彼の中では恐ろしい情動の嵐が巻き起こり、彼は自分がこれまでは笑い飛ばしていた脅威が現実のものになるのでないかという思いに屈する。この接続から、二つの反応が生じうる。両者は固着する可能性がある。次いで、これらは、個々に、あるいは両者一体となって、あるいはさらに他の契機と一緒に、彼の女性への関係をこの先ずっと規定することになるだろう。この切断された被造物を嫌悪するか、勝ち誇って軽蔑するか、である。しかしこの発展がなされるのは、さして先ではないにせよ、未来のことである。

小さな女の子はこれとは異なる。彼女は一瞬で判断を完了し、決意する。彼女は自分がそれを持たないことを見て、知っており、そしてそれを手に入れようとする。*3

この地点において、女性におけるいわゆる男性性コンプレクス(8)が分岐し、これを早期に克服できないと、場合によってはあらかじめ予定された女性性への発展にとって大きな困難となるだろう。もう一度ペニスを獲得し、男性と同じになりたいという希望は、まさかと思われるほど後の時期まで保持され、奇妙で、通常は不可解な行動の動機となりうる。あるいは私が否認(9)と呼びたい過程が現れることもある。これは子供の心の生活にとっては稀でもさほど危険でもないと見えるが、大人においては精神病を引き起こしかねないものである。女の子は、自分が去勢されているという事実を受け容れるのを拒み、自分がそれでもペニスを持っているという確信に凝り固まって、その後、自分があたかも男性であるかのように振舞うことを強いられる。

ペニス羨望の心的帰結は、男性性コンプレクスという反動形成に吸収されるのでない限り、多様で広範に及ぶ影響をもつ。自らのナルシシズムの傷口を認めることによって、女性では——言わば瘢痕のように——劣等感が生み出される。女性は、自分にペニスがないのは個人的な懲罰であると説明しようとする最初の試みを乗り越えて、この性的特徴の一般性を理解した後には、ひとつの決定的な点において短縮された性に対する男性の軽蔑を分かち持ち始め、少なくともこの判断において自分を男性と同等な地位に置くことに固執する。*4

＊3　この機会に、私が数年前に主張したことを修正しよう。私は、子供たちの性的関心は、育ち盛りの者たちの場合のように性的区別によって呼び覚まされるのではなく、子供はどこから来るのか、という問題によって掻き立てられるのだ、と考えた。これは少なくとも、女の子には明らかに当てはまらないことになる。男の子においては、確かにそのように事が進んでいく場合もあるかもしれないが、別の場合もあろう。あるいは両性ともにおいて、生活上の偶然的な機会によって決定されるのだろう。

＊4　私は、最初の批判的言明である「精神分析運動の歴史のために」（一九一三年）〔本全集第十三巻、九四頁以下〕において既に、これがアードラーの学説の中核的真実であると認識している。この学説は何の懸念もなく、全世界をこの一点（器官の劣等性—男性的抗議—女性的路線からの乖離）から説明しようとし、権力追求への欲望がそれに取って代われるように、性からその意義を奪ったことを誇りにしている！　曖昧さなく、唯一「劣等」な器官という名に値するのは、つまりクリトリスであろう。他方、分析家たちが、数十年の努力にもかかわらず去勢コンプレクスなどというものの存在について何も気付きもしなかったことを誇示しているのを耳にする。この成果の大きさの前には、それが単に消極的成果、すなわち看過と誤解における芸当にすぎぬとしても、感服しつつ頭を垂れねばならない。この二つの学説は興味深い対立項をなす。こちらには去勢コンプレクスの痕跡すらもないというのに、あちらには他ならぬその結果がある、というわけである。

たとえペニス羨望はその本来の対象を断念したとしても存在をやめず、嫉妬という性格特徴において若干ずらされて生き続ける。むろん嫉妬は一方の性にのみ固有なものではなく、より広範な基盤に基づいている。しかし、私は、嫉妬は女性の心の生活において遥かに大きな役割を果たす、と言いたい。なぜなら、女性の嫉妬は逸らされたペニス羨望という源泉から非常に強い力を受けとるからである。嫉妬のこのような派生を知る前、私は女の子において非常に頻繁に認められる、「子供がぶたれる」という自慰空想《ファンタジー》のために第一の時期を構築していた。そこでは嫉妬は、嫉ましい競争相手である別の子がぶたれるべきだ、ということを意味する。*5 この空想《ファンタジー》は、女の子のファルス期の遺物であろう。子供がぶたれる、という単調な文句で目につく特有な硬直性は、恐らくなお特別な解釈を許容するに違いない。そこでぶたれる――愛撫される子供とは、根本においてはクリトリスそのものに他ならないのかもしれず、するとこの言明はその最も深いところで自慰の告白を含み、この自慰がファルス期の始まりから後の時期まで、この文句の内実に結びついていることになる。

ペニス羨望が第三番目にもたらすのは、母親対象に対する情愛的関係の弛緩であろう。この連関はよく理解できないが、しかしペニスがないことに責任を負わされるのがほぼ決まって、子供をそのような不十分な装備で産んだ母親であることから納得できる。しばしば歴史的経過は、性器において自分が不利を被っていることを発見すると、他の子供の方が自分より母親からより愛されているはずだという嫉妬が程なく生じ、このことによって母親の拘束からの解放の動機づけが得られる、というものである。母親から贔屓にされているこの子供が、自慰へと至る殴打の空想《ファンタジー》の最初の対象となるなら、そこで平仄が合う。

ペニス羨望――あるいはクリトリスの劣等性の発見――のもう一つの驚くべき効果は、全てのうちで最も重要なものである。かつて私が印象としてしばしば得たところでは、一般に女性は男性に比べて自慰をあまり好まず、男性ならば同じ状況に置かれると何の懸念もなくこの逃げ道を採るところで、それを行うことによく抵抗し、できなくなる。この言明を規則として定立しようとすれば、経験によって無数の例外があることが示されるだろうことは理解できる。両性どちらにおいても、人間個人ごとの反応には、男性的な特徴と女性的な特徴とが混ざり合っている。しかし、それでも女性の本性と自慰は程遠いという見かけに変わりはなく、この想定された問題の解決のためには、以下のような検討を援用することも可能であった。すなわち、少なくともクリトリスにおける自慰は男性的行為で、女性性の展開はクリトリスでの性行動の放棄を条件とするのではないか、という検討である[10]。ファルス的前史の分析によって私は、女の子において、ペニス羨望の兆候が出現して程なく自慰に対抗する強い逆向きの動きが生じることを学んだが、それは教育的養育者の影響だけに帰することができないものである。この蠢きは明らかに、思春期において、女性性の発展の余地をつくるために男性の性欲の大部分を排除してしまうことになる、あの抑圧の推力の前触れである。自体性愛の行為に対するこの最初の反抗は、その目標に達しないかもしれない。私が分析した事例の多くもそうであった。そこから葛藤が継続し、女の子はその時もその後も、自慰の強迫から解放されるためにあらゆることを試みた。後になってから現れる女性の性生活における諸現象の少なからぬものは、この強い動機を認識しないならば理解できないままに終わってしまう。

私は、少女のファルス的自慰に対するこの反抗を、彼女のこの快をもたらす行為が、これと並行して存在する契

＊5　「「子供がぶたれる」」(GW-XII 202ff.)〔本全集第十六巻、Ⅲ節、一二六頁以下〕。

機によってひどく台無しにされてしまうのだ、と想定することによって説明するしかない。この契機を遠くに探し求める必要はなかろう。それはペニス羨望と結びついた、傷つけられたナルシシズムに違いなかろう。すなわち、この点において男の子と張り合うことはできないから、彼との競合は控えるに越したことはない、という警告である。このような仕方で、解剖学的な性差の認識が、少女を男性性と男性的自慰から遠ざからせ、女性性の展開へと至るような新たな路線へと押し出す。

　エディプスコンプレクスに関しては、これまで話題となっていなかったし、それはこれまでの議論に何の役割を果たしてもいなかった。さてしかし、女の子のリビードは――予め指示されたペニス＝子供という象徴的等式に沿いながら、としか言いようがないが――あらたな態勢へと横滑りする。女の子はペニスへの欲望を放棄し、子供への欲望をそれに取って代え、この意図のもとに父親を愛の対象とする[11]。今や母親は嫉妬の対象となり、女の子は小さな女性となったのである。時に訪れる分析上の山場を信用することが許されるなら、女の子はこの新たな状況において、女性器の早すぎる目覚めと評しうる身体的感覚を持つことになる。この父親との結びつきは、後に失敗したものとして放棄されねばならないとしても、父親への同一化に席を譲ってしまうことがある。その結果、女の子は男性性コンプレクスへと立ち戻り、場合によってはそれに固着する。

　これで私は、言わねばならないことの本質を言ったことになるが、その帰結をもう一度見直すために立ち止まろう。私たちは、女の子におけるエディプスコンプレクスの前史に対する洞察を得た。男の子において、これに対応するものは、相当が未知のままである。女の子においてエディプスコンプレクスは二次的な形成物である。去勢コンプレクスがこれに先立って、影響を及ぼし、その下地となっている。エディプスコンプレクスと去勢コンプレクスの関係に代わって、両性間の根本的な対立が形作られる。男の子のエディプスコンプレクスは去勢コンプレクスにおいて消滅するのに対して、[*6]女の子のエディプスコンプレクスは去勢コンプレクスによって可能ならしめられ、導入されるのである。その場合、去勢コンプレクスが、その内実の意味という点では、常に男性性に対しては、これを制止し制限するように、そして女性性に対しては、これを促進するように作用するのだ、ということを考慮するならば、この矛盾対立は解明される。男性と女性における性的発展のこの部分における差異は、性器の解剖学的な相違と、それに結びついた心的状況の結果として把握できる。それは現実になされた去勢と、単に脅かされた去勢の違いに対応する。つまり私たちの帰結は、根本においては自明の、予め予見することもできたはずのことである。

ともあれエディプスコンプレクスは非常に意義深いもので、どのようにしてそれに陥り、どうやってそこから抜け出したのであれ、何らかの帰結を伴わずにはいない。男の子においては——私が今しがた言及し、ここでもその議論を全面的に受けている発表論文で詳述したとおり——エディプスコンプレクスは単に抑圧されるのではなく、去勢の脅威による激しい衝撃のもとで、文字通り砕け散る。彼のリビード備給は放棄され、脱性化され、一部は昇華され、彼の対象は自我に体内化される。そこにおいて、対象は、超自我の中核を形作り、この新たな編成に特徴的な性格を付与する。正常な場合、より好ましい言い方では理想的な場合、こうして無意識のうちにおいてさえエディプスコンプレクスはもはや存続しなくなっており、超自我がその相続者となっている。ペニスに——フェレン

＊6　「エディプスコンプレクスの没落」〔本全集第十八巻、三〇七頁〕を参照。

ツィの意味で――並外れて高度なナルシス的備給がなされているのは、種の存続のために器官に賦与されている意義のお蔭なので、エディプスコンプレクスが破滅してしまうこと――近親相姦の回避、良心と道徳の制定――を、個体に対する種の勝利ととらえることもできる。神経症が性機能の要求に対する自我の反抗に基づくことを考慮すれば、興味深い観点ではある。しかし、個体心理学の立場を離れてしまえば、錯綜した諸連関の解明に当分至ることはなくなってしまう。

女の子においては、エディプスコンプレクスが粉砕される動機がない。去勢はその作用をとうの昔に果たしてしまっており、その作用とは、子供をエディプスコンプレクス状況の中へと押し遣ることであった。ゆえに、女の子のエディプスコンプレクスは、男の子においては用意されている運命を逃れ、緩慢に消え去り、抑圧によって処理されることができ、その作用を女性にとって正常な心の生活の中へと移し入れることができる。明言は憚られるが、女性にとって道徳的正常さの水準は男性とは別なものとなるということに思い至らずにはいられない。女性の超自我は決して、男性の超自我に求められるほど厳格にも非人格的にも、その情動的根源から独立したものにもならない。女性は法的感覚と、生活上の大きな必然事に従おうという傾向が男性に比して貧しく、物事の決断において情愛や敵対の感情によって流されやすいという、昔から女性に対する批判が槍玉としてきた特徴は、右で導いたように超自我が緩和的に形成されることに十分な理由を見出すかもしれない。両性を全く平等に位置づけ平等に評価することを迫る女権論者たちからの異論によっても、私たちはこうした判断において惑わされる必要はなかろうが、しかし以下のことを承認するに吝かではない。つまり、男性の多数もまた、男性的理想の遥か後方にとどまっており、個人としての人間は皆、両性的な素質を持ち、遺伝的交配によって男性的、女性的の両特徴を自らのうちに統合しているのだから、純粋な男性性や女性性とは内実の不確定な理論的構築物にとどまるのだ、ということである。

私は、解剖学的な性差の心的帰結に関してここで披瀝した論述に価値を認めたいという気持ちになっているが、このような見積もりは、手一杯の事例から見出されたことに即して一般的に確認され、典型的なものと明らかにならなければ持ちこたえられないこともわかっている。さもないと、性生活の発展における多様なあり方を理解するための単なる一寄与にとどまってしまうだろう。

女性の男性性コンプレクスと去勢コンプレクスに関して、アブラハム(「女性の去勢コンプレクスの発現諸形態」、『国際精神分析雑誌』第七巻所収)、ホルナイ(「女性の去勢コンプレクスの発生について」、同第九巻所収)、ヘレーネ・ドイチュ(「女性の性的諸機能の精神分析」、『新医学的精神分析論集』五号所収)による評価に値し内容豊富な研究において、私の論述と近接した多くのことが見出せるが、完全に一致するものはなく、ゆえに私はこの観点からしても、本論を発表したことが正当であるとしたい。

（大宮勘一郎　訳）

精神分析
Psycho-Analysis

『ブリタニカ百科事典』の第十一版では精神分析についての言及が全くないので、ここでの叙述を一九一〇年以降の進展に限定することは不可能である。精神分析の歴史のより重要で興味深い部分は、それ以前の時期にある。(1)

前史

一八八〇年から一八八二年までの間に、ウィーンの医師ヨーゼフ・ブロイアー博士(一八四二—一九二五年)は、重度のヒステリーに罹患した少女が呈した、その多様な症状を取り除くために新たな治療法を発明した。彼は、これらの症状が、彼女が父親を看病していて感情的に動転していた時期の諸印象と関係があるだろうという予感に従って治療を行った。彼は、彼女に、催眠術による夢遊病状態において、彼女が想起するものの中にこの関係を見出すよう導き、そして、制止を受けない情動の発展下で、「病原的」光景を再び体験しなおすように導いた。彼女がこれを行うと、症状は長期間消え去っていた。この時期には、ヒステリー症状の発生に関するシャルコーとP・ジャネの研究はまだ登場していなかった。従ってブロイアーは、彼らの示唆から影響をうけることは全くなかった。しかし彼は、自分の発見をそれ以上追求せず、ようやく一〇年後にジークムント・フロイトとの共働のもとで再びこの発見を採り上げた。一八九五年に両者は共著書『ヒステリー研究』を発表した。これはブロイアーの発見を報告し、カタルシスの理論で説明を試みるものであった。そこで想定されていたのは、ヒステリー症状の出現は、心の過程のエネルギーが意識的加工処理によって妨げられ、身体の神経支配へと向きをかえる(転換)ことによる、という考えである。すなわちヒステリー症状は、行われなかった心的行為の代替物であり、それを引き起こした契機に対する追想である。治癒は、間違った方向に導かれた情動の解放と、正常な通路へのその情動の放散(浄化反応)によって実現する。カタルシス療法は優れた治療成果を挙げたが、それは持続的なものではなく、医師に対する患者の個人的関係から独立したものではなかった。フロイトは、この研究を後に一人で続け、催眠の替わりに自由連想の方法を応用することで、その技法を改めた。彼は精神分析という名を創り出し、これは時の流れの中で二つの意味を得た。これが今日意味するのは、第一に神経症性疾患に対する特殊な治療方法の一つであり、第二に無意識の心の過程についての科学のことであり、これは的確にも「深層心理学」と呼ばれもする。

精神分析の内容

精神分析は治療法として、患者たちのために[2]他のどの療法に比してもより多くのことを行うので、その支持者をますます増やしている。その適用領域は、比較的軽度の神経症、ヒステリー、恐怖症、強迫状態、さらには性格異常、性欲の制止と異常などで、これらにおいて目ざましい改善や、治癒という成果までもあげている。精神分析が早発性痴呆やパラノイアに効果があるかは疑わしいが、恵まれた事情においてであれば重度の鬱病も治すことができる。どの場合においても、精神分析は医師にも患者にも大きな負担を求め、前者には特別な教育と、どの患者にも長期にわたって没頭することを、後者には相当な程度の金銭的および心的犠牲を要求する。大抵あらゆる努力は報われる。精神分析はしかし、心的な病の安易な万能薬《速ク、確実ニ、快適ニ》[3]ではない。精神分析が適用されることによって、むしろ逆にそのような疾病における治療の困難と限界に関する啓蒙がもたらされた。今のところベルリンとウィーンにだけ私設の研究所があり、精神分析治療の門戸を労働者や貧しい階層の人々にも開いている[4]。精神分析の治療上の影響は、無意識の心的行為を意識的行為で代替することに拠って立ち、この契機が意味作用をする範囲でずっと及ぶ。この代替は、患者の心の生活におけるさまざまな内的抵抗の克服によってもたらされる。おそらく将来、無意識の学問としての精神分析の意義が、その治療的意義を遥かに凌駕していると判断されるだろう。

深層心理学としての精神分析は、心の生活を力動論的、経済論的、局所論的という三つの観点から考察する。第一の観点は――外界からの刺激の受容を除外すれば――あらゆる心的過程を諸力の競合に帰するもので、そこでは諸力は、相互に促進あるいは制止しあったり、また相互に結びついて、妥協へと向うとされる。これらの諸力は根源的には全て欲動の本性を有し、すなわち器質的なものに由来し、巨大な（身体上の）能力（反復強迫）によって際立つものとなり、諸力は、情動的に備給された表象群において心的な代行物を見出す。欲動の学説は精神分析にとっても闇に包まれた領域である。観察されたことの分析によれば、二つの欲動グループが挙げられる。自己主張を目標とするいわゆる自我欲動と、（外的）対象への関係に関与する対象欲動である。社会的欲動は、原初的で非派生的なものだとは認められない。理論的思弁によれば、顕在的な自我欲動と対象欲動の背後に潜む二つの基礎的欲動の存在が想定される。どこまでも合一へと進もうとする欲動すなわちエロースと、生命あるものの解消へと向かう破壊欲動である。エロースの力の発揮は、精神分析ではリビードと名づけられる。

経済論的な考察によれば、欲動の心的な代行物は決められた量のエネルギーで備給されており《カテクシス》[5]、心的装置はこのエネルギーの滞留を予防し、自らに負荷される興奮の総量をできるだけ少なく抑えようとする傾向をもつ。心の過程がたどる経過は快-不快原理によって自動的に制御されるが、その際不快は興奮の増加と、また快はその減少と何らかの相関関係にある。

根源的な快原理は発展につれて、外界への配慮(現実原理)から修正がなされ、心の装置はそこで、快の満足を先送りにし、不快感覚をしばらくの間耐えることを習得する。

局所論的な考察は、心の装置を一つの組み合わされた機構として把握し、その中のどの部位においてさまざまな心の過程がそれぞれ遂行されるのかを確定しようと試みる。現在我々の洞察に拠れば、心の装置は、欲望の蠢きの担い手である「エス」と、「エス」の最も表層をなし、外界の影響によって修正された部分を表す「自我」、そして、「エス」から生じ、自我を支配し、人間に特徴的な欲動制止を代行する「超自我」に分節化される。

意識の質にも局所論的な関係があり、エスの過程はどこまでも無意識的であり、意識は、外界の知覚という役割を定められている最も外側の層である自我の機能である。

ここに二つ注釈をする余地がある。ここで述べる極めて一般的な事柄が精神分析の作業の前提であると推定してはならない。それらはむしろ、精神分析の作業が最後に生み出した成果であり、また修正には応じる用意がある《修正に開かれている》[6]。精神分析は確かに心の生活における諸事実の観察に基づいており、ゆえにその理論の上部構造は未だ不完全で、不断の変化の途上にある。さらに、元来専ら病理学的な心の諸現象を説明しようとした精神分析が、正常な心の生活の心理学を発展させるに至ったことを不思議がるべきではない。正常な人間の夢や失錯行為が神経症の症状と同じメカニズムを持っていることが見出されたとき、このことが正当であると示された。

精神分析の次の課題は、神経症疾患の解明であった。

分析的な神経症学説は、三本の柱に支えられている。一、《抑圧》[7]についての学説、二、性欲動の意義についての学説、三、《転移》[8]についての学説である。

一について。心の生活の中には、検閲する力があり、それが好ましいとしない欲求を意識化と行為への影響とから排除する。そうした欲求は、抑圧される、と言われる。それらは無意識的にとどまる。その欲求を患者に意識化させようと努めると、《抵抗》[9]を呼び起こすことになる。しかし、そのような抑圧された欲動の蠢きは、常に無力なものとなったわけではなく、多くの場合、迂路を介して心の生活に影響を及ぼすことに成功する。そして、そのように抑圧されたものが代替充足に達すると、神経症の症状形成がなされる。

二について。文化的理由により、性欲動が最も強く抑圧の対象となる。しかし、まさに性欲動において抑圧は最も多く失敗し、ゆえに神経症の症状が抑圧された性欲の代替充足として出現する。人間の性生活が思春期とともにはじめて始まるというのは正確ではない。逆にむしろ、子宮外での生活が始まったときから、性生活があることは立証でき、それが五歳になるまでに最初の頂点に至り(初期発現期)、次いで制止あるいは中断がなされ(潜伏期)、これは発展の第二の頂点をなす思春期によって終止符を打たれる。

性生活が二つの始まりの時期をもつということは、ヒトという種に特徴的であると思われる。幼年期のこの最初期におけるあらゆる体験は、個人にとって極めて重要である。それらが、遺伝された性的素質と一つになり、後の性格発展および病の発展のための素因を作り出すのである。性欲を「性器的なもの」と同じものとするのは正しくない。性欲動は複雑な発展を経るのであって、ようやくその最後に「性器域の優位」が成り立つ。発展の途上においてはいくつかの「前性器的」編成が形作られ、それらにリビードが「固着する」こともあり得るし、また、後に抑圧が起こる場合にはリビードがそれらのもとへと帰ってゆくこともある(退行)。リビードの小児期におけるさまざまな固着が、後にどの発病様式が選ばれるかの決定を下す。こうして神経症は、リビードの発展が制止されたものとして現れる。神経症が発病する特殊な原因はなく、量的関係が葛藤の結末に健康にいたるのか、あるいは神経症的な機能制止に至るかを決定する。

子供が解決しなければならない葛藤状況のうち最も重要なのは、両親との関係における葛藤状況、すなわちエディプスコンプレクスである。神経症になる定めの人々は、これを制覇することにいつも失敗する。エディプスコンプレクスの欲動要求に対するさまざまな反応から、人間精神の極めて貴重で社会的に有意義な成果が、個々人の生活においても、恐らくは人類の歴史全般においても生じる。また、エディプスコンプレクスの克服に際して、自我を支配する道徳的審級である超自我が生じる。

三について。「転移」と呼ぶのは神経症者の際だった特異性で、情愛的性質および敵対的性質の感情関係を自分の担当医に対して発展させるもので、実際の状況には基づかず、患者の両親への関係(エディプスコンプレクス)に由来する。転移は、成人もまた自分がかつて子供時代に持っていた依存性を克服していないことのひとつの証拠となる。転移はこれまで「暗示」と呼ばれていた力と重なる。すなわち、転移の操作だけが——これを医師は習得するべきなのであるが——医師に、患者を促して内的抵抗を克服させ、抑圧を解消させることを可能ならしめる。このように精神分析治療は成人に対する第二の教育、子供として受けた教育の修正をもたらす。

この精神分析の手短な素描では、例えば欲動の昇華、象徴の役割、両価性《アンビヴァレンツ》の問題など、最も広範な関心を惹く対象の多くに言及することができない。また、医学的な土壌から生じた精神分析の、文化史や文学史、宗教学、教育学のような、日々重要度を増している精神諸科学への応用も、残念ながらここで評価することはできない。精神分析は——深層における無意識の心の行為の心理学として——精神医学とこれら全ての精神諸科学とを結ぶ仲介物となることが約束されているのだという見解で十分としよう。

精神分析の対外的境遇

二つの日付(ブロイアー／フロイト『ヒステリー研究』一八九五年、フロイト『夢解釈』一九〇〇年)によってその始まりを書き記すことのできる精神分析は、当初医師たちにも公衆にも関心を抱かれなかった。一九〇七年に、チューリヒのE・ブロイラーとC・G・ユングの主導でスイスの精神科医らの参画が始まった。一九〇八年にはザルツブルクで、さまざまな国々からの支持者たちによる最初の会合が設けられた。一九〇九年にフロイトとユングは、G・スタンリー・ホールによってアメリカへ招かれ、マサチューセッツ州ウースターのクラーク大学で精神分析に関する講義を行った。それからヨーロッパにおいて関心が急激に高まったものの、そこから極めて激しい、しばしば非科学性を帯びた拒絶が現れた。この敵対的態度のうち、医学の側からのものは、精神分析が心的契機を強調していることに、また哲学の側からのものは、無意識の心の活動という概念を基礎的なものとして想定していることに動機づけられていた。しかし確実に、この敵対的態度の最も強い動機付けとなっていたのは、精神分析が性生活に認めたような意義を承認することに対して人間が一般的に持つ嫌悪であった。この世間一般からの反対にもかかわらず、精神分析にとって有利に働く動きは抑えようがなかった。その支持者たちは、国際協会を組織し、これは大戦の試練をよく耐え抜き、現時点(一九二五年)では、ウィーン、ベルリン、ブダペスト、ロンドン、スイス、オランダ、モスクワ、カルカッタでの地方組織とアメリカの二つのグループを包括している。少なからぬ雑誌が、これらの協会の意図に役立っている。『国際精神分析雑誌』、『イマーゴ』(精神諸科学への応用のため)、そして『国際精神分析ジャーナル』である。一九一一年から一九一三年の間に、かつての支持者であったアルフレート・アードラー(ウィーン)とC・G・ユング(チューリヒ)がこの運動から脱退して、独自の路線を創設した。彼らは、精神分析に対する世間の敵対的立場からの好意的な受け入れを手にしたが、学問的には不毛であり続けている。[10] 一九二一年にベルリンのM・アイティンゴン博士が最初の公的な精神分析診療所と教育施設を創設し、引き続いてまもなく第二の診療所がウィーンに作られた。

文　献[11]

ブロイアー／フロイト『ヒステリー研究』一八九五年〔本全集第一巻〕、フロイト『夢解釈』一九〇〇年〔本全集第四、五巻〕、フロイト『日常生活の精神病理学にむけて』一九〇四年〔本全集第七巻〕、『性理論のための三篇』一九〇五年〔本全集第六巻〕、『精神分析入門講義』一九一六年〔本全集第十五巻〕。フロイトの著作はドイツ語による全集として刊行されている。『全集』第一巻―第十巻。一九二三年以降スペイン語版も(Obras completas)。大半の著作は英語とその他の言語にも翻訳されている。精神分析の内容と歴史の簡単な叙述として挙げるべきは、フロイト『精神分析について』一九〇九年(ウースターでの講義)〔本全集第九巻〕、「精神分析運動の歴史のために」一九一四年

〔本全集第十三巻〕、『みずからを語る』（グローテの論集『みずからによって語られた現在の医学』一九二五年所収）〔本全集第十八巻〕。英語読者には特に以下が入手可能である。アーネスト・ジョーンズ『精神分析論文集』、A・A・ブリル『精神分析』。

（大宮勘一郎 訳）

『ユダヤ・プレスセンター・チューリヒ』編集人宛書簡

Brief an den Herausgeber der „Jüdischen Presszentrale Zürich“

……私は他のあらゆる宗教とそうであるように、ユダヤの宗教とも縁遠い者です。すなわち、それらは私にとって科学的関心の対象としては極めて意義深いものですが、感情の点ではそれらに関心がありません。これに対して、私は、自分の民と帰属を共にしているという強い感情を持ち続けてきましたし、同じ気持ちを私の子供たちにも培ってきました。我々は皆、ユダヤ教徒であり続けています。

自由思想家であった我々の宗教教師たちは、生徒がヘブライ語やその文芸についての知識を得ることに何の価値も認めていませんでした。私の青年期とはそういう時代でありました。この領域に関する私の教養は、それゆえ実に立ち遅れたものであり、後にしばしば後悔することがありました。

（大宮勘一郎 訳）

GW-XIV 556

ヘブライ大学開校式に際して

To the opening of the Hebrew University

歴史家たちが我々に教えるところでは、我々の小さな民が、その国家としての独立の破壊に耐え抜きえたのは、我々が自分たちの価値づけにおける最高の地位を、自らの精神的財産、自らの宗教そして自らの文芸に委ねはじめたから、という唯一つだけの理由によるものであります。

我々は今、世界を支配する一大国の助けを得てこの人々が父祖の土地を再び獲得できる見込みのある時代に生きており、この人々はその古代の都の地に大学を設立するという機会を祝っているのです。

大学とは、あらゆる宗教や国民の違いを超えて知識が教えられる場所であり、そこでは人類がどこまで自らを囲む世界を理解し、どこまで同じその世界を制御できるかが示されるべき研究が続けられます。

そのような企ては、我々の民が二千年に及ぶ不幸な運命において強いられた歩みの気高い証言であります。

私は、健康上の理由からイェルサレム・ユダヤ大学の開校式典に参列できないことに心痛を覚えます。

（大宮勘一郎 訳）

アウグスト・アイヒホルン著『不良少年たち』へのはしがき

Geleitwort zu *Verwahrloste Jugend, Die Psychoanalyse in der Fürsorgeerziehung, Zehn Vorträge zur ersten Einführung* von August Aichhorn

精神分析のあらゆる応用のうち、子供の教育の理論と実践に対するものほど、多くの関心を見出し、また多くの希望を呼び覚まし、ゆえに多くの有能な協力者たちを惹きつけた領域はない。これは容易に理解できる。子供は精神分析研究の主要な対象となっている。この意味において子供は、精神分析の作業が当初対象としていた神経症者に取って代わっている。分析によって、夢見る者や芸術家の中に見出されたと同様に患者の中にも見出されたのは、殆ど変わることなく生き続けている子供であった。分析は、こうした子供の存在に固有の特徴を与える原動力や傾向に光を当て、これが大人としての成熟に至る発展の道筋を追跡した。ゆえに、子供に関する精神分析の努力が、子供が成熟する過程を導き、促進し、誤りから保護するものである教育的活動に有益であろうという期待が生じても驚くにはあたらない。

精神分析のこのような応用に対する私の個人的な関与は、極めて僅かなものであった。私は早い時期に、三つの不可能な職業——教育する、治療する、統治する——という冗談の文句を我が物としてしまっていたが、これらの課題の真中のものに十分用立てられてもいた。ゆえに私は、私の友人の教育学者たちが自らの仕事に当然要求してよい高い社会的価値を見落としているのではない。

理事A・アイヒホルン[1]による本書が扱うのは、不良少年たちへの教育的影響行使という大きな問題の一部である。著者は、精神分析を知る以前、市立養護施設の主任として長年勤務していた。施設児童たちに対する彼の態度は、この不幸な子供たちの運命への温かな同情を源としており、彼らの心の欲求に対する直感的な感情移入に正しく導かれていた。精神分析は彼に、実践上は殆ど新しいことを教えることができなかったが、彼の行為を正当化する明瞭な理論的洞察をもたらし、人々に対してその行為を根拠づけることを可能ならしめた。

直感的理解という天賦にあらゆる教育者が恵まれていると前提することはできない。理事アイヒホルンの経験と成果からは、二つの警告が帰結すると私には思われる。第一は、教育者は精神分析の修練を受けている必要がある、ということである。さもないと彼の努力の対象である子供が近寄りえぬ謎であり続けるからである。そのような修練が最もよく達成されるのは、教育者自身が分析を受け、身をもって体験する場合である。分析における理論的な授業は十分深く入り込まず、確信を生み出すことがない。

第二の警告は、やや保守的に響くものであるが、分析作業とは《独特なもの[2]》であり、精神分析的影響行使と混同されることも、それで代替されることもできない、ということである。子供の精神分析は、教育によって補助手段として用いられることができる。しかし、精神分析は教育の地位に取って代わるに相応しいものではない。これは実践的理由によって禁じられるだけではなく、理論的考察上も思いとどまるべきである。教育と精神分析的努力の関係は、近い将来に根本的な考察に付されるであろうことが見込まれる。私はここで、ただ少しのことのみを示唆しておこう。成人神経症者の精神分析は、当該患者の教育の取り戻しと同じと見なしうる、という、通常は全く正当な言明によって誤った見解に導かれてはならない[3]。子供とは、道を踏み外した不良少年もまたそうであるが、未だに神経症者ではなく、また、教育の取り戻しとは、未熟な者の教育とは全く別物である。分析的な影響行使の可能性は、「分析的状況」と総括できる全く特定の前提に基づいており、ある種の心的構造が形成されていることと、分析者への特定の態度が求められる。子供や不良少年らにおいてそうであるように、また欲動的犯罪者においても通常そうであるように、これらの欠けたところでは、分析とは違う何かを行わねばならず、それが意図においては再び分析と一致するのである。本書の理論的各章は、こうした決断の多様性に対する最初の方向づけを読者にもたらすであろう。

もはや教育の学説にとっては有意義ではないが、しかし教育者の地位にとっては有意義な推論を付加しておこう。自分自身が分析される経験を通じて分析を習得した教育者が、彼の仕事の援助のために、境界例や複合例において精神分析を応用できる状況に至った場合、彼は分析の行使をはっきりと許されねばならず、狭量な動機から彼の分析行為を阻止しようとしてはならない。

（大宮勘一郎　訳）

夢解釈の全体への若干の補遺
Einige Nachträge zum Ganzen der Traumdeutung

a、解釈可能性の諸限界[1]

夢の生活の所産をすべて、目覚めた生活における言い回しに完全かつ確実に翻訳(解釈)できるか、という問いは抽象的に扱われてはならない。人が夢解釈の作業に携わる際の諸連関に準拠して扱われるべきである。

我々の精神的活動は、有益な目的を求めて行われるか、あるいは直接的に快の獲得を求めて行われるかのいずれである。前者の場合に当たるのは、知的決断、行為への準備、あるいは他者への伝達などであり、後者の場合を我々は遊び、空想《ファンタジー》と呼ぶ。周知のとおり、有益なものもやはり、快に満ちた満足に向うひとつの迂回路にほかならないのである。さて、夢を見ることは、第二の種類の活動であり、こちらが発展史的にはより根源的なわけである。夢を見るとは、間近に迫る生活上の課題に関わったり、日中の仕事における問題を終わらせるように努めたりすることだ、と言うのは誤解を招くものである。こういったことに関わるのは、前意識的思考である。夢を見ることは、そのような有益な意図や、他者に伝達しようとする意図とはかけ離れている。夢が生活上の課題に従事するとしても、その解決法は非合理的な欲望に即したものであり、分別ある思慮に即したものではない。一つだけ有益な意図ないし機能が夢にはあると認めねばならない。すなわち夢には、睡眠障碍を予防することが求められる。夢は睡眠を持続させるのに役立つ空想の一片と言い表すことができる。

このことから帰結するのは、夢が自らに課せられた役割をこなしさえすれば、夜の間に夢見られたことは、眠っている自我には総じてどうでもよく、また、目覚めた後にはもはやそれについて何を言ったらよいか覚えていないような夢が、その機能を最もよく果たしたのだ、ということである。しばしばこれとは違うことが生じて、——何年間か、ひいては何十年も経ってさえ——私たちが夢を想い出すことがあるが、それが意味するのは、その都度抑圧された無意識が正常な自我に侵入してくるということである。このような譲歩を得られなければ、抑圧されたものは、睡眠障碍の脅威を解消するために援助の手を差し伸べようとしなかったであろう。私たちの知るとおり、この侵入という事実によってこそ夢は精神病理学にとっての意味を与えられるのである。私たちは夢を駆り立てる動機を発見できるなら、無意識における抑圧された蠢きについて思いがけぬ知識を得ることになる。他方、夢が行う歪曲を元に戻すならば、昼の間なら意識を惹きつけはしなかっただろう内的集中の状態における前意識的思考の様子を窺い知ることになる。

誰も夢解釈を別個の独立した行為として行うことはできない。それは分析作業と切り離せず、その一部である。この作業において私たちは、必要に応じて我々の関心を前意識的な夢内容に向けたり、夢形成への無意識の貢献に向けたりするが、しばしば一方の要素のために他方の要素をなおざりにしもする。誰かが夢を分析の枠外で解釈しようと試みても、何の役にも立たない。それでも彼は分析状況の諸条件から逃れることはできないであろうし、もし自分自身の夢を解釈するなら、彼は自己分析を企てることになる。この見解は、夢を見る者との協働を断念し、夢の解釈を直感的な把握で手に入れようとする者には当てはまらない。しかし、夢を見る者のさまざまな連想への配慮なしに行われる、そのような夢解釈は、最も恵まれた場合でさえ、非科学的で価値の疑わしい名人芸の域を出ることはない。

夢解釈を、正当化できる唯一の技法的手続きで行うなら、人は、その成否が目覚めた自我と抑圧された無意識との間の抵抗によって作り出される緊張関係に全面的に依存していることに、間もなく気づく。「高い抵抗圧力」の下でなされるこの作業は、私が他のところで論じたように(2)、分析者に低い圧力下におけるのとは別の振舞いまでも要求する。分析においては、長期にわたって強い抵抗と関わることになる。それはなかなか知ることのできないものであるが、いずれにせよ抵抗が未知のままにとどまっている間は、これを克服することはできなくなる。ゆえに、患者の夢の産物のうちのある部分しか、しかもそれすら大抵は不完全にしか翻訳も利用もできないのだとしても、不思議とするにはあたらない。たとえ自分自身の練達によって、夢を見た者がわずかな解釈上の手がかりしか与えていないような多くの夢も理解できるようになった者でも、そのような解釈の確実性は疑問であるという警告を忘れるべきではなく、自分の推定を患者に押し付けてしまうことには懸念を持つだろう。

ここで、以下のような批判的反論がなされるだろう。考察する夢の全てを解釈するのでないならば、責任を負える範囲を超えるようなことを主張すべきではない、また、いくつかの夢は解釈によって意味深いものと認められるが、その他についてはわからないと言うにとどめておくべきである、と。とはいえ、解釈の成否が抵抗に依存するという、まさにその事実ゆえに、分析者はそのような遠慮をしなくてよいのである。分析者は、当初は不可解な夢でも、幸運な言葉によって夢を見る者の抵抗を除去することに成功し、たちどころにその意味が明らかとなるような経験をすることもある。すると、それまで忘れられていた夢の欠片が突然思い出され、それが解釈への鍵をもたらしたり、あるいは新しい連想が生じ、その助けで闇が照らされたりする。何カ月、何年もの間分析の努力をした後に、最初は治療には無意味で不可解と思っていたある夢に立ち戻り、その夢が今や、これまでに獲得された洞察によって完全に解明されるということもある。(3) 子供の夢の働きは模範的なもので、その所産はすべて意味に満たされており、容易に解釈できる、(4) という論拠を夢の理論から持ち出すなら、たとえ状況によっては必ずしも解釈できないことがあるとしても、夢は総じて言えば解釈可能な心的構築物である、と主張することは正当であろう。

ある夢の解釈を見出したとしても、それが「完全な」解釈であるか否か、すなわち別の前意識的思考もまた同じ夢の中に表現を得ていないかどうかを決定するのは必ずしも容易ではない。(5) その場合、正しいと認められる意味は、夢見た者の頭に浮かんださまざまな着想と我々の状況評価に基づいたものであることが要求され、そのため、他の意味をその都度、斥けなくてはならないような意味であっては困る。正しいと認められないとしても、他の意味も可能なものであり続ける。私たちは、夢のそのような多義性という事実と親しまねばならない。付言すればこの多義性は、必ずしも解釈の作業が不完全であるために生じるわけではない。多義性は、潜在的夢思考そのものにも同様についてまわるものである。私たちが耳にしたあるひとつの言明が、また私たちが手にしたあるひとつの情報が、あれこれの解釈を許容するのか否か、また、その明白な意味に加えて、まだ別の意味を暗示するのか否かについて、私たちが知らない状態のままに置かれていることがあるが、このような事は、目覚めた生活において、つまり夢解釈という状況の外側においても生じる。

同じ顕在的夢内容が、一連の具体的な表象系列と、それに依拠した抽象的な思考経過を同時に表現するという興味深い出来事については、あまりにわずかな考察しかなされていない。もちろん夢工作にとって抽象的思考のための表象手段を見出すのは困難なことである。(6)

b、夢の内容に対する道徳的責任

私はこの書物の導入部分（第一章）「夢問題の学問的文献[7]」において、夢の奔放な内容が非常にしばしば夢見た者の道徳的感覚と矛盾する、という気まずく感じられる事実に、著者たちがいかに応えているかを示した。（私は敢えて「犯罪的」な夢という言い方を避けた。というのも、心理学的な関心を超え出ているこの呼称は全く不要だと私は思うからである。）夢のこの非道徳的本性から、夢に与えられる心的価値を否定する新たな動機が生じたのは理解できる。夢が障碍を被った心の活動の無意味な産物であるならば、夢の見かけの内容について責任を負う一切の動機はもちろんなくなる。

顕在的夢内容に対する責任の問題は、『夢解釈』における解明によって根本的に先送りされ、またそもそも除外された。

私たちが今では知っているように、顕在的夢内容はだまし絵であり、表側《ファサード》にすぎない。これを倫理的検証にかけ、その道徳に対する抵触を、論理や数学に対する抵触以上に本気で受け取るのは無駄である。夢の「内容」が話題となる場合に念頭におかれているのは、解釈作業によって夢の表側の姿の背後に見出される前意識的思考の内容と、抑圧された欲望の蠢きの内容に他ならない。いずれにしても、この非道徳的な表側の姿は、我々に問いを突きつける。というのも我々の聞くところでは、潜在的な夢思考は、顕在的内容への採用が許されるに先立ち、厳格な検閲に合格していなくてはならないからである。通常は些細なものにまで文句をつけるこの検閲が、明らかに非道徳的な夢に対してはかくも無力だなどということが一体どうして起こりうるのか。

答えはさほど明瞭なものではなく、満足を与えるものでもないかもしれない。まずこの種の夢を解釈にかけると、それらのいくつかは、根本においては何も悪いことを意味しないので、検閲を刺激しなかったことがわかる。それらは無害なこけおどしや、見せかけの仮面によって幻惑するさまざまな同一化である。それらが検閲を受けなかったのは、それらが真実を語っていなかったからである(8)。しかし他に——こちらがより多いことを認めねばならない——それが告知する内容を本当に意味しており、検閲によって歪曲が全くなされていない夢もある。このような夢は、非道徳的、近親相姦的、倒錯的などの蠢きや殺人的でサディズム的情欲の表現である。少なからぬこうした夢に対し、夢見る人は、不安に満ちた目覚めで反応する。こうなると状況は、私たちにとって、もはやわかりにくいものではなくなる。検閲は活動を怠ったのであり、気づかれるのが遅すぎた。そして不安の発展が認められ、この不安が、なされなかった歪曲の代替物である。こうした夢のさらに別の例では、そうした情動表出もない。不愉快な内容は、睡眠中に到達された性的な興奮の頂点によって維持されるか、あるいは、目覚めている者も怒りの発作や憤激の気持ち、残酷な空想への耽溺などに対してそうするように、我慢される。

しかし、明らかに非道徳的なこれら夢の起源に対する我々の関心は、次のような分析の経験を知ると大いに損なわれる。つまり、そのうちの多数——無害な夢、情動を伴わない夢、不安を伴う夢——は、検閲による歪曲を解体すると、実は非道徳的な——エゴイズム的、サディズム的、倒錯的、近親相姦的な——欲望の蠢きの成就であることが明らかになるのである。これら変装した犯罪者たちは、目覚めた生の世界においてと同様に、白昼堂々の犯罪者とは比較にならないほど多くいる。『エディプス王』のイオカステが示唆するような、母親とのあけすけな性交の夢は(9)、精神分析がこれと同じ意味に解釈できる変化に富んだ種々の夢すべてに比すれば稀である。

私は、夢の歪曲へ動機づけるこのような夢の性格を、この書物において非常に詳しく扱ったので、ここではこの連関を一気に通り越して、私たちに立ちはだかる問題へと歩みを進めよう。人は自分の見た夢の内容に責任を引き受けねばならないのだろうか。完全なものにするために補足しておくと、夢は常に非道徳的な欲望成就をもたらすわけではなく、「懲罰夢」という形でしばしばそれに対する激しい反動をもたらすこともある。換言すると、夢の検閲は歪曲と不安発展においてのみ現れるのではなく、非道徳的な内容を完全に根絶して、それを別の、贖罪の定めであるような内容で代替することさえやってのける。しかしこの内容には、前者の非道徳的な内容を見透すことができる。[10] 非道徳的な夢内容に対する責任という問題はしかし、かつて潜在的夢思考や私たちの心の生活における抑圧について何も知らなかった論者たちにとって存在したのと同じようには、私たちにはもはや存在しない。邪悪な夢の蠢きについては、自分に責任があると考えねばならないのは自明である。さもなければそれらを一体どうしようというのか。正しく理解された意味での夢内容は、それが見知らぬ幽霊に吹き込まれたものでないならば、私の存在の一部である。私が自分の内なる願望を社会的基準に従ってよい願望と悪い願望とに分類しようとするなら、二種類の願望のいずれに対しても責任を負わねばならない。もし私が防衛的に、私の内なる未知で無意識的で抑圧されたものは、私の「自我」ではない、と言って撥ねつけるならば[11]、私は精神分析の基盤に立ってはおらず、それが解明した事柄を受け容れなかったことになる。こうした自分の誤りを悟ることができるのは、隣人たちの批判や、自分の行為の障碍や感情の混乱によってであろう。私は、この自分によって否認されたものが、私の中に「ある」だけではなく、ある時には私の中から「作用」してくるのを体験することがある。

メタサイコロジーの意味では、この抑圧された邪悪なものは、――私が道徳的に申し分ない人間だとすれば――

確かに私の「自我」には属さず、「エス」に属する。このエスの上に私の自我は乗っているのである。しかしながら、この自我は、エスから発展したものであり、生物学的にはエスと一体をなす。自我は、単にその特別に修正された周縁部分であって、エスの影響に屈し、エスに発する刺激に従う。生命上のどのような目的のためであれ、自我をエスから切り離そうとするのは、見込みのない企てである。

ところで、私が自分の道徳的高慢さに屈して、あらゆる道徳的価値づけのために私はエスの内にある邪悪なものなど無視してよく、私の自我にそれに対する責任を負わせる必要などない、と宣言しようとしたとしても、それが何の役に立つというのだろうか。経験が私に示すところでは、私はそれでも自我に責任を負わせるし、何らかの仕方でそうするように強いられる。精神分析によって、我々は強迫神経症という病的状態を知ることになったが、この病において哀れな自我は、自分の与り知らないありとあらゆる邪悪な蠢きに対し自分に罪があると感じてしまう。この邪悪な蠢きは確かに意識の内に留めおかれているのだが、だからといって、それを自分のものだと白状することなど不可能である。そうした傾向の少しばかりは、正常な誰にでも見受けられる。その人が道徳的であればあるほど、その「良心」は敏感である。[12] 想像していただきたいのだが、その人が健康であればあるほど、「より感染しやすく」、夢の伝染病や作用に余計苦しむということなのである。これは恐らく、良心そのものが、エスの中に感知された邪悪なものに対する反動形成物であることに由来する。邪悪なものに対する抑圧が強ければ強いほど、良心はより活発さを増す。

人間の倫理的ナルシシズムにあっては、ちょうど夢の歪曲という事実、また不安夢や懲罰夢において、人間の道徳的本質の明らかな証明を見出せば、十分であるとされることだろう。それと同様にこのナルシシズムでは、夢解釈によって人間の邪悪な本質が存在することとその強さの証拠を見出せば十分であるとされる。もしこれでは満足できず、自分が創造された以上に「よりよく」あらんとする人がいれば、彼は生涯の間に偽善や制止以上のことを成し遂げる。

医師は法律家に、社会的目的のため人為的にメタサイコロジーでいう自我に限定された責任概念を構築するように委ねるだろう。こうした構築物から、人間感情に反しないような実践的帰結を引き出そうとすれば、いかなる困難に直面することになるかは、周知のことである。

c、夢の心霊《オカルト》的意味[13]

夢の生活のさまざまな問題には終わりがないとみるべきだが、これを不思議に思うのは、心の生活のあらゆる問題が夢においても回帰し、しかも夢の特別な本性に関わるいくつかの新たな問題が付け加わっていることを失念している者だけである。しかし私たちが、夢において現れるがゆえに夢の連関において研究している多くの事柄は、夢のこうした心的特殊性とは全く、あるいは殆ど関係がない。例えば象徴作用は夢の問題ではなく、私たちの太古の思考、パラノイア患者シュレーバーの適切な表現に従うなら、我々の「基本言語」の主題であり[14]、それが神話や宗教的儀礼を、夢を支配するに劣らず支配している。夢の象徴作用には辛うじて、専ら性的に意味深いものを覆い隠すという特異性のみが残存している！　不安夢もまた、夢の学説による解明を期待する必要はない。不安はむしろ神経症の問題であり、論じられるべきものとして残っているのは、不安がいかに夢の諸条件下で生じうるのか、ということだけである[15]。

夢の心霊《オカルト》的世界の事実と称されるものとの関連も、これと変わらないと私は思う。しかし、夢そのものが、常に些か秘密に満ちたものであったので、それが他の様々な未知の秘密と親密な関係にあるとされたのである。夢にはそうされる歴史的権利がありもした。というのも、我々の神話が形作られた原始の時代には、夢の形象群が心の表象群の成立に関与していたかもしれないからである。

夢には、心霊《オカルト》的現象に属させられる二つのカテゴリーがあるとされる。予言的カテゴリーとテレパシー的カテゴリーである。どちらにも無視しえぬ大量の証言がある。またどちらに対しても頑なな反感、言うなれば科学の偏見がある。

その内容が未来の何らかの塑形を表している、という意味での予言的な夢が存在することには疑いを差し挟む余地がないが、この予想が後に実際に起こることと何か注目すべき仕方で一致しているのか、というのは疑わしいまでである。私は、こうした場合には不偏不党という決心が私を見捨ててしまうと告白せねばならない。鋭敏な計算以外の何らかの心的活動によって、個々の将来の出来事が予見できるなどということは、一方で科学的期待や態度の全てにあまりにも矛盾するが、他方では太古以来のよく知られた人類の望みにあまりにも忠実なことである。こちらは、批判が不当な高慢として斥けるに違いない。ゆえに私は、大抵の報告が信頼性の低い、軽信に駆られたもので、信憑性のないものであることと、情動によって想起の錯覚がたやすく起こるようになることや、個々にまぐれ当たりのあることが避けられないこととをつきあわせて考えるなら、予言的な正夢という怪現象は無に帰するだろうと思う。私個人は、こうしたことにより好意的な予断を呼び覚ましてくれるような体験や経験をしたことは一度もない(16)。

テレパシー的な夢は、これとは事情が異なる。ここで何よりもまず指摘しておかねばならないのは、これまで誰も、テレパシー現象——ある人物の心の過程が、感覚的知覚以外の経路伝いに、他の人物に感受されること——が専ら夢と結びついていると主張したことはない、ということである。つまり、テレパシーもまた夢に関する問題ではない。その存在に関する判断をテレパシー的な夢の研究に求める必要はない。

テレパシーの出来事(正確さを欠く言い方では思考伝達)に関する報告を、他の心霊的主張を退けるのに用いたのと同じ批判にかけたとしても、容易には閑却しえないしっかりした資料が残される。また、この領域においては、テレパシーという問題に対する好意的な態度を、そこから確固とした確信が形作られるにはまだ不足であるとしても正当なものたらしめるような、自分自身の観察や経験を首尾よく収集することが、より簡単である。さしあたっては、テレパシーは実在するかもしれず、それが他の多くの、通常なら信じがたいような説の中核的真実をなしているのかもしれない、と考えられる。

テレパシーという事柄においても懐疑的立場を頑なに護り、証拠の力を前にして譲歩を嫌うのも、確かに正当なことである。私は、普通ならば許される懸念を逃れているような一つの資料を見出したと考えている。すなわち、職業的占師の実現されなかった予言である。残念ながら私の手許にあって利用できる観察は非常に少ないが、そのうちの二つは私に強い印象を残した。他の人々にも影響を与えることができるほど詳細に報告することは、私にはできない。私はいくつかの本質的な点のみを強調するにとどめなくてはならない。

当該の人物たちは、——外国で、占いに際して何らかの、多分どうでもいいような術を使う異国の占師から——ある特定の時期に何ごとかを予言されたのであるが、それが当たらなかった。予言が実現されるはずの時期はとっくに過ぎていた。その人たちが罵倒や失望ではなく、明らかに満足げに自分たちの体験について語るのに眼を惹かれた。彼らに告知された内容には、恣意的で不可解に見え、それが当たった場合にのみ正しかったことがわかるような、特定の細かな事柄が含まれていた。それで例えば、その占師は、二十七歳だが遥かに若く見え、結婚指輪を外していた女性の手相を見て、彼女が結婚して三十二歳で二人の子供ができるだろう、と言ったのだった。[17] 重い病にかかったその女性が、私の分析を受けていた際にこの出来事を語ってくれた時、彼女は四十三歳で、子供はいなかった。パリのホテルのホールにいたその「教授先生」が明らかに知らなかったはずの彼女の秘密の物語を知ったとき、私は予言の二つの数字が理解できた。異常に強い父親との結びつきの後にこの女性は結婚し、父親の位地を夫に取って代わらせるために、心から子供をほしがった。予言をしてもらったのは失望が何年も続いた後、神経症になりかけた状態でのことであったが、予言が彼女に約束してくれたのは、彼女の母親の運命だったのである。彼女の母親が三十二歳で二児の母となった、というのはそのとおりであった。一見外から伝えられたこのメッセージの特異性を意味ある形で解釈することは、精神分析の助けによってのみ可能であった。すると、この実にはっきりとして明確な全事情は、以下のように想定することでしか解明しえなかったのである。すなわち、予言を問いたずねた女性の強い欲望――実際には彼女の情動生活の極めて強い無意識の欲望と、彼女に始まり出している神経症の動因――が、直接的な転移を介して、気を散らすような手を動かす動作に勤しむ占師に伝えられたのだ、という想定である。[18]

私は、親しい集いにおける試みでも、強く情動的に彩色された想い出は容易に転移される、という印象を繰り返し得ている。転移されるべき人物の思いつきに、敢えて精神分析の処理を施すと、通常では知られぬままでいるだろう一致がしばしば表面化する。私は少なからぬ経験に基づき、そのような転移は、ある表象が無意識から立ちのぼる瞬間に、理論的に言い表せば、それが「一次過程」から「二次過程」へと移行するや否や、とりわけうまく成し遂げられる、という結論を引き出すほうに傾いている。

テレパシーという対象の射程、新しさ、曖昧さによって求められるあらゆる慎重さにもかかわらず、私はテレパシーという問題に対するこのような見解を控えておくことが、もはや正当だとは思わない。これら全ての問題が夢と関係するのは、次のように考える限りにおいてである。つまり、テレパシー的メッセージが存在するならば、それは眠っている人にも届き、また、夢の中で彼にとらえられるという可能性は否定できないのである。知覚や思考の他の素材との類比に従えば、日中に受け取られたテレパシー的メッセージが、その直後の夜の夢の中ではじめて加工されるようになることも、やはり否定できない。[19] すると、テレパシー的に伝達された素材が夢の中で別のもののように変容されたり変形されたりするとしても、異論すらできないことになる。精神分析の助力で、テレパシーについて、よりしっかりと確実なことを知りたいものである。

（大宮勘一郎 訳）

ヨーゼフ・ブロイアー追悼
Josef Breuer

一九二五年六月二十日、ウィーンで享年八十四歳にてヨーゼフ・ブロイアー博士が亡くなった。彼はカタルシス療法の創案者であり、ゆえにその名は精神分析の揺籃期と消しがたく結びついている。

ブロイアーは内科医として臨床医オポルツァーの学徒であった。若い時期はエーヴァルト・ヘーリングのもとで呼吸の生理学について研究し、後には、長期にわたる医師としての診療の僅かな余暇において、動物の内耳前庭器官の機能についての実験に従事し、成果を挙げた。彼の受けた教育からは、彼がヒステリー性神経症の太古以来の謎を解く最初の決定的洞察を手に入れ、人間の心の生活についての知識に不滅の価値を伴う貢献をなすであろうことなど、予想だにしえなかった。しかし彼は、豊かであらゆる方面にわたる天分の持ち主で、その関心は専門的活動を遥かに超えた多方面に及ぶものであった。

偶然によって、彼のもとに特別な女性患者が訪れたのは一八八〇年のことであった[1]。彼女は非常に知的な娘であり、病気の父親の介護の最中に重度のヒステリーを発症していた。彼がこの著名な「最初の症例」において何を行い、どれほどの曰く言い難い努力と忍耐で、自分がいったん見出した技法を施し、この患者が不可解な病の症状全てから解放されたのか、彼がその際、神経症の心の機制についてのいかなる知識を手に入れたのか――これらのことが世に知らしめられたのは、ようやく十四年後に我々が共同で刊行した『ヒステリー研究』(一八九五年[2])によってであるが、残念ながらこれでさえ、非常に切り詰められ、医師としての守秘義務に配慮して検閲された形のものでしかなかったのである。

かねてから個々の患者に数百時間を割くことにも慣れている我々精神分析家は、そのような努力が四十五年前にはどれほど目新しいものと思われたか、もはや想像しえない。個人的関心と、こう言ってよければ医師としてのリビードが大きな部分としてそこに関わっていたのであるかもしれず、思考の自由と揺るぎない理解力もまた、大きな位置を占めていたであろう。我々の『ヒステリー研究』の時期には、既にシャルコーの仕事とピエール・ジャネの研究とを参照にすることができ、それらのためにブロイアーの発見の先行性の一部は失われた。しかし、ブロイアーが最初の症例を治療していた時(一八八一―八二年)には、それらの何も知られていなかったのである。ジャネの『心理自動症』は一八八九年の刊行であり、彼の別の著作『ヒステリー者の精神状態』は、ようやく一八九二年に出た。ブロイアーは、症例が彼に与えた刺激にのみ駆られて、全く独自に研究したのだと思われる。

私は繰り返し――最近ではグローテの論集『現代の医学』所収の「みずからを語る」(一九二五年)[3]において――、共著『ヒステリー研究』に対する私の関与を限定しようと努めてきた。私の貢献は本質的に、ブロイアーの失われたように見えた関心を再び甦らせ、発表を迫ったという点にある。彼に固有の一種の含羞と内面の奥ゆかしさは、その輝かしい人となりにしては驚くべきものであったが、それらのせいで、彼の驚異的発見はかくも長期にわたり伏せられ続け、ついには彼に関して新たなものは何もなくなってしまったのである。後に私は、ある純粋に情動的な契機のせいで、彼の神経症を解明する作業の続行が妨げられていたのだ、と推測する根拠を得ることになった。彼は、患者である女性の医師に対する転移という不可欠なものに直面していたのであるが、この過程の非人格的な本性を理解していなかった。彼が私の影響に折れて『ヒステリー研究』の刊行を準備していた時期には、この研究の意義についての彼の判断は固まっていたようである。当時彼は、我々二人が世に伝えねばならないだろうことは、極めて重要なことだと思う、と言っていた。

彼の最初の症例の病歴の他に、ブロイアーは『ヒステリー研究』に理論的論文を一編載せているが、これは古びることなど全くなく、未だにその価値が十分に評価されていない思考と刺激を潜めたものである。この思弁的な論文に沈潜する者は、この人物の精神的スケールについて、正しい印象を得るだろう。その研究者としての関心は、残念なことにその長い生涯のうちの短い一幕の間だけ我々の精神病理学に向けられたのであったが。

（大宮勘一郎 訳）

ライク博士ともぐり診療の問題

Dr. Reik und die Kurpfuschereifrage

編集部諸兄

貴紙十二月十五日号の、私の弟子であるTh・ライク博士の事案を扱った記事の中で、「精神分析家仲間からの報告」という題の節の中に、いくつか訂正の申し出をお許し頂きたい箇所があります。その箇所には次のように記されています、「……近年、彼〔フロイト〕は、哲学や心理学の著作で広く知られているライク博士がフロイト学派に賛同する医師たちよりも遥かに才能に恵まれていると確信しており、彼〔フロイト〕が最も〔治療が〕難しい症例を委託したのは、ライク博士と自分の娘のアンナだけであり、アンナは精神分析の難しい技法に対して極めて特殊な適性を有するとの折紙付だった」と。

私たちの関係がそのように説明されることはライク博士が一番嫌がるだろうと私は思います。しかし、私が彼にその高い能力ゆえに特別に〔治療が〕難しい症例を担当してもらいたいと考えていることは事実です。ただし、症状が身体的な領域からかけ離れている患者に限ってです。私は必ず患者に、ライク博士が医師ではなく心理学者だと伝えてきました。

私の娘アンナは幼児や青少年の教育学的な精神分析に取り組んできました。私は娘に成人の重い神経症の症例をまだ一度も委託したことはありません。娘は、精神科で扱うべき疾患に極めて近い重い症状を伴う症例を一件だけ扱ったことがありますが、それは医師の承諾を得た上でのことであり、治療に完全に成功することでその承諾に値する仕事をしました。

「素人分析の問題のために」出版の予告

この機会を利用して報告させて頂きますが、私はちょうど「素人分析の問題」に関する小論を印刷に回したところです(1)。私はこの小論で、精神分析とは何か、それは精神分析家にどのような要求を課すものなのかを示そうと試み、精神分析と医学との単純ならざる関係を論じ、こうした記述に基づいて、研修を受けた精神分析家にもぐり診療条項を機械的に適用することに対してどのような憂慮が生ずるのか推論しております。

私はウィーンの診療所を閉め、ごく少数の外国人の治療しか行っておりませんので、この予告によって職業道徳に違反する広告ゆえの告発を招くこともないと考えています。

敬具

フロイト教授

(石田雄一　訳)

ブナイ・ブリース協会会員への挨拶
Ansprache an die Mitglieder des Vereins B'nai B'rith (1926)

総代表様、代表殿、会員諸君

皆様が今日私にお示し下さった敬意に感謝申し上げます。私がなぜ自分自身の声でお答え申し上げられないかご存知だろうと思います。私の友人にして弟子の一人が私の学術的業績について話すのをお聞き頂きましたが、こうした事柄に関する判断は難しく、まだしばらくは多少なりとも確実と言えるような判断は下せないのかもしれません。もう一人の方は私の友人にして私の良き主治医でもありますが、この方にお話し頂いたことに、少し付け足すことをお許し下さい。私がどうしてブナイ・ブリース会員になったのか、そして私があなた方に何を期待したのかを手短にお伝えする所存です。

一八九五年以降の数年間のことでした。印象深いことが二つあり、その二つが一つとなって私の心に同じように作用しました。一つは、人間の欲動生活の深みを初めて垣間見ることができたことです。これは目から鱗が落ちるような発見で、当初は肝を潰すようなものでした。もう一つは、私が世間が好まぬ発見を報告したために、当時あった人間関係の大半を失ったことです。私は村八分にされ、皆から避けられているように思いました。この孤独の中で、私のような向こう見ずな者でも友人として迎え入れて頂ける選りすぐりの気高い方々の集《つど》いに加わりたいと

GW-XVII51

いう思いが私の中で強くなっていきました。皆様の協会は私にとって、そうした方々に出会える場所だったのです。

皆様がユダヤ人だということは、私にはただ願ってもないことでした。なぜなら私自身がユダヤ人だからです。それを否定することは私には不名誉であるばかりか、馬鹿げたことでもありました。私をユダヤなるものに結びつけているのは――私はこのことを告白しなければなりません――宗教ではなく、民族的誇りでもありません。というのも、私は常日頃から不信心でしたし、人間の文化のいわゆる「倫理的」な要求を尊重しないわけではありませんが、宗教なしで教育されたからです。私は民族的な高揚感に傾きそうになると、それを抑え込もうとしました。それは不吉で不当なものに思え、私たちユダヤ人がともに暮らしている諸民族の反面教師的な実例にはぞっとしました。しかし、ユダヤなるものとユダヤ人の魅力を抗い難くしていたものは他にもありました。それは多くのぼんやりとした感情の力であり、言葉で言い表せない分だけ一層強烈なものでした。それから、内的同一性がはっきりと意識されていること、つまり同じ心の構築という秘密でした。やがてそれに、私の困難な人生行路の途上で私にはなくてはならないものになった私の二つの性質は私のユダヤ的な性分に由来するものなのだという認識が加わりました。他の人たちなら、多くの偏見によって知性を用いる際に制約を受けなければなりませんが、私はユダヤ人なので、そうした偏見から自由なのだと分かりました。ユダヤ人として私は、野党の側に与し、「安定多数」と安易に協調しない心構えができていたのです。(1)

こうして私は皆様の協会の一員となり、皆様の博愛的かつ民族的な関心事に携わらせて頂き、皆様の中に友人を見つけ、私のもとに残ってくれた数少ない友人たちに私たちの協会に入会するように説くようになりました。皆様に私の新しい学説を納得して頂くことは全く論外でしたが、ヨーロッパでは誰一人として私に耳を貸してくれず、ウィーンでもまだ一人の弟子もいなかった頃に、皆様は私に好意をもって関心を向けて下さいました。皆様は私の最初の聴衆だったのです。

私が加入してから長い月日が経ちましたが、その三分の二ぐらいを私は誠実に皆様とともに過ごし、皆様との交際によって元気づけられ、刺激を受けました。残りの三分の一は私は皆様から離れておりましたが、皆様は今日も大変お優しく、私を責めたりなさいませんでした。仕事が私の頭よりもうず高く積もり、それに関連した依頼が押し寄せ、会議に出席する時間が取れず、やがて身体の面でも夜遅く食事をすることができなくなった次第です。しまいには病気で臥せるばかりの歳月となり、そのため今日でも皆様のもとを訪れることができません。

私は、皆様のおっしゃる意味での本物のブナイ・ブリース会員だったか分かりません。ややもすれば私自身がそれを疑ってしまうところです。私の場合、それくらい多くの特殊な事情が生じてしまいました。それでも、皆様が私にとってとても大切であり、私が皆様の一員であった歳月にたくさんのご恩を頂きましたことは間違いございません。それゆえ、皆様には、昔のことも、今のことも、心を込めて感謝申し上げる次第です。

厚情、隣人愛、調和をもって(2)

皆様のジークムント・フロイト

（石田雄一　訳）

ロマン・ロランに宛てて
An Romain Rolland

忘れ難き人よ、どんなご苦労と苦悩によって貴兄はそのような人間性の高みに到達なさったことでしょうか。私は貴兄にお会いするよりも何年も前から貴兄を芸術家として、そして隣人愛の使徒として崇拝して参りました。私が隣人愛を信奉しているのは、感傷や理想の追求といった動機からではなく、冷静に考えた経済的〔＝経済論的〕な理由からです。欲動性向や私たちの環境といった現実を思えば、人類愛が人類の存続のためには技術などと同様に不可欠だと言わざるを得ないからです。

それからようやく貴兄と個人的に知り合えましたとき、貴兄が強靭さとエネルギーをかくも高く評価する術を知っておられ、貴兄御自身の中にかくも多くの意志の力が体現されていることを知って驚きました。

この先の十年が貴兄にとってひたすら成就の時となりますように。

心を込めて、あなたの
ジークムント・フロイト、齢七十

（石田雄一　訳）

GW-XIV 553

カール・アブラハム追悼
Karl Abraham

GW-XIV 564

十二月二十五日ベルリンにてK・アブラハム博士が逝去なさいました。博士は自ら創設したベルリン・グループの代表であり、国際精神分析協会の現事務総長でした。一九二五年春以来内科的な持病を患い、屈強な身体で闘病してこられましたが、五十歳に満たずして亡くなられることとなりました。[1] バート・ホンブルクでの先の大会[2]では回復されたようでしたので、私たちは皆喜んでおりましたが、病気の再発は悲しく残念なことでした。

この男性――

《生涯に汚点がなく、罪の汚れを知らない男性[3]》――

とともに私たちは、まだ新しく、まだ激しい批判にさらされている科学の最も強い希望の一つを埋葬することになります。それはこの科学の未来の、もう実現されることのない一部なのかもしれません。精神分析という仕事の暗い道を私の後に続いて来られた全ての方たちの中で、彼は抜きん出た立場にあり、彼に並ぶ者といえば一人くらいしか名前を挙げられません[4]。彼は仕事仲間や弟子から全幅の信頼を得ておりましたので、指導的立場に立たされたでしょうし、間違いなく彼は真理探究のための模範的な指導者となり、群集の賞賛や非難にも、空想《ファンタジー》の産物の甘い見せかけにも惑わされることはなかったことでしょう。

私はこの追悼文を、私と同じようにアブラハムに面識があり、彼を高く評価していた友人や仲間のために書きました。こうした方々には、何歳も年下の友人を失ったことが私にどんな痛手なのか容易にご理解頂けるでしょう。そして私が言葉に表し難いことをさらに言い表そうとしないことをお許し頂けることでしょう。私たちのこの雑誌では、私以外の方にアブラハムの学問上の人となりを描いて頂き、彼の著作の評価を行って頂くことになりましょう。(5)

（石田雄一　訳）

E・ピックワース・ファロウ著「生後六カ月の幼年期の想い出」についての見解

Bemerkung zu E. Pickworth Farrow's „Eine Kindheitserinnerung aus dem 6. Lebensmonat"

著者は、私の知るところでは、強く自立した知性の持ち主である。おそらく少し我儘なためだろうが、二名の精神分析家のところで試しに精神分析を受けてみたところ、どちらともうまく折り合えなかった。彼はその後、私がその頃自分自身の夢の精神分析に用いた自己分析の手法を一貫して用いるようになった。彼の成果は、ひとえに彼の人となりと彼の技法の独自性ゆえに、注目に値するものである。(1)

（石田雄一 訳）

GW-XIV 568

エーヴァルト・ヘーリングについてのコメント

Anmerkung über Ewald Hering

ヘーリングの上記の講演[1]が優れた作品だということをよく御存知のドイツの読者なら、バトラーの論究[2]など、ヘーリングの講演から演繹されたものなのだから、殊更に取り扱おうなどとは当然のことながら思わないだろう。ついでに言えば、ヘーリングはその講演の中で、〔以下の〕的確な見解を示すことで、心理学に対して、無意識的な心の活動を仮定する権利を認めている、「私たちの内的生活は、いわば幾重にも縺れ合った織物であり、その糸が意識の中を走る限りでのみ追おうとするなら、その織物を解きほぐすことなど誰が望めようか。——〔…〕無意識的かつ物質的な神経過程のそうした連鎖は無意識的な表象系列とか無意識的推論と呼ばれたものであり、その連鎖の最後に意識的な知覚を伴う輪が繫がっているのである。これは心理学の観点からも正しいと証明できる。なぜなら、心というものは、無意識的な状態で摑まえておこうとしなければ、心理学の手の下では、あまりに頻繁に見失われてしまうからである[3]。」

（石田雄一　訳）

フモール
Der Humor

拙著『機知——その無意識との関係』（一九〇五年）〔本全集第八巻〕では、私は実のところフモールを経済論的な観点でしか論じなかった。私の関心は、フモールにおける快の源泉を見出すことにあった。そして、フモールによる快の獲得は感情の消費が節約されたことから(1)生ずる、ということを示せたと考えている。

フモールを生み出す過程には二通りの仕方があり得る。ある場合では、一人の人物だけが自らフモールの態度を取り、その一人だけでフモールの過程は成立する。二人目の人物には見物人と受益者の役割が割り当てられる。もう一つの場合では、一人目の人物はフモールの過程に全く参加せず、二人目の人物がその人をフモールによる観察の対象にする。粗暴極まりない例で恐縮だが、月曜に絞首台に連れて行かれる犯罪者が「おや、この週は幸先がいいね」などと言うなら、その犯罪者は自分でフモールを生み出し、フモールの過程は彼自身において完成され、明らかに彼自身にしかるべき喜びをもたらす。その犯罪者の見事なフモールの遠隔効果は、何の関与もしない聞き手である私にも及ぶ。そして私は、場合によってはその犯罪者と同じ様に、フモールによる快の獲得を感じ取る。

第二の場合は、例えば作家や画家が実在の人物もしくは虚構の人物たちの振舞いをフモール豊かに描写するときに認められる。これらの人物自身はフモールを示す必要は全くない。その人物を対象として描写する人だけがフモールの態度を取ればよいのである。そして読者ないし聞き手は、第一の場合と同様、フモールにこめられている喜びに与る。要約して言うなら、フモールの態度は――それがどんなことを問題にしていようとも――自分自身か、あるいは他人に向けることができる。それによってそうする者には快の獲得がもたらされる、と考えられる。そして同様の快の獲得が――何の関与もしない――聞き手にも転がり込む。

他の人がフモールを発するのを傍で聴いている人の側で起こっている過程を検討すれば、フモールによる快の獲得が成立する事情が最も良く分かる。聞き手は、この他者がその置かれている状況からして当然何らかの情動を露わにするだろうと待ち受けている。怒ったり、嘆いたり、痛みを表したり、怖がったり、慄いたり、場合によっては絶望したりするだろう、と。見物人ないしは聴き手は、その人がそうするのを心の中でなぞって同じ感情の動きがいつ自分の側でも生じてもいいように待ち構えている。しかし、このように感情の準備をして待っていたのに、予想は裏切られ、その他者は何ら情動を示すことなく、代わりに冗談を言ってのける。こうして感情の消費が節約されたことから、聴き手の側ではフモールの快が生ずるのである。

ここまでは容易に納得が行く。しかし、すぐさま、その他者、つまり「フモール作家(2)」の側で起こっていることの方にこそ目を向けなければならないという考えが浮かぶだろう。フモールの本質が、状況からして生じてしかるべき情動を節約し、冗談を用いてそのような感情表出の可能性を克服するという点にあることは間違いない。その意味では、フモール作家の側で起きている過程は聞き手の側で起きている過程と一致していなければならない。より正確に言うなら、聞き手の側で起きている過程はフモール作家の側で起きていることを模写したものでなければならない。だが、フモール作家は、自分の情動解放を不必要なものにしてしまうあの心的な態度をどのように実現しているのか。「フモールの態度」においては、力動論的にどのようなことが起きているのか。この問いの答えは当然、フモール作家の側に求めなければならない。聞き手の側には、ただこの未知のプロセスの残響ないしは模写が想定されるにすぎない。

そろそろフモールの若干の性格を明確にする頃合いである。フモールには、機知や滑稽と同様に何か解放的なところがあるが、それにとどまらず、何か堂々としていて、かつ崇高なところがあり、この特徴は、知的な活動から快を獲得する他の二つの方法〔すなわち、機知と滑稽〕には見られない。この堂々としているところは、どうやら、ナルシシズムが勝ち誇ること、つまり、自我の不可侵性が意気揚々と宣言されることから来ているようである。自我は、自らが現実からの誘因によって感情を害したり、苦悩を強いられることを拒み、外界から外傷を受けたとしても悲しんだりせず、むしろ、それは自分にとって快の原因に過ぎないことを誇示する。この最後に挙げた特徴は、フモールにとって極めて本質的である。月曜日に絞首台に連れて行かれる犯罪者が次のように言ったとしよう、すなわち、私のような奴が吊るされたところで、何でもないことだ、それが何だというのだ、それで世界が滅びるわけではない、と。この言葉には現実の状況に対する堂々とした優越的態度が含まれていて、それは賢明かつ正当なものである。しかし、フモールを示すところは全く見られず、むしろフモールとは矛盾する現実評価に立脚している。フモールは諦念的ではなく、反抗的であり、それは自我の勝利だけではなく、現実の状況がどんなに厳しかろうとそれに打ち勝つことができる快原理の勝利をも意味しているのである。

いま最後に挙げた二つの特徴、すなわち現実からの要請の拒否と快原理の貫徹という二つの特徴ゆえに、フモールは、私たちに精神病理学でかくも多くの時間を費やさせる退行的あるいは反動的な過程に似たものとなる。フモールは、有り得べき苦悩に対する防衛である以上、人間の心の生活が苦悩の強制力から逃れるために編み出した一連の多くの方法の中の一つと考えられる。そこには、神経症を嚆矢として、狂気で頂点に達し、さらに酩酊や自己沈思、恍惚も含まれている。(3) フモールは、こうした方法の一つであるがゆえに、ある種の威厳を持つのである。この威厳は、例えば機知には全く見られない。なぜなら、機知はただ単に快の獲得に役立つか、あるいは快の獲得を攻撃に役立てるだけだからである。フモールの態度によって、人は苦悩を拒み、自我が現実世界に打ち負かされることはないと強調し、快原理を揚々と守り抜く。しかもこの態度は、こうしたことをすべて行いながら、目的を同じくする他の方法のように心の健康という土台を放棄することはない。となると、このフモールの態度の本質とは一体何なのだろうか。というのも、この二つの能力〔＝快原理を守り抜くことと、心の健康を放棄しないこと〕は互いに両立できないように思われるからである。

ある人が他の人たちに対してフモールの態度を取るという状況を例に考えてみると、私が既に機知に関する著書の中で仮説として示しておいた解釈が説得力を持ってくる。すなわち、その人は他の人たちに対してちょうど、大人が子供に対するように振舞っている、という解釈である。子供には深刻に思える関心事や悩み事が、大人には取るに足らないことだと分かるので、大人はそれに微笑みかける、そんなふうに振舞っているというわけだ。つまり、フモール作家は大人の役割を演じ、ある意味で父との同一化を果たし、他の人たちを子供に引き下げることで自らの優位性を獲得する、ということになる。この仮説は確かに事実とうまく合致するが、絶対に正しいと納得させるほどではない。どうすればフモール作家は僭越にもそんな役割を引き受けることができるのか、という疑問が浮かぶ。

しかし、それとは別の、もっと本来的で、もっと重要なフモールの状況が思い出される。すなわち、ある人がフモールの態度を自分自身に向け、そうすることで、苦悩が生じる可能性を未然に防ぐという状況である。ある人が自ら子供のように振舞い、同時に子供に対して優越的な立場にある大人の役割を演じる、などと言ったら、ナンセンスに聞こえるだろうか。

私が思うに、この見解は普通に考えれば奇妙だと思われるかもしれないが、自我の構造に関して病理学的な経験から学んだことを考慮に入れるなら、それなりに説得力のあるものとなる。この自我というものは単純なものではなく、その中核には、ある特別な審級、すなわち超自我が宿っているのである。自我は時にはこの超自我と溶け合っているため、その二つを区別できないこともあるが、状況が変わると、はっきりと区別できるようになる。超自我は発生論的には両親の審級の相続人であり、それは自我をしばしば厳格な依存状態に置き、かつて幼年期に両親――もしくは父親――が子供にしたような扱いを実際に今でもなお自我に対して行う。フモールの態度とは、フモール作家の人格が心的なアクセントをその自我に置くのを止《や》めて、それを超自我に移したということだと仮定すれば、それを力動論的に説明したことになる。このように拡張した超自我にとって自我はちっぽけで、自我の関心事など全て取るに足らないものに思える。超自我はこのようにエネルギーを配分し直されると、自我の反動の可能性などは容易に抑え込めるようになるのかもしれない。

私たちの通常の表現方法に従い、心的なアクセントの移動と言う代わりに、大きな備給量の遷移と言うことにしよう。そうすると、次に問われるのは、心的装置の一つの審級から別の審級へそのような大規模な遷移がなされたと考えてよいのかということである。これは《俄仕立て》(4)の新仮説のように思えなくもないが、私たちは心の出来事をメタ心理学的にイメージする際に、十分とは言えないまでも、繰り返しそのような要因を想定してきたはずである。例えば、通常の性愛的な対象備給と恋着という状況との違いは、恋着の場合には遥かに多くの備給が対象に移り、自我がいわば対象へ向かって自らを空虚化するということで説明できると私たちは仮定した。[5] パラノイアの幾つかの症例を研究した際には、次のことが確認できた、すなわち、迫害観念は早期に形成され、ずっと長い間何ら目立った作用を表すことなく存在し続け、何らかのきっかけによって十分な備給量を得て初めて支配的なものとなる、と。[6] このようなパラノイア的発作の治癒は、妄想観念の解消や修正がなされるというより、むしろ、それらに付与された備給が回収されるという形でなされるように思える。[7] メランコリーと躁状態が交互に繰り返される、つまり超自我による自我の残酷な抑え込みと、そのような圧力を加えた後の自我の解放が交互に繰り返されるのを見ると、そのような備給の変化が確かに存在するという印象を受ける。[8] ついでに言えば、このような備給の変化は正常な心の生活の一連の現象を解明するためにも考慮に入れる必要があるだろう。健常な心の生活に関して以上のような〔備給量の遷移を想定した〕説明をこれまであまりしてこなかったのは、ひとえに私たちが慎重を期していたからであり、これはむしろ賞めて頂きたいことである。私たちが自信をもって判断できる領域は心の生活の病理学であり、この領域で私たちは観察を行って確信を得る。健常なものに関する私たちの判断は差し当たり、孤立化したり歪曲されたりしている病的なものの中に健常なものを推測できる限りで行われる。この謙虚な態度がひとたび払拭されれば、エネルギー備給の量に関する静力学的な諸関係および力動論的な変化が、心の諸過程を理解するのにどんなに役に立つか分かるだろう。

本稿で私は、以下の可能性を提唱した。すなわち、人はある特定の状況において突然自分の超自我を過剰備給し、この超自我から自我の反動を変更するという可能性である。この可能性は記憶に留めておく必要があると思う。私がフモールに対して推測していることが、その近接領域である機知と著しく類似していることが分かった。私の仮説によれば、機知が成立するとき、前意識的な思考がほんの一瞬の間無意識的な加工に委ねられる。つまり、機知とは、無意識によって滑稽が呼び起こされることなのだろう。それと全く同様に、フモールとは、超自我を媒介として滑稽が呼び起こされることなのだろう。

　私たちは通常、超自我を厳格な主人だと考えている。自我にささやかな快の獲得を可能にしてやるなど、この超自我の性格には似つかわしくないと言われるだろう。確かに、フモールの快は、滑稽なものや機知の快に比べれば、強さという点で劣っており、心の底からの笑いに至ることなど決してない。また、超自我は、フモールの態度を生じさせるとき、実のところ、現実を拒否して錯覚に力を貸している、というのも事実である。しかし、――なぜかはよく分からないが――私たちは、この強度で劣る〔フモールの〕快には何やら価値の高い性質があると考え、それが格別に気持ちを楽にし、人の心を打つものだと感じる。フモールがなす悪ふざけも、むろん本質的なものではなく、ただリハーサルのような価値しかない。重要なのは、自分自身に対してなされるものであれ、他人に対してなされるものであれ、フモールが遂行する意図なのである。つまり、フモールは次のように言おうとしているのだ、ほら、世界はとても危険に見えるけど実はこんなものなんだよ、子供の遊びなんだから、茶化してしまえばいいんだよ、と。

　怯えている自我にフモールで優しく元気づけるように語りかけるのが本当に超自我であるとすれば、私たちは、超自我の本質に関してまだ色々と学ばなければならないと自らを戒めなければならない。ついでに言えば、誰もがフモールの態度を取れるわけではない。それは貴重かつ稀有な才能であり、多くの人はフモールの快を伝えてもらっても、それを楽しむ能力さえ持ち合わせていないのである。そして最後になるが、もし超自我がフモールによって自我を慰め、苦悩から守ろうとしているのだとすれば、それは超自我が両親の審級に由来することと矛盾するわけではないのである。

(石田雄一　訳)

フェティシズム

Fetischismus

ここ数年間に私は、対象選択がフェティッシュに支配されていた若干名の男性を精神分析的に詳しく調べる機会があった。これらの人々がフェティッシュを苦にして精神分析家のところに来たなどと思うには及ばない。なぜなら、もちろんその信奉者〔＝フェティシスト〕自身はフェティッシュが異常なものだということに気づいているだろうが、それが病気の症状だと感じることは稀にしかないからだ。大抵の場合、彼らはフェティッシュにすっかり満足しているか、あるいはフェティッシュのおかげで自分の性生活は楽しいものになったと歓迎してさえいる。つまり、フェティッシュは通常、付属的な所見くらいの役割を果たすものだったのである。

これらの事例の詳細は、当然と思われる理由で公表を差し控えねばならない。私もそれゆえ、偶然的な事情がフェティッシュの選択にどのような形で関与したのかは明かせない。最も注目すべきと思えた事例は、ある若い男性がフェティシズムの条件にある種の「鼻の光沢《グランツ》」を挙げていたものである。この事例の場合、思いもよらない解明の鍵となったのは、患者が子供の頃にイギリスで教育を受け、それからドイツに移住して母語をほぼ完全に忘れたという事実だった。幼少時代の初期に由来するフェティッシュはドイツ語ではなく英語で読む必要があった。「光沢《グランツ》」とは英語の《視線《グランス》》[1]なのであり、「鼻の光沢」はそもそも「鼻への視線」だった。つまり、鼻がフェティッシュだったのである。このフェティッシュに彼は自分の好みで、他の人には分からない特別な眩い光《グランツ・リヒト》を与えたとい

GW-XIV 311

うわけである。

精神分析によってフェティッシュの意味と目的に関して分かったことは、どの事例にも等しく当てはまるものだった。それは決して強引に導き出した結論ではなく、極めて説得力があるように思われた。そのため私は、この解答がフェティシズムの全ての事例に普く妥当するとみて差し支えないと思っている。私が今、フェティッシュはペニスの代替物であると申し上げれば、きっと〔読者は、下らない話だと思って〕失望するだろう。だから、取り急ぎ次のように言い添えておこう。すなわち、それは任意のペニスの代替物ではなく、特定の、全く特別なペニスの代替物なのだ、と。このペニスは、幼年初期に大きな意味を持っていたが、後に失われてしまったものなのである。つまり、このペニスは普通は断念されるべきものだったのだが、フェティッシュはまさに、そのペニスを消滅から守るという使命を帯びているのだ。もっとはっきり言うなら、フェティッシュとは女性(母親)のファルスの代替物なのである。男の子はこの女性のファルスが存在していると信じており、それが存在しないということをなかなか認めようとしない——なぜ認めようとしないのかは私たちには分っている。[*1]

つまり、事の経緯は以下の通りである。男の子は女性がペニスを持たないことを知覚したのに、その知覚という事実を拒んだのである。違うよ、そんなの嘘だよ、だってもし女の人が去勢されているなら、僕が持っているペニスだっていつ取られるか知れないじゃないか〔と男の子は考える〕、そしてこれに対して、自然が用意周到にもこの器官に備え付けておいたナルシシズムの一部が反抗する、というわけである。これに類似したパニック状態は、おそらく後に大人になってから、王座と祭壇[(2)]が危ないという叫びが発せられるときに体験され、同じように非論理的な結論に至るのだろう。私の間違いでなければ、ラフォルグならこのような場合、男の子は、女性にはペニスがないという知覚を「暗点化する」[3]と言うだろう。[*2]新しい用語の導入は、それが新たな事態を記述したり強調したりする場合なら許される。この場合はそれにあたらない。私たちが精神分析用語として最も古くから用いている「抑圧」という語で、この病理学的過程を指し示せるからである。この過程の中で、表象の運命を情動の運命からもっと明瞭に区別しようとして、「抑圧」という表現を情動に対してのみ使うことにするなら、[4]表象の運命に対しては「否認」という表現を用いることになる。これなら、正しいドイツ語の呼び方と言える。[5]「暗点化」という表現は私には極めて不適切に思える。なぜなら、その表現は、知覚がすっかり拭い消されてしまい、その結果、視覚印象が網膜の盲点に当たるのと同じような事態が生じる、という考えを抱かせるからである。しかし、私たちが問題にしている状況からは、それとは反対に、〔女性にはファルスがないという〕知覚が消えずに残り、その知覚に対する否認を保持するために極めて精力的な活動が企てられていることが見て取れる。子供は、女性を観察した後も女性にファルスがあるという信念を変わらず持ち続けているというのは正確ではない。子供はそれを持ち続けてはいるが、断

＊1　この解釈は既に一九一〇年に拙論「レオナルド・ダ・ヴィンチの幼年期の想い出」(GW-VIII 165-166)〔本全集第十一巻、四五―四六頁〕で論拠を示さずに報告した。

＊2　ただし、私は次のように付言して自ら誤りを訂正しておく。すなわち、ラフォルグならそもそもそのようなことを言うわけがないと考えてしかるべき最も確実な根拠がある、と。[6]ラフォルグ自身の説明によれば、「暗点化」は、《早発性痴呆》[7]の記述に由来する用語であって、精神分析的な観点を精神病に転用したことによってできたわけではなく、従って成長や神経症形成の過程に適用することはできないというのだ。〔ラフォルグは論文の〕本文中の記述で、この、〔暗点化という概念が精神分析的な事柄には〕適用不可能だということをはっきりさせようと努めている。

念してもいる。望まぬ知覚の重みと反対欲望の強さとの葛藤の中で、子供は、無意識的な思考法則――すなわち一次過程――の支配下ではじめて可能となるような、一つの妥協に至ったのである。そう、心的なものの中では女性はそれでもなおペニスを持っている、ただし、このペニスはもはやかつてと同じものではない。何か別のものがそれに取って代わり、いわばその代替物となったのであり、今ではその何か別のものに、かつてのペニスに向けられていた関心が引き続き向けられている。しかし、この関心はさらに異常に高まっていく。なぜなら去勢に対する恐怖感がその記念としてこの代替物を作り出したからである。抑圧を行ったことの《消えることのない烙印》(8)として、現実の女性性器に対してはその後もずっと疎遠な感じがしたままなのである。これはどのフェティシストにも認められることである。これでようやく、フェティッシュが何の役に立ち、何によって維持されているかが理解できる。それは去勢の威嚇に対する勝利の印であり、その防御装置であり続ける。また、フェティッシュは、性的対象として許容できる性質を女性に付与することによって、フェティシストが同性愛者になるのを防いでくれる。後々の生活において、フェティシストはさらにその性器の代替物が持つもう一つの利点を享受できると考える。他の人々には、フェティッシュが性的な対象だとは分からない。それゆえ、フェティッシュは拒否されることもなく、容易に近づくことができ、それに結びついている性的満足は容易に手に入れることができる。他の男性たちが得ようとして苦労しなければならないものなど、フェティシストにはどこ吹く風といった具合なのである。

女性性器を見た際の去勢恐怖は、おそらく男性なら誰でも経験していることなのだろう。もっとも私たちは、なぜこの印象を受けた後、ある者は同性愛的になり、ある者はフェティッシュを作り出すことでその印象に対して防衛し、そして圧倒的多数の者はそれを克服できるのかは説明できない。複合的に作用している多くの条件の中で、どれが、稀に生ずる病的な結果を引き起こす上で決定的なのかが私たちにはまだ知られていないのかもしれない。それはそうとして、今は、何が起こったかを説明できるだけでよしとしなければならない。そして、なぜあることが起こらなかったのかを説明するという課題は当面差し控えておこう。

女性のファルスが存在しないと分った後、その代替物に選ばれるのは、普段でもペニスの象徴と見なされるような器官や対象だと推測するのは当然だ。かなりの頻度でそうなるのだろうが、もちろん決まってそうなるわけではないだろう。フェティッシュが定まる際には、むしろ、外傷性健忘の際の想起の停止に似た過程を必ず踏むように思われる。ここでも〔性的〕関心は途中で停止されているかのようであり、〔女性性器を実際に目撃した際の〕不気味で外傷的な印象に達する寸前の印象などがフェティッシュとして留《とど》められる。足や靴――あるいはその一部――がフェティッシュとして好まれるのは、男の子の好奇心が下から、つまり脚から女性性器を覗ったという事情による。(9)毛皮やビロードは――とっくの昔に推測されていた通り――性器を覆う体毛を見たことを固定させている。なぜなら、それに続いて待ち焦がれていた女性のペニスが見えるはずだったからである。下着がフェティッシュに選ばれることが極めて多いのは、それが脱衣の瞬間、すなわち、女性にファルスがあると思っていられた最後の瞬間を留《とど》めているからである。しかし、私はフェティッシュがどのように決定されたかをいつも必ず見抜けると主張するつもりはない。去勢コンプレクスの存在を今なお疑っていたり、女性性器に対する恐怖には他の理由があるなどと考える全ての方々、例えば、出生外傷の想起を想定した上で、それに原因があるなどと考える方々には、フェティシズムを是非とも研究して頂きたい。(10)私がフェティッシュを解明しようとするのには、もう一つ別の理論的関心があった。

私は最近、もっぱら思弁的な方法で神経症と精神病との本質的な違いに関する公理を発見した。すなわち、両者の相違は、神経症の場合には自我が現実に奉仕してエスの一部を抑え込むのに対して、精神病の場合には自我がエスによって強引に現実の一部分から手を引かされるという点にある。私はその後にも再度同じテーマを取り上げた。[*3] しかし、その直後にあまりに勇み足をしたことを後悔することになった。二人の若い男性を精神分析したところ、二人とも二歳と十歳のときに、愛する父が死んだということを認めようとしなかった、つまり「暗点化」したということが分った。それなのに、〔私の提唱した公理とは逆に〕二人とも精神病を呈してはいなかった。ここでは現実の、間違いなく重要な一断片が、自我によって否認されたのである。これは、フェティシストの場合に女性の去勢という好ましからざる事実が否認されたのとよく似ている。私は、これと類似の出来事が子供の生活の中では決して珍しいことではないことに薄々気付き始め、神経症と精神病に関する私の特徴づけが誤っていることが立証されたと思った。もちろん、まだ一つだけ抜け道が残されていた。私の定式は、心的装置がより高度な分化を遂げた〔大人の〕場合にのみ、実証できればよかったからだ。大人なら重い障碍を負うという罰を受けなければならないことでも、子供にはそれが許され得たからである。しかし、新たな研究によって、矛盾は別の形で解決を見た。

というのも、二人の若い男性は父の死を「暗点化」したわけではないということが判明したからである。それはフェティシストが女性の去勢を「暗点化」してはいないのと同じである。父の死を認めなかったのは、彼らの心の生活の中のほんの一つの傾向に過ぎない。もう一つ別の傾向もあり、それはこの〔父の死という〕事実を完全に考慮に入れたものだった。欲望に即した態度と現実に即した態度とが並存していたのである。上記の二つの事例のうちの一つでは、この分裂が中程度の重さの強迫神経症の土台となっていた。その患者は様々な生活状況においていつも二つの想定の間を揺れ動いていた。一つは、父がまだ生きていて彼の活動を妨げるというもので、もう一つはそれと反対に、自分には、死んだ父の後継者だという権利があるというものだった。それゆえ、精神病の場合には一方の傾向、つまり現実に即した方の傾向が全く欠如しているという予想を放棄しなくてもよいのである。

フェティシズムの描写に話を戻せば、フェティシストが女性の去勢という問題に対して分裂した態度を取っていることを示す数多くの重要な証拠があることを指摘しておく必要がある。極めて手の込んだ症例では、フェティッシュそのものの構造に、女性の去勢を否認しながらそれを主張するという分裂した態度が認められる。ある男性のフェティッシュは、水泳パンツとしても使えるような、恥部を隠す帯だった。この衣類品はそもそも性器および性器の差異を隠蔽するものだった。精神分析が証明するところによれば、それは、女性が去勢されていることと、女性が去勢されていないということの双方を意味していた。さらに男性の去勢を仮定することをも許すものだった。というのも、この帯が選ばれたきっかけは、幼少期に彫像で見た〔恥部を覆い隠す〕無花果の葉だったのであり、この帯の背後であれば、これらの全ての可能性が十分に隠蔽できたからである。このようなフェティッシュは、対立するものを二重に結びつけて作られているので、当然のことながら長持ちする。他の症例では分裂は、フェティシストが――実際の現実の中か、あるいは空想《ファンタジー》の中で――フェティッシュを用いて行う行為に現れる。フェティシストがフェティッシュを崇拝するということを強調するだけでは十分とは言えない。多くの場合、フェティシストは、明らかに去勢を描写しているに等しい仕方でフェティッシュを扱っているのである。このようなフェティッシ

＊3　「神経症と精神病」（GW-XIII 385-391）〔本全集第十八巻、二三三―二四三頁〕並びに「神経症および精神病における現実喪失」（GW-XIII 361-368）〔本全集第十八巻、三一一―三一六頁〕。

ュの扱いは、とりわけ父親との強い同一化が生じた場合に、つまりフェティシストが父親の役割を演じている場合に認められる。なぜなら、子供は、父親が女性の去勢を行ったと考えるからである。フェティッシュを扱う際に見られる敵意と情愛は、それぞれ去勢の否認および承認に対応するのだが、両者が混交する程度は症例毎に異なり、敵意の方がはっきりと見て取れる事例もあれば、反対に情愛の方がはっきりと分かる事例もある。このことから、お下げ髪切断魔(11)の振舞いが——遠く離れたところからではあるが——理解できると思う。そこでは、去勢を否定しておきながら、それを遂行したいという欲求が前面に出たのである。この行為は、その中に二つの互いに相容れない主張、すなわち女性はペニスを保持しているという主張と、父親が女性を去勢したという主張を統合している。もう一つ別の変種は、女性の足をまず短く歪め、その短く歪めた足をフェティッシュのように崇めるという中国人の習俗に見て取れるのかもしれない。これはフェティシズムの民族心理学的類似物である。中国人男性は、女性が去勢を受けたということを女性に感謝したいのだと考えられよう。

最後にこう言うことができよう。すなわち、フェティッシュの通常の原型は男性のペニスであり、同様に、劣等な器官の通常の原型は女性の実在する小さなペニス、すなわちクリトリスなのだ、と(12)。

(石田雄一　訳)

ある宗教体験
Ein religiöses Erlebnis

私はかつてあるドイツ系アメリカ人のジャーナリスト（G・S・フィーアエック）を自宅に喜んで迎えたことがあった。一九二七年秋、そのジャーナリストが私との対談を公表したのだが、この対談では、私には宗教的な信仰心が欠如しており、死後の生に無関心だということにも話が及んでいた。このいわゆるインタヴューは多くの人に読まれ、中でもあるアメリカ人医師は私に次のような手紙を寄せてきた(1)。

「……死後に人格が生き続けると信じているかどうか、という質問に対して貴方がお答えになったことが私には一番印象的でした。貴方は、そんなことは重要だと思わない、とお答えになったそうですね。

私が今日貴方に手紙を差し上げるのは、私がX市の大学で医学の学業を終えた年に体験したことを貴方にお伝えするためです。ある午後、私は解剖室にいましたが、老婦人の遺体が運ばれてきて解剖台に置かれました。この婦人は愛らしく魅力的な顔立ち《このすてきな顔だちの女性(2)》で、私にはとても印象的でした。次のような考えが私に閃きました。いや、神がいるわけない、もし神がいたら、こんなに愛らしい老婦人(3)《この愛らしい老婦人》が解剖室に運ばれて来ることなど決してお許しにならないだろう、と。

この日の午後に家に帰ったとき、私はまだ解剖室での光景が忘れられず、二度と教会に行かないと決意しました。

キリスト教の教えを私はそれ以前からも疑っていたのです。

しかし、まだそれについてつらつら考えていると、私の魂《ゼーレ》の中で、私は自分の決意をなお十分に熟考すべきだという声が聞こえたのです。私の心《ガイスト》はこの内なる声に答えて、もし私が、キリスト教の教えが真実で、聖書が神の言葉だと確信できるのでしたら、私はそれを受け入れるでしょう、と答えました。

続く数日の間に神は私の魂に、聖書が神の言葉であること、イエス・キリストについて教えられていることすべては真実であること、イエスは私たちの唯一の希望であることを明らかになさいました。このとても明瞭な啓示の後、私は聖書が神の言葉であり、イエス・キリストが私自身の救世主であることを受け入れました。それ以来、神はなお私にたくさんの明々白々たる徴によってお姿を示されたのです。

好意ある同僚（《医者仲間〔＝兄弟〕《ブラザー・フェジシャン》》）(4)として私は貴方に、この重要な事柄を考えるようお願い致します。そして、もし貴方が開かれた精神でそれに取り組むなら、神は、私や他の多くの人たちと同様にあなたの魂にも真理を啓示して下さることを貴方に保証します……」

私は丁寧にこう返事を書いた、貴方がそうした体験によってご自身の信仰を失くさずに済んだと聞いてとても嬉しく思います、私のために神はそんなに多くのことはなさってくれず、私にはそうした内的な声を聞かせてもくれませんでした、もし神が――私の年齢を考慮に入れて――あまりお急ぎにならず、もし私が最後まで今のまま――つまり《不信心なユダヤ人》(5)のまま――だとしても、それは私の責任ではありません、と。

この同僚の親切な返事には、ユダヤ教は正統信仰への道の妨げにはならないと保証します、と書かれており、このことが幾つかの例を挙げて証明されていた。そして終いには、神が私に《信ずべき信仰》(6)、すなわち正しい信仰を贈られるよう私のために一生懸命神に祈る、とまで記されていた。

この代願の成果はまだ現れていない。しかし、その同僚の宗教体験には考えさせるものがある。その体験は情動的な動機に基づいた解釈を試みたくなるものだった。なぜならそれ自体奇妙な感じがするもので、とりわけ論理的な理由づけを欠いていたからである。よく分かっていることだが、神は、感じのいい顔立ちの老婦人の遺体が解剖台に置かれるのとはまったく別の残酷なことも起こるがままにしている。これはいつの時代でもそうであり、そのアメリカ人の同僚が学業を終えたときも変わることはなかったはずである。もうすぐ医師になるというのだから、この世の不幸を全く知らないほど世間知らずだったはずがない。では、なぜ彼は、解剖室で上述の印象を受けた時に限って急に神に激怒しなければならなかったのか。

人間の内的体験や行動を精神分析的に考察することに慣れている者にはその説明は簡単にできる。そのため、私はその一件を想い出した際、その説明を事実の中にうっかり忍び込ませてしまった。私はかつてある議論の中でその敬虔な同僚の手紙に言及したとき、老婦人の遺体の顔を見て自分自身の母親を想い出したと彼が書いていた、と私は話してしまったのである。そんなことは手紙には書いてなかった、――少し考えれば、そんなことが書いてあるはずがないと分かることだ(7)――。しかし、この説明こそが、その老婦人のことを書いている情愛のこもった言葉(《すてきな顔立ちの愛らしい老婦人》(8))から受けた印象のもとで否応なく頭に浮かんできたのだった。そこでは、母親の想い出によって呼び起こされる情動のためにその若い医師の判断力が低下したと考えて差し支えない。もしも私たちが、他のもっと表面的な説明も可能な細かな事柄を証拠物件として持ち出すという精神分析特有の悪癖にとどまることが許されるなら、その同業者が私に〔上記の手紙の〕後の方で《医者仲間〔＝兄弟〕《ブラザー・フュジシャン》[9]》と話しかけているという事実に思いを到すことだろう。この言葉は、前のところで〔「好意ある同僚」と〕不完全にしか〔ドイツ語に〕訳せなかったものである。

そうすると、事の次第は次のように思い描くことができる。若者は、自分の母親を思い出させる老婦人の裸の（あるいは裸にされると決まっている）身体を見て、エディプスコンプレクスに由来する母親への思慕を呼び覚まされる。この思慕の念はすぐさま父親への怒りによって完全なものとなる。彼にとって父親と神はまだ互いにはっきり区別されておらず、父親を滅ぼそうとする意志は、神の存在に対する疑念として意識化され、母親という対象の虐待に対する憤激として、自らを理性の前で正当化することができる。子供は普通、父親が性交の際に母親に対して行うことを虐待として受け取るのである。宗教の領域に遷移された新たな蠢きは、エディプス状況の一つの反復に他ならず、したがってほどなく〔エディプス状況と〕同じ運命を辿ることになる。つまり、それは強力な逆向きの流れに屈するのである。葛藤の間は、〔宗教の領域という〕遷移水準は維持されず、神を正当化した理由には触れられず、神がどのような明々白々の徴によって懐疑家に自らの存在を証明したのかも語られない。葛藤は幻覚精神病の形で生じたかのようで、内的な声が大きくなって、神に抵抗しないように諌める。闘争は再び宗教的な領域で終わりを遂げる。それはエディプスコンプレクスの運命によって予め決定されたものなのである。すなわち、神－父親の意志に完全に屈服し、若い男性は再び信心深くなり、子供の頃より神とイエス・キリストについて教えられたこと全てを受け入れたのである。彼は宗教的な体験をし、改宗したのである。

こうしたこと全ては極めて単純で判り易いので、この事例の理解によって宗教的改宗一般の心理学のために何がしかが得られたのではないかと問わずにはいられない。サンテ・デ・サンクティスの[10]優れた著作(『宗教的改宗』ボローニャ、一九二四年)を参照願いたい。この著作では精神分析のありとあらゆる発見が利用されている。これを読めば、改宗の事例すべてにわたって、ここで語ったものと同じくらい容易にその本質が見抜けるわけではないが、私たちの事例は現代の研究がこのテーマに関してまとめた見解と決して矛盾するものではない、という予想が正しいと分かる。私たちの観察の特に傑出している点は、神に対する不信心がこの個人にとって最終的に克服される前に、その不信心を再度燃え上がらせる特殊な契機に関わっているということなのである。

(石田雄一　訳)

ドストエフスキーと父親殺し
Dostojewski und die Vatertötung

ドストエフスキーの豊かな人格には四つの異なる側面があるのかもしれない。すなわち、彼は作家にして、神経症者であり、倫理家にして、罪人なのである。この〔人格の〕困惑させる複雑さをどう理解したら良いのだろうか。

作家だという点は疑念を差し挟む余地が最も少ない。ドストエフスキーはシェイクスピアに比肩し得る作家である。『カラマーゾフの兄弟』はこれまでに書かれた最も素晴らしい小説で、その中の「大審問官」の挿話は世界文学の最高傑作の一つであり、いくら評価しても評価し過ぎることなどないだろう。残念ながら、作家の問題を扱う上では精神分析は何の役にも立たない。

最も異論の余地があるのは、ドストエフスキーを倫理家と見ることだ。ドストエフスキーを倫理的な人間として評価しようとするなら、つまり、最も深い罪を犯した者だけが最も高い倫理の段階に達するという理由でドストエフスキーをそのように評価しようというのなら、一つの異論を等閑に付すことになる。倫理的な人とは、心の中で誘惑を感じたら直ぐに反応し、決してそれに屈することのない人のことを言う。罪を犯しては後悔して高い倫理的要求を立てるといったことを何度も繰り返すような人は、お気楽にもほどがあるという非難を免れない。そうした人は、倫理の本質たること、すなわち断念することを忘れてしまっている[1]。なぜなら倫理的な生き方とは、人類が実際に生きて行くためのものだからである。そうした人は民族移動期の野蛮な連中を思い起こさせる。こうした連中は人を殺してはそれを懺悔するが、それは懺悔がそのまま人殺しを可能にする技術として役立つからだ。イワン雷帝の振舞いもそれと大差ない。実のところ、このように倫理的な振舞いで罪を埋め合わせるのは、いかにもロシア人らしい性格である。ドストエフスキーが倫理の問題との格闘の末に出した最終的な結論も、決して誉められたものではない。個人の欲動の要求を人類共同体の要請と和解させようと奮闘の限りを尽し、その挙句に彼は世俗的な権威や宗教的な権威に服従するという後ろ向きの道を選び、ロシア皇帝やキリスト教の神を畏《おそ》れ、狭量なロシア民族主義に走る。こんな結論なら、もっと下らない連中でもそれほど苦労もせずに行き着けただろうに。この点にこそ、ドストエフスキーという偉大な人格の弱点がある。彼は人類の教師にして解放者たる者になり損ね、人類の牢番たちの仲間入りをした。人類が将来、文化の面でドストエフスキーに感謝しなければならないことなどほとんど無いだろう。彼は神経症だったためにそうした挫折を余儀なくされたということが、おそらく証明できよう。彼の知性の高さと彼の人間愛の強さからすれば、別の生き方、つまり使徒としての生き方が可能だったのではないだろうか。

ドストエフスキーを罪人もしくは犯罪者と見なせば、激しい反論を呼び起こすことになる。しかも、そうした反論は、必ずしも犯罪者に対する通俗的な理解に基づいてなされているわけではない。〔そうした反論の〕本当の動機は容易に分かる。犯罪者には本質的な特徴が二つあり、それは飽くなき利己心と激しい破壊性向である。この二つに共通し、かつそれらが表に現れる前提となっているのは、思いやりのなさ、つまり、(人間的な)対象を十分に情動的に受け止めることができないということだ。ドストエフスキーに関しては、これとは正反対のことがすぐさま思いつく。彼は愛を非常に強く求め、また大いに人を愛する能力を持っていた。この能力は、過度なお人好しとなって表に現れ、例えば最初の妻に愛人がいたときのように、相手を憎み報復して当然な場合でさえ、相手を愛し助けた。となると、なぜドストエフスキーを犯罪者の部類に入れたくなるのかと問わざるを得ない。その答えは次の通りだ。作家としての彼は、暴力的で血腥《ちなまぐさ》く自分勝手な性格を際立たせるような素材ばかり選択している。これは彼の内面にそのような傾向が存在していることを暗示するものだ。加えて、賭博癖や、ひょっとしたら未成熟な少女を性的に暴行したかもしれない（告白）というような、彼の生涯において実際になされた事実がいくつかある。[*1] この矛盾は、次のことを斟酌すれば解決する。ドストエフスキーの非常に強い破壊欲動は、彼をややもすれば犯罪者にしかねなかったが、実際には主に自分自身に（外へ向かう代わりに内へと）向けられていた、そのため、破壊欲動はマゾヒズムおよび罪責感という形で表出された、ということだ。しかしながら、彼の人格にはサディズム的特徴がかなり保たれていて、これが愛する人々に対してさえ神経過敏、嗜虐、不寛容といった形で発現し、しかもそれは、彼が作家として自分の読者を扱うやり口にも現れる。つまり些細なことでは外に〔攻撃性が〕向かうサディストなのだが、大きな事になると内向きのサディスト、つまりマゾヒストになる。これはすなわち、この上なく優しく、

＊1　〔ルネ・フュレープ＝ミラー〕『知られざるドストエフスキー』（一九二六年）の、この件に関する議論を参照。――シュテファン・ツヴァイクによれば、ドストエフスキーは市民的モラルという垣根の前で止《とど》まろうとしなかった。またドストエフスキーが実人生の中で法律の限界をどの程度超えたか、あるいは彼の描く主人公の犯罪的な本能がどれくらい彼自身の身で実行に移されたかは誰にも正確には分からない（『三人の巨匠』[2]（一九二〇年））。ドストエフスキーの登場人物と彼自身の体験との密接な関係については、ルネ・フュレープ＝ミラーが『賭博場のドストエフスキー』（一九二五年）の緒言でニコライ・ストラーホフを踏まえて書いた詳述を参照。[3]

気立てがよく、親切な人間ということなのだ。

ドストエフスキーという人格の複雑さの中から、私たちは三つの要因、すなわち量的な要因を一つと質的要因を二つ取り出した。つまり、異常に高い情動性と、サド－マゾヒスト、あるいは犯罪者への傾向を与えずにはおかなかった倒錯的な欲動素質、そして精神分析では解明不可能な芸術的才能である。こうした全体像が神経症なしでも存在する可能性は大いにあるだろう。実際、神経症でないのに完全なマゾヒストである人はいる。欲動の要求と、それを妨げる制止(加えて利用可能な昇華の方法)との力関係に基づいて言えば、ドストエフスキーは間違いなく、いわゆる「欲動的な性格」の持主として分類できるだろう。しかし、事は神経症が並存しているためにそう単純にはいかない。既に述べたように、神経症はこうした条件の下で必ず現れるとは限らないが、自我が克服しなければならない複雑さが内容豊かであればあるほど、出現する可能性は大きくなる。それでも神経症は、自我がそのような統合に失敗したこと、そのような試みにおいて自我が自らの統一性を失ったということの一つの印でしかない。

それでは、何があれば厳密な意味で神経症だと証明されるのか。ドストエフスキー自身、意識喪失、筋肉痙攣、それに続く気分不調からなる重度の発作ゆえに、自分がてんかん患者だと言っており、他の人たちも彼をそう見ていた。この自称のてんかんが、やはり、彼の神経症の一つの兆候に他ならないという可能性は極めて高い。従って彼の神経症は、ヒステロエピレプシー(4)、すなわち重度のヒステリーと分類すべきものなのかもしれない。十分な自信をもってそうだと断言することはできない。その理由は二つある。第一に、ドストエフスキーの自称のてんかんは既往歴の記録が不完全で信頼できないからであり、第二に、てんかん発作と結びついた病的状態の理解がまだきちんとなされていないからである。

まず第二の点に関して。てんかんの病理学をここで全て繰り返しても意味はない。実際、それはまだ決定的な成果を全く上げていないが、次のことは言える、すなわち、いつ起こるか分からず、意図して引き起こしたようには見えない痙攣発作を伴い、性格変化が生じ、神経過敏で攻撃的になり、全ての精神的能力が進行的に低下していく、かつて《神聖病》[5]と呼ばれたこの不気味な病は、今日なお外見上一つの臨床的単位の輪郭を保っている、と。しかし、至るところでこれらの病像は雲散して曖昧なものになる。発作は凄まじい形で始まり、咬舌や失禁を伴い、それが重なって命にかかわる〔てんかん〕重積状態に至り、これがさらに重大な自傷行為を引き起こす。そうした発作が収まると、短時間の失神状態や単なる一過性眩暈状態になったり、また少しの間、病人はまるで無意識の支配下にあるかのように自分の意図とは全く別のことをしたりする。通常、発作は、純粋に身体的に基礎づけられるが、その機制は解明されていない。しかし、その最初の発現が心の影響（驚愕）だけで引き起こされることもあるし、また発作がその後も心の興奮に反応して起こるということもある。知性の低下が非常に多くの症例に特徴的に見られる。しかし、少なくとも一つの症例では、この病にもかかわらず知性の高度な働きが妨げられなかったことが知られている（ヘルムホルツ[6]）。（同様のことが言われている症例は他にもあるが、不確かなものであるか、あるいは、ドストエフスキー自身の場合と同様の〔重度のヒステリーではないかという〕疑いがある。）てんかんに罹っている人たちは、反応が極めて鈍いとか発達に障碍があるといった印象を与えることがあり、病像の不可欠な構成要素ではないにしても、この病は極めて明白な白痴や非常に大きな脳欠陥に付随することが多い。しかし、この発作は、それとは違った人たち、つまり、心の発達が完全でありながら、情動性がむしろ並外れて強く、往々にしてそれを十分に統御できていない人たちにも様々な形で見受けられる。こうした事情を踏まえると、「てんかん」を単一の臨床的疾患として保持するのは不可能だと考えても当然である。表面に現れる症状が同質である場合には、機能的な解釈が必要とされるように思える。つまり、異常な欲動放散という機制が器質的に予め用意されていて、この機制が、状況が全く異なっていても——つまり、重度の組織罹病や中毒によって脳活動に障碍が生じる場合でも、また心の経済の統御に欠陥があり、心の中で働いているエネルギーの活動が危機的になる場合でも——呼び起こされるというわけだ。このように〔身体因と心因とに〕二分されるにしても、その背後には、どちらの場合も欲動放散という同一の機制が根底において働いているということが想定される。根本的には毒物によって引き起こされている性的過程もまた、〔この機制と〕無関係ではないのかもしれない。最も古い時代の医師たちでさえ既に、性交を軽いてんかんと呼び、性行為はてんかんの刺激放散を緩和し調整したものだと認めていた(7)。

これらに共通している機制を「てんかん的反応」と呼ぶことができるが、この機制は間違いなく神経症でも利用されている。なぜなら、神経症の本質は、心的に処理し切れない大量の興奮を身体的な経路で処理することにあるからだ。てんかん発作はこのようにしてヒステリーの症状となり、ヒステリーにより調整され修正される。これは、通常の性交が行われる場合と似ている。それゆえ器質性のてんかんを「情動性の」てんかんと区別するのは全く正しい。臨床実践の上での意義は、前者のてんかんを持つ人は脳疾患者であるのに対して、後者のてんかんを持つ人は神経症者だということである。前者の場合は心の生活が自分とは無縁の、外部からやってくる障碍に支配されているのに対して、後者の場合には障碍が心の生活そのものの現れなのである。

ドストエフスキーのてんかんが後者の類である可能性は極めて高い。厳密な証明は不可能である。発作の最初の発現とその後の変動をドストエフスキーの心の生活と関連づけることができるというのなら話は別だが、そのためには私たちが知っていることは少なすぎる。発作そのものに関する記述からは何も分からない。発作と〔実生活上の〕体験との関係に関する情報は不十分で、しばしば矛盾している。最も信憑性がある仮説は、発作はドストエフスキーの幼少期にまでさかのぼり、当初は比較的軽い症状が主だったが、十八歳のときの父の殺害という衝撃的な体験の後に初めててんかんの形を取るようになった、というものだ。[*2] シベリアで刑に服している間は発作が全く起こらなかったということが明らかにされれば、とてもうまく辻褄が合うのだが、それと矛盾する陳述が他にある。[*3]

＊2　これに関してはルネ・フュレープ＝ミラーの論文「ドストエフスキーの神聖病」(*Wissen und Leben*, 1924, Heft 19/20)を参照。特に興味深いのは、作家の幼年期に「何か恐ろしく、忘れがたく、苦痛に満ちたこと」が起き、それが彼の病の最初の兆候を引き起こしたという報告である(*Nowoje Wremja*, 1881 の記事の中でのスヴォーリンの証言、『賭博場のドストエフスキー』の緒言、四五頁の引用による)。更にオレスト・ミラーは『ドストエフスキーの自伝的著作』の中で次のように述べている、「フョードル・ミハイロヴィッチの病気についてはまだ一つ特別な証言がある。それは彼の幼年期の初めに言及していて、その病気をドストエフスキーの両親の家庭生活における悲劇的な事件と関連づけてくれる。この証言はフョードル・ミハイロヴィッチに非常に近い人物が私に語ってくれたものだが、私はこの噂が確かなものだという証をどの筋からも得られなかったので、上記の証言をここで詳細かつ正確に再現する気にはなれない」(一四〇頁)。伝記研究や神経症研究にとっては、こうした慎重な態度はあまり歓迎されない。

＊3　ドストエフスキー自身が残した情報も含め、ほとんどの証言では、むしろ、病気がシベリアで刑に服している間に初めてその決定的なてんかん的性格を帯びたという主張がなされている。残念ながら、神経症者の自伝的な報告を信用することはできない。経験に基づいて言えば、彼らの想起は、不愉快な因果連関を断ち切るための改竄を行うからである。しかし、シベリアで牢にいたことによってドストエフスキーの病気の状態も決定的に変化したというのは確かなように思える。これに関しては「ドストエフスキーの神聖病」(一一八六頁)を参照。

『カラマーゾフの兄弟』における父親殺しとドストエフスキーの父の運命との間に明白な関連があることには複数の伝記作者が注目しており、その関連ゆえに彼らは「ある現代の心理学の趨勢」に言及している。この「趨勢」とは精神分析のことであり、となると精神分析的に考察して、この〔父の殺害という〕出来事が最も深刻なトラウマとなり、それに対するドストエフスキーの反応こそ彼の神経症の要なのだと考えてみたくなる。

しかし、この仮説を精神分析的に説明しようとすれば、精神分析の表現方法と学説に通じている人にしか理解してもらえないのではないかと危惧せざるを得ない。

私たちには確かな出発点がある。私たちは、「てんかん」が出現するよりもずっと以前の、ドストエフスキーが幼かった頃に起きた最初の発作が意味するところを知っている。この発作は死という意味を持ち、死に対する不安によって引き起こされ、嗜眠的な睡眠状態になるものだった。それ(病気)の始まりは、まだ子供だった時分に突然に理由なく抑鬱状態に襲われたことだった。自分はきっともう直ぐ死ぬのだと感じた、とドストエフスキーは後に友人のソロビヨフに語っている。そして実際その後で、本物の死と全くよく似た状態になりもした……兄のアンドレイが伝えるところでは、フョードルは既に幼い頃に、眠りに入る前にいつも小さなメモ書きを残していたという。そこには、自分は夜中に仮死状態のような眠りに陥るかもしれないので、〔もし目を覚まさないようだったら〕五日だけ待ってから埋葬して欲しい、と記されていた(『賭博場のドストエフスキー』緒言、六〇頁)。

私たちは、そのような死の発作が何を意味し、何を意図しているかを知っている。[8] それが意味しているのは、死者との同一化である。そしてこの死者とは、実際に死んでしまっているか、もしくは、まだ生きているが死んでくれたらいいのにと願っている人物なのである。後者の場合の方が重要である。この場合、発作は懲罰としての価値を帯びる。他の誰かが死んでいたらいいのにと願ったとする。そして〔この他の誰かに同一化することで〕自分がこの他の誰かだということになり、自分が死んでいるということになる。この場合、精神分析の学説に従うなら、この他の誰かとは男の子にとっては通常父親であり、それゆえ、――ヒステリー性と呼ばれる――発作は、憎んでいる父親の死を願ったことに対する自己懲罰ということになる。

父親殺しは、よく知られた見解に従うなら、人類にとっても個々人にとっても主要かつ根源的な犯罪だということだ。*4 いずれにせよ罪責感の主要な源泉であることに変わりはない。しかし、唯一の源泉かどうかは判っていない。調査研究を重ねても、罪と贖罪欲求を生み出す心の根源を突き止めるにはまだ至っていない。しかし、父親殺しが唯一の源泉である必要はない。その心理学的状況は複雑なので少し説明しておく必要がある。父親に対する男の子の関係は、私たちが言うところの、両価的《アンビヴァレント》なものなのである。父親を競争相手として抹消したいと思う憎しみに加えて、父親に対する一定程度の情愛がいつも決まって存在する。二つの態度が一緒になって、父親との同一化が生ずる。父親に取って代わりたいと思うのは、父親を賞賛し、父親のようでありたいと思うからだが、それと同時に、父親を抹消したいと思うからでもある。こうした状況が進めば、いずれ大きな困難に突き当たることになる。ある時点で子供は、父親を競争相手として消し去ろうとすれば父親から去勢という懲罰を受けるかもしれないということを理解するようになる。去勢不安によって、すなわち、男性性を保持したいという利害関心から、子供は、母親を我が物として父親を抹消したいという欲望を断念する。この欲望が無意識の中で維持されている限り、それ

＊4　『トーテムとタブー』を参照(9)。

は罪責感の素地となる。これが、正常な過程、つまり、いわゆるエディプスコンプレクスの正常な運命と考えて差し支えない。しかしながら、もう一つ重要な補足を追記しておく必要がある。

私たちが両性性と呼んでいる体質的な要因が子供に比較的強く形成されていると、さらに複雑な事態になる。この場合、去勢によって男性性が脅かされると、女性性の方向へ鞍替えして、むしろ母親に取って代わり、母親の役割を引き受けて父親の愛の対象になろうとする傾向が強められる。しかし、去勢不安のためにこの解決も不可能になる。父親によって女性のように愛されようとすれば、当然、去勢を引き受けねばならないからである。こうして、父親への憎しみと父親への恋着という二つの蠢《うごめ》きが抑圧される。父親への憎しみが外的な危険(去勢)に対する不安ゆえに放棄されるのに対して、父親への恋着は欲動に基づく内的な危険として扱われるという点で、一定の心理学的な相違はある。しかし、この内的な危険もまた根本においては同一の外的な危険に起源を持つものなのである。

父親を憎むことが耐え難いのは、父親に対する不安ゆえである。去勢は、懲罰としても、愛の代償としても、恐ろしいものであることに変わりない。父親への憎しみを抑圧する二つの要因のうち、一番目のもの、すなわち、懲罰と去勢に対して直接的に不安を抱くだけなら正常なものと言える。病因的な強化は、もう一つの要因、すなわち、女性的な立場に身を置くことに対する不安が加わることにより初めて引き起こされるのだろう。両性的傾向の強い素質は、このように神経症の一つの条件、もしくはその一つの強化因となる。ドストエフスキーがそうした素質を持っていたということは大いに考えうることであり、そうした素質は社会的に許容された形で(つまり潜在的な同性愛として)表に現れている。それは例えば、ドストエフスキーの人生にとって男同士の友情が重要であったことや、恋敵に対する不思議なほどに情愛のこもった態度や、彼の短編小説の多くの例が示しているような、抑圧された同性愛ということでのみ説明可能な状況に対する卓越した理解力に現れているのである。

以上、子供が父親に対して愛憎入り混じった態度を取り、それが去勢威嚇の影響下でどのように変化するのかを説明してきたが、この説明が精神分析に不案内な読者には味気なく信ずるに値しないと思われるとすれば、残念だが仕方がないことである。私自身、去勢コンプレクスなどと言えば、総好かんを食らうに違いないと思っている。しかし、次のことだけは断言できる、すなわち、精神分析的経験を積んでいけば、まさにこの〔去勢コンプレクスという〕状況が疑う余地のないものだと分かり、それがあらゆる神経症をも解明する鍵であることが分かる、と。それゆえ、この鍵で我らが作家のいわゆるてんかんも解明できるかどうか試さなければならない。ただ、私たちの無意識的な心の生活を支配している事柄は、私たちの意識にはそれくらい馴染みが薄いものなのだ。エディプスコンプレクスにおいて父親への憎しみが抑圧された結果として起こることを、以上の報告で全て論じたわけではない。他にも新たな事態として、父親への同一化が最終的には自我の中に永続的な居場所を力づくで獲得するということが起こる。それは自我の中に受け入れられるが、自我の中にあって一つの特別な審級として自我の他の内容に対抗するものとなる。私たちはこれを超自我と呼び、両親が与えた影響の相続人であり、極めて重要な役割を果たすものだと考えている。

父親が冷酷で暴力を振ったり残酷だったりすると、超自我はこうした性質を父親から受け継ぎ、自我に対する関係では、抑圧されるはずだった受動性が再び現れる。超自我はサディスト的になり、自我はマゾヒスト的に、つまり根本においては女性のように受動的になる。自我の中に大きな懲罰欲求が生じる。つまり、自我の一部はそのような形で自ら進んで運命に身を委ね、また一部は、超自我による虐待〔罪責意識〕に満足を見出す。いかなる懲罰も元をただせば去勢であり、それ自体、かつて父親に対して取った受動的態度を実現したものなのである。運命というものさえ、結局のところ、後になってから父親を投影したものに他ならないのである。

良心が成立する際の正常な過程も、今述べた異常な過程とよく似ているはずである。両者を隔てる境界がどこにあるのか私たちにはまだよく分かっていない。ここではこの転帰のかなりの部分が、抑圧された女性性という受動的な成分によって決まるということが分かる。加えて、父親とはいかなる場合でも恐怖を与えるものなのだが、父親が現実においても格別に暴力的であるか否かは偶有的な要因として後々重大な意味を帯びてくるに違いない。これはドストエフスキーに当てはまる。彼が並外れた罪責感を持ち、マゾヒスト的な生き方をしていたという事実は、格別に強い女性的な成分に由来するものと考えられよう。そこで、ドストエフスキーの人格を定式化して言えば、極めて両性的傾向の強い素質を持ち、非常に冷酷な父親に依存することに格別に強く抵抗する力を持った人物ということになる。両性性というこの性格は彼の性質の構成要素としては比較的早期に現れたものだということを付け加えておこう。つまり、早期の症状であった「死の発作」は、超自我によって懲罰として容認された、父親への自我の同一化として理解できるのである。お前は父親たらんとして父親の殺害を望んだ、そして今お前は父親である、しかし、死んだ父親なのだ――これはヒステリー症状の通常の機制である。そしてさらに、今父親がお前を殺す、ということになる。自我にとって死の症状は、男性的欲望の、空想《ファンタジー》による充足であると同時に、マゾヒズム的な充足なのである。超自我にとっては、死の症状は懲罰による充足であり、それゆえサディズム的充足なのである。両者、つまり自我と超自我はともに父親の役割を演じ続ける。――全体としては、本人と、父親という対象との関係がその内容を維持したまま自我と超自我との関係に転化したのであり、それは第二の舞台での新たな上演なのである。エディプスコンプレクスに由来するそうした幼少期の反応は、現実によって更に養分を与えられなければ消滅するかもしれない。しかし、父親の性格は変わることがない、いや、年を経るごとに悪くなる。このようにして、ドストエフスキーの父親への憎しみ、つまりこの悪い父親に対する死の欲望も保持される。さて、そのような抑圧された欲望が現実において充足されたりすれば〔＝父親が実際に殺害されたりすれば〕、危険なものとなる。空想《ファンタジー》が現実となり、あらゆる防衛措置が強化される。そうなるとドストエフスキーの発作はてんかん的な性質を帯びてくる。それは確かに、今なお、懲罰としての父親への同一化を意味するのだが、しかし今や父親自身の恐ろしい死と同様に恐るべきものとなっている。それがさらに如何なる内容を、とりわけ如何なる性的な内容を獲得したのかは推測しようがない。

一つ気になることがある。それは、発作の前兆《アウラ》として最高の至福の瞬間が体験されることである。この瞬間は〔父親の〕訃報の際の勝利と解放を固着させたものなのかもしれず、その直後にはその分だけ残酷な懲罰が続いたのである。勝利と哀悼、祝祭の喜びと哀悼とをこのように続けざまに体験するということは、父親を殴り殺した原始群族[10]の兄弟たちにもあった、と私たちは推測し、それがトーテム饗宴の儀式において反復されていると考えている[11]。ドストエフスキーがシベリアでは発作を起こさなかったということが正しいとすれば、これはまさしく、彼の発作が彼の懲罰であったことを証明するものとなるだろう。もし彼が〔発作とは〕別の仕方で罰せられているなら、彼にはもう発作は不要だったのである。しかし、このことは証明しようがない[12]。むしろ、懲罰がドストエフスキーの心の経済に不可欠だったということが、彼が不幸と屈辱のこの年月を不屈にも耐え抜いたことを説明している。ドストエフスキーが政治犯として受けた有罪判決は不当なものであり、彼にはそのことが分かっていたが、彼は父なる皇帝の不当な刑罰を、実際の父親に対して自らが犯した罪に値する刑罰の代替物として受け入れたのである。自己懲罰の代わりに、自らが父の代理人によって罰せられるに任せたというわけだ。ここには、社会によって課せられる刑罰に対する心理学的な正当化が少し垣間見られる。多くの犯罪者が刑罰を求めるというのは事実である。彼らの超自我がそれを要求し、そうすることで刑罰を自ら課す手間を省くのである(13)。

ここでは、ドストエフスキーの発作の意味を、その発作が始まった頃に限って究明するつもりだが、ヒステリー症状の複雑な意味変化に通じている人には、その理由をご理解頂けよう*5。その発作の最初の意味が、後から様々な意味が覆いかぶさっても、その背後に変わることなく存在し続けていたと仮定できれば、それで事足りるからである。ドストエフスキーは、父親を殺したいと思ったことによる良心の呵責から決して逃れられなかった、と言える。これはまた、父親との関係が決定的な意味を持つ他の二つの領域――すなわち、国家の権威と神への信仰――に対する彼の態度をも決定づけた。前者の領域では、彼は結局父なる皇帝に完全に屈服することになった。皇帝は実際に一度は殺害という喜劇をドストエフスキーとともに演じたのであり(14)、そしてこの喜劇こそ、彼の発作がかくも頻繁に彼に演じてみせたものに他ならない。ここでは贖罪が優勢を占めていたのである。宗教的な領域では彼にはもっと多くの自由が残されており、信頼できそうな報告によれば、彼は人生の最後の瞬間まで信仰心と無神論との間を揺れ動いていたという。彼は偉大な知性を有していたために、信仰心が何らかの理不尽な結論に行き着くことに気づかずにはいられなかった。世界史の発展を個人で反復することで、ドストエフスキーはキリストという理想に逃げ道と罪責の免除を見出せるのではないかと思い、自分が抱えている苦しみゆえにキリストの役を演ずる権利を主張できたらと願った。ドストエフスキーが全体として見れば決して自由にはなれずに反動主義者になったのだとすれば、宗教的感情の基礎となっている人類共通の、息子ゆえの罪責感が、彼の場合には個人ではどうにもならない強度に達し、彼の偉大な知性をもってしても克服できずに終わったからである。このように主張すると、私たちは次のような批判に晒されるだろう、すなわち、私たちは精神分析の中立性を放棄しており、私たちがドストエフスキーに下した評価は、特定の世界観の党派的立場からでなければ正当化できない、と。保守的な人なら〔『カラマーゾフの兄弟』の挿話に登場する〕大審問官に与して、ドストエフスキーに違った判決を下すだろう、というわけだ。[15] この批判は正当なものであり、そうした批判を緩和するために言えるのは、ドストエフスキーの決断は、彼の神経症に由来する思考の制止に左右されているようだ、ということくらいである。

全時代の文学の中で三大名作と言われるソポクレスの『エディプス王』、シェイクスピアの『ハムレット』、そしてドストエフスキーの『カラマーゾフの兄弟』はどれも父親殺しという同一のテーマを扱っているが、それはおそらく偶然ではない。三つの作品ではいずれも、女性をめぐる性的な競合という犯行の動機が白日のもとに曝される。最も率直な描写がなされているのは、ギリシアの伝説に基づく戯曲〔『エディプス王』〕だろう。この戯曲ではまだ主人公が自分で犯行を成し遂げている。しかし、緩和したり隠蔽したりしなければ、文学的に扱うことなど不可能で

＊5　『トーテムとタブー』を参照。ドストエフスキーが友人のストラーホフに伝えたところによると、てんかん発作の後に起こる彼の神経過敏と抑鬱症は、自分が犯罪者であるように思われ、自分の知らない罪責を負い、考えると憂鬱になるくらい大きな悪事を行ったという感情を振り払うことができないことに根ざしているという〔「ドストエフスキーの神聖病」一一八八頁〕。これは彼の発作の意味と内容に関する最良の報告である。精神分析は、そうした〔自己〕告発の中に「心的現実」の認識の一端を発見し、その得体の知れない罪責が何なのかを意識に知らしめようと努めるものなのである。

ある。私たちが精神分析において〔患者から〕引き出すような、父親殺しの意図に関する赤裸々な告白は、精神分析によって予め心の準備をしなければ、耐え難いものとなるだろう。ギリシアの戯曲では、主人公の無意識的な動機が、彼の知らない運命による強制という形で現実の中へ投影されることで、〔父親殺しという〕出来事全体は維持しながら、不可欠な緩和的改変が見事な形で行われている。主人公は〔父親を殺そうなどという〕意図もなく、また表面上は女性の影響などないかのように犯行を行う。しかし、この〔母をめぐる父親との争いという〕関連は、父親を象徴する怪物に対して同じ犯行を反復した後にようやく母親である女王を獲得できるという筋立てによって顧慮されている。ひとたび自分が犯した罪が露見して、主人公がそれを知った後でも、〔父親殺しが〕運命によって強制されたものだという補強的な作品構成に基づいて自分の罪を他へ転嫁させるような試みは全くなされない。逆に、罪は認められ、それが意識的に行われた完全な罪であるかのように罰せられる。このような結末はよく考えてみると不当に思われるにちがいないが、心理学的には全く申し分のないものである。英国の戯曲〔『ハムレット』〕の描写はさらに間接的になっていて、主人公は自分では犯行を成し遂げることはせず、他の者〔主人公の伯父であるクローディアス〕が行うため、それは父親殺しにならない。そのため、女性〔主人公の母親で、後にクローディアスの妻となるガートルード〕をめぐる性的な争いという動機の方は粉飾する必要がなくなる。同様に、主人公のエディプスコンプレクスについても、私たちは、他者〔クローディアス〕の犯行が主人公に及ぼす効果を知ることによって、いわば反射光の中で発見できる。主人公は犯行の復讐をすべきなのに、奇妙なことに自分にはそれができないと思っている。私たちには、主人公を麻痺させているのが彼の罪責感だということが分かっている。神経症の過程を完全になぞる形で、罪責感は、この使命を成就できないという認識へと遷移される。主人公はこの罪責を個人を越えたものと感じている、ということが予め暗示される。彼は自分を軽蔑するのと同じように他人をも軽蔑する。「人を皆その功労に応じて扱うなら、誰が打擲を免れようか[16]」と主人公は言う。この言葉が示す方向へロシアの小説〔『カラマーゾフの兄弟』〕はさらに一歩踏み込んでいる。ここでも、主人公以外の者が殺害を行うが、その殺害者は、性的な競合関係という動機が率直に打ち明けられている主人公ドミトリイと同様に、殺害の犠牲者〔ドミトリイの父親フョードル〕にとって息子の関係にある人物、つまり主人公の弟〔カラマーゾフ家の料理番であるが、実はフョードルの隠し子であるスメルジャコフ〕であり、注目すべきことにドストエフスキーはこの人物〔スメルジャコフ〕が自分自身の病気、つまり自称のてんかんを患っているというように設定している。これはまるで、てんかん者もしくは神経症者である私が父親の殺害者だと告白したがっているようなものだ。そして次に、法廷での弁論の中で、心理学とは両端に尖った先のついたステッキ[17]だという心理学に対する有名な嘲りが続く。大変見事な隠蔽である、なぜなら、それをただひっくり返しさえすれば、ドストエフスキーの見解の最も深い意味が見つかるからである。嘲りに値するのは心理学ではなく、法廷での捜査手続きなのである。誰が実際に犯行を行ったのかはどうでもよい。心理学にとって重要なのは、誰が自分の内なる感情の中で犯行を望み、それが実行に移されたときに心から歓迎の意を表したかである[18]。それゆえ、アリョーシャという対照的な人物も含めた兄弟全員が、すなわち欲動的な享楽人〔ドミトリイ〕、懐疑的な冷笑家〔イワン〕、そしててんかんの犯罪者〔スメルジャコフ〕が等しく有罪だということになる。『カラマーゾフの兄弟』にはドストエフスキーに極めて特徴的な場面がある。長老がドミトリイとの対話の中で、自分自身の心の内にいつでも父親を殺せるという気持ちがあることを認め、ドミトリイの前にひれ伏す[19]。これは決して賛嘆の表現ではない。それは、聖人が、殺人者を軽蔑したい、嫌悪したいという誘惑をきっぱり拒否し、それゆえに殺人者に対して謙《へりくだ》っているということに相違ない。ドストエフスキーは犯罪者に限りなく共感する。この共感は不幸な者に対して通常抱く同情の域をはるかに超えるものであり、古代の人々がてんかん者や精神障碍者を見る際に抱いた聖なる畏れを想い起こさせる。犯罪者はドストエフスキーにとっては、他の人が担わなければならなかった罪責をわが身に引き受けた救世主のような存在に等しい。犯罪者がひとたび殺してしまった後では、もう殺す必要はない。しかし、その犯罪者に対してそのことで感謝しなければならない、さもなければ自分で殺さなければならなかったからである。これは好意的な同情であるだけではなく、同じ殺人衝動に基づく同一化でもあり、実のところ、ほんの少し遷移させた一種のナルシシズムなのである。だからといってこの善意の倫理的価値を否定してはならない。そもそも、これが他の人間に向けられる好意的な同情の機制なのかもしれない。そしてこの機制は、罪責意識に支配された作家〔ドストエフスキー〕という極めつけの事例には、とりわけに容易に見て取れる。この同一化に基づく共感は、ドストエフスキーの素材選びに間違いなく決定的な影響を及ぼしている。しかし、彼はまず——利己心からの——卑劣な犯罪者を扱い、次に政治犯と宗教犯、そして生涯の最後に原犯罪者[20]、すなわち父親殺しに立ち帰り、そこで自らの文学的な告白を行ったのである。

　ドストエフスキーの遺稿と彼の妻の日記が出版されたことで、彼の人生の一つのエピソードが余すところなく白日のもとに曝された。それはドストエフスキーがドイツで賭博癖に憑かれていた時代のことである(『賭博場のドストエフスキー』)。これは明らかに病的な情熱の発作であり、どの面からもそれ以外の評価は不可能だった。この奇妙で不品行な行状に対し、合理的な説明がなかったわけではない。罪責感が、神経症者にしばしばあるように、多額の借金をすることによって具体的な代理物を作り出したのである。賭博で儲けることによって債権者に牢にぶち込まれずにロシアに帰れるようにしたかった、とドストエフスキーは言い訳できた。しかし、これは口実に過ぎず、ドストエフスキーはそれが分からないほど馬鹿ではなく、それを告白しないでいられるほど不正直ではなかった。賭博それ自体が重要だということ、つまり《賭博のための賭博》[21]だったことをドストエフスキーは承知していた。[*6] 欲動的に常軌を逸したドストエフスキーの振舞いの細目はどれもそのことを証明しているが、それだけにとどまらない。彼は全てを失うまで決して止《や》めようとしなかった。賭博は彼にとって自己懲罰の方法でもあったのである。彼は何度ともなく、もう賭けをしない、今日はもう賭けをしない、と若い妻に約束したり誓ったりした。しかし、彼女が言うように、ほとんど毎回その約束を破った。ドストエフスキーは賭博に負けることで自分と妻を貧窮のどん底に追い込み、そこから第二の病的な充足を引き出していたのである。彼は妻の前で自らを罵り、辱め、自分を軽蔑して自分という年老いた罪人と結婚したことを悔いてくれと妻にせがんだ。こうして良心の負担を軽くしてしまうと、この芝居はまた次の日も続けられた。そして若い妻はこの繰り返しに慣れっこになった。なぜなら、実のところ執筆によってのみ〔貧困からの〕救済は期待できるのに、全てを失い最後の財産が質入された後でないと執筆は捗らないということに彼女は気づいていたからである。もちろん彼女はその関連を理解していたわけではない。彼は自らに懲罰を科すことで罪責感が満たされると、仕事の制止が弱まり、成功への道を何歩か進むことができたのである。[*7]

＊6　「重要なのは賭博それ自体だ」とドストエフスキーは手紙の一つの中で書いている、「私はあなたに誓って言いますが、強欲から賭博をしているわけではありません。もちろん私には何よりもお金が必要だったんですが」と。

とうの昔に埋もれてしまった幼少期のどの部分が強迫的な賭博癖の中で反復されているのかは、もっと若いある作家が書いた短編小説を参考にすれば、容易に推測できる。シュテファン・ツヴァイクは――ちなみに彼はドストエフスキーに試論(『三人の巨匠』)を献呈すらしている――三つの短編を収めた『感情の混乱』の中で、「ある女性の生涯の二十四時間」(22)と題する物語を書き残している。このささやかな傑作を書いた表向きの目的は、ツヴァイク自身の話では、女性というものがいかに無責任な存在で、思わぬ感銘を受けただけで自分でも驚く程とんでもないことをやりかねない、ということを明らかにすることである。しかし、この短編小説は、精神分析的な解釈を施すなら、もっと多くのことを述べ伝えていることが分かる。すなわち、ツヴァイクの言うような弁解じみた意図抜きに、全く別の普く人間的なもの、いやむしろ男性的なものを描写しているのである。こうした解釈は否定のしようのないほど明白極まりないものである。この物語には、秘密の痕跡を指し示すように計算され尽されたように思われる細部が少なからず織り込まれている。この作家は私の友人でもあり、彼に問い合わせてみたところ、私が言うような解釈は彼には全く覚えがなく、全く彼の意図するところではなかったと断言していたが、これは芸術的な創作活動に特有なことである。ツヴァイクの短編の中では、やや高齢の貴婦人が自分が二十年以上も前に遭遇した体験を作家に語って聞かせる。夫を早くに亡くし、二人の息子がいるが、既に母親を必要とする年齢ではなく、人生にもう何も期待することもなくなり、四十二歳のとき、当てもなく出た旅の一つでモナコのカジノの賭博ホールに立ち寄った。そこで彼女は、そうした場所が持つ不思議な印象のためか、すぐさま二つの手に見惚《みと》れてしまう。その手は、不幸な賭博人の全ての感情を驚くほど正直かつ強烈に打ち明けているように思えた。この手の主は美しい青年であり――作家は、特に意図しているわけでもないようだが、その青年がその見物に来た女性の長男と同じ歳だとしている――、青年はすべてを失った後、深く失望してホールを離れる。おそらく公園で自らの希望のない人生に終止符を打つためだろう。説明不可能な同情心に駆られて彼女はその青年の後を追い、彼を救おうと手を尽くす。彼は彼女を賭博場によくいるような厚かましい女の一人だと思って追い払おうとするが、彼女は彼から離れようとせず、当然だと言わんばかりにホテルの彼の部屋に泊まり込み、挙句は彼と寝床も共にする。成り行きまかせで恋人同士の夜を過ごした後、どうやら落ち着きを取り戻した青年に厳粛極まりなく宣誓させた上で、二度と賭けをしないという約束をさせ、彼に帰郷のための旅費を用立て、列車が出発する前に駅で落ち合う約束をする。しかし、そのとき彼女の心の内に、青年に対する大きな情愛が目覚め、彼を自分のもとに留めておくためなら全てを犠牲にしようと思い、別れを告げる代わりに一緒に旅に出ようと決意する。不都合な偶然のために彼女は出かけることができず、結局、列車に遅れてしまう。立ち去った青年を思慕しつつ賭博ホールをもう一度訪れると、そこで驚いたことに再び目にしたのは、最初に彼女の同情に火をつけた手だった。青年は約束を忘れて再び賭博に手を染めていた。彼女は彼に約束を忘れないように言うが、〔賭博に〕熱中するあまりに彼は彼女を興ざめ女と罵り、出て行けと言い、彼女が彼を自由の身にしてやろうとして渡した金を彼女に投げつける。彼女は恥ずかしさ極まって逃げ出し、その後、青年の自殺を思い止まらせられなかったことを知らされる。

＊7　ドストエフスキーはいつも、全てを失うまで、すっかり叩きのめされるまで[23]ゲーム台に留まった。不運が完全に成就した場合にだけ、悪魔はようやく彼のもとから消え、創造的な守護霊〔＝才能〕に席を譲った。（ルネ・フュレープ＝ミラー『賭博場のドストエフスキー』〔緒言〕八六頁。）

この物語は語り方も素晴らしく、動機づけも完璧なので、それだけでも立派に後世に残るものであり、読者に大きな効果を及ぼすこと請け合いである。しかし、精神分析は、この創作が思春期の欲望空想《ヴンシュファンタジー》という根本原因に基づいたものだということを教えてくれる。この欲望空想《ヴンシュファンタジー》を意識的なものとして想い出しさえする人も少なくない。すなわち、母親が自ら青年を性生活に導き、危惧される自慰行為の害から救って欲しいという空想《ファンタジー》である。救済をモチーフにした文学はかくも頻繁に書かれているが、それらの起源はどれも同じである。自慰行為という「悪癖」は賭博癖《シュピールズフト》という悪癖に代替される。[24] 手の熱狂的な動きが強調されていることはこの推論をはからずも明らかにしている。実際、賭博熱は、かつての自慰強迫の等価物であり、子供部屋で手を生殖器に据えて行う営みを意味する名称は「遊ぶ《シュピーレン》〔＝賭ける〕」という語以外には考えられない。抗いがたい誘惑、もう二度としないという、神聖でありながら決して守られることのない決意、強烈な快、破滅（自殺）に向かっていくという良心の呵責――こうした事柄は〔賭博癖との〕置き換えがなされても変わることなく保持されている。ツヴァイクの短編では、語り手はもちろん息子ではなく母親である。もし母親が、息子が自慰行為を続ければどんな危ういことになるのか分かっていれば、自らの身体であらゆる情愛を許し与え、息子をそうした危うさから救ってくれるに違いない――こう考えることは息子にとっては喜ばしいことだろう。ツヴァイクの短編では青年は母親を娼婦と同一視しているが、これもそれ同じ空想《ファンタジー》の脈絡に相応しいものである。この同一視によって、〔性的な意味で〕近寄れない女性〔母親〕が到達可能〔娼婦〕になる。この空想に伴う良心の呵責ゆえに文学作品は不幸な結末で終わる。作家が短編に施した偽装がその精神分析的な内容をいかに隠蔽しているかに気づけば、それもまた興味深い。なぜなら、女性の恋愛生活は突然の説明不可能な衝動に支配されるという考えは大いに疑わしいからだ。精神分析は、それまで恋愛に背を向けてきた女性が突然に取った驚くべき行動が、むしろ十分に動機づけられたものだということを明らかにする。亡き夫の追憶に忠実に、彼女は夫を思い忍ばせるような求めを全て用心深く撥ね退けてきた。しかし――この点で息子の空想《ファンタジー》は当を得ている――彼女は母親として、自分では全く意識していなかった息子への恋愛転移からは逃れられなかった。この無防備な場所でこそ、彼女は運命の虜となる。ドストエフスキーは賭博癖を何度も止《や》めようとしては失敗し、それを自己懲罰の機会にもしていたが、そうすることでかつて止《や》められなかった自慰強迫を反復しているのだとすれば、彼の人生において賭博癖がかくも大きな場所を占めていたとしても驚くには当たらない。重度の神経症ではいつも決まって幼年期と思春期の自体性愛的な充足が重要な役割を演じている。それを抑圧しようとする努力が父親に対する不安と関係しているということはあまりによく知られたことなので、一言触れておけば十分である。[*8]

（石田雄一　訳）

＊8　ここで述べた見解はほとんど、一九二三年に出版されたヨーラン・ノイフェルトの優れた論文『ドストエフスキー、彼の精神分析のための草案』（イマーゴ叢書、第四）に収録されている。

リットン・ストレイチ宛書簡
Brief an Lytton Strachey

一九二八年十二月二十五日
ウィーン、九区、ベルクガッセ十九番地

拝啓

このクリスマスに頂きました貴兄のエリザベスとエセックスの悲劇的な物語(1)は、とても嬉しく、とても思いがけない贈物でした。この贈物に心から感謝申し上げます。また、お返しとして贈ることのできるもの〔＝新しい著作〕が何も無く残念です。私は高齢で、身体の弱りを感じており、おそらくもう何も書けないでしょう。

私は貴兄が以前に出版されたものは全て存じており、とても楽しく拝読致しました。しかし、その楽しみは基本的には美学的なものでした。この度はもっと深い感銘を受けました。というのも貴兄ご自身がさらに大きな深みに降りて行かれたからです。貴兄の告白によれば、私たちには人間やその動機、その心の本質を言い当てることができず、結果としてその行動を解釈できないため、過去をきちんと理解することは不可能だとのことですが、歴史家は通常そんなことを意にも介しません。私たちの心理学的な分析は、親しい人々や一緒に暮らしている人であっても、何年もかけて綿密な調査を行うのでなければ不十分であり、そうした調査をやったところで、私たちは不完全な認識しかできず、また下手な総合しかできないために、なかなか上手く行きません。過去の時代の人々を扱うのは、何の連想も与えられていない夢を扱うようなもので、素人でなければ、私たちにそうした夢を解釈しろと求める者などいやしません。貴兄が歴史家として精神分析の精神を十分に身につけておられることが分かります。

貴兄はそうした留保をした上で、貴兄の祖国の歴史の最も不思議な人物の一人に迫り、その性格を幼年期に受けた印象によるものとして説明する術に長け、その最も内奥に隠された動機を大胆かつ慎重に示しておられます。ですから貴兄が実際の経緯を正しく再構成することに成功している可能性は大いにあります。

私は何年も前にウエストミンスターにあるこの女王の石棺の前に立ったことがありますが、そのとき、私の頭の中でいくつかの考えが一つにまとまりました。あまりお笑いにならないと約束して頂けるのでしたら、その考えを貴兄にお伝え致します。シェイクスピアは、マクベス夫人の性格に関する歴史的な資料はほとんど何も知らなかったのですから、彼はその性格をエリザベス――子供のいないエリザベス――をモデルにして作ったのだ、と私は考えたのです。第五幕第五場で「女王は死んだ」という叫びが大きくなると、当時のロンドンっ子は、つい最近同じ知らせを聞いたばかりだと思ったでしょうから、二人の女王を同一化することは至極当然だったのでしょう。エセックスの処刑後にエリザベスが意気消沈し後悔していたという噂は、詩人〔シェイクスピア〕に〔マクベス〕夫人の良心の呵責を描写するための素材を提供したのかもしれません。そもそもエリザベスも、自分に身を預けた客人（メアリー・スチュアート）を殺させたことがあり、この殺害はエセックスの殺害を覆い隠すことができたのです。これがともかくあり得ることだとすれば、シェイクスピアは確かに〔マクベスの〕伝承資料を〔戯曲に〕仕上げるときに同時代の歴史を強引に改変して、エリザベスを二人の人物、すなわちマクベスと夫人とに分割してはいるが、この二人の人物は互いに補い合うものであり、そのことで、実は二人がただ一人の人物にすぎないということを示しているのだ、と私は考えました。マクベス夫妻の中には、エリザベスの優柔不断なところや、彼女の非情さ、それから彼女の後悔が描かれているのです。リットン・ストレイチの診断通りに、彼女が本当にヒステリー患者だったとすれば、偉大な心理学者〔シェイクスピア〕なら彼女を二人の人物に分割して当然なのかもしれません[2]。

こうした考えが私の中で再び呼び覚まされたのは、シェイクスピアの正体は実は十七代目オックスフォード伯エドワード・ド・ヴィアーだというTh・ルーニーの憶測を知ってからのことです[3]。私はシェイクスピア＝〔フランシス・〕ベーコン説をいつも馬鹿にして笑っていましたが、ルーニーの本には強い感銘を受けたことを白状します。もちろん私には十分な知識がないので、この時代のことをよくご存知の専門家の方々ならこの新たなシェイクスピア候補にどんな反論ができるのか分かりません。そんな可能性はないと証明するのは、専門家の方々には難しいことではないのかも知れません。私には分かりませんが、分かりたいとは思います。いずれにしても、ド・ヴィアーにはエセックスの特徴がたくさん見出せます。彼は〔エセックスに〕似た神経過敏で自制心のない性格であり、重大な人生の葛藤に陥っていました。ド・ヴィアーはエセックスと同じく高貴な生れで、同じくそれを誇りにしており、さらにエセックスと同じく独断的貴族の典型といえる人物でした。その上、ド・ヴィアーは、言うまでもなく、ハムレットという近代初の神経症者のモデルなのです。彼が若かった頃、女王は彼ともちょっとした色恋沙汰があり、彼の継母であるバーリー夫人がかくも熱心に自分の娘と結婚するように勧めなかったら、彼はエセックスと似た運命を辿っていたかもしれません。彼がサウサンプトン〔第三代サウサンプトン伯ヘンリー・リズリー〕と親密な友人関係にあったことは確かで、エセックスの運命は彼にとって他人事ではなかったのかもしれません。——しかしもうこ

れくらいにしましょう——この手紙の後半については特に大目に見て頂くようお願い申し上げなければならない気持ちです。(4)

敬白

フロイト

(石田雄一　訳)

編注

否　定

（1）【SA　フロイトはこのことに、とりわけ「強迫神経症の一例についての見解〔鼠男〕」（GW-VII 407）〔本全集第十巻、二〇八―二〇九頁〕の中で既に注意を促していた。】

（2）verwerfen．本全集では「棄却」という訳語を採用している。ラプランシュ／ポンタリスは『精神分析用語辞典』において、フロイトが verwerfen という表現を用いる際の用法として「(a)たとえば抑圧のかたちでおこりうる拒否というような、かなりゆるやかな意味」、「(b)有罪判決という意識的な判断の形を取る棄却の意味」、「(c)ラカンが主張する意味〔「精神病的事象の源にあると思われる特殊な機制」を意味する場合〕」という三通りの意味を挙げている（J・ラプランシュ／J・B・ポンタリス『精神分析用語辞典』村上仁監訳、みすず書房、一九七七年、三七五頁）。ここでは、(b)の意味、すなわち「断罪 Verurteilung」と同義の「棄却判断 Urteilsverwerfung」という意識的な操作・態度の意味で用いられている。

（3）Aufhebung．原文では eine Aufhebung と不定冠詞が付いている。一概に「抑圧の解除」と言っても、部分的な解除からより完全な解除まで種々様々なものが考えられる。「否定」はそうした様々な「解除」のうちの「一種」だということである。

（4）【SA　この解釈に注意を向けるようにフロイトに促したのは、彼の最初の患者の一人だったツェツィーリエ・M夫人である。これについては、『ヒステリー研究』に収録されている症例記述「エミー・フォン・N夫人」中の、五月十八日の記録に関連する長い原注（27）を参照（GW-I 129）〔本全集第二巻、九三―九五頁〕。】

（5）aufheben．

（6）Verurteilung．通常は「有罪判決」や「刑の宣告」といった意味で、主に法的文脈で用いられる語である（本全集では「断罪」という訳語を採用している）。フロイトにおいては、ラプランシュ／ポンタリスが言うように、「ある欲望が意識されると、主として道徳的な、あるいは時が悪いからという理由から、主体がその充足を禁止する操作、あるいは態度」を意味し、その意味で「抑圧」に似ている。しかし、フロイトはそれを「抑圧の知的な代替物」と呼び、抑圧よりも優れた欲動克服の方法として位置づけている(ラプランシュ／ポンタリス『精神分析用語辞典』四五〇頁参照)。

(7)　SA編者によれば、この考えはとりわけ「心的生起の二原理に関する定式」(GW-VIII 233)〔本全集第十一巻、二六二頁〕にも登場し、『機知──その無意識との関係』第一版(GW-VI 119)〔本全集第八巻、二〇六頁〕でも触れられている。その他、「無意識」(GW-X 285)〔本全集第十四巻〕も参照。

(8)　made in Germany. この比喩は「精神分析概説」第八章(GW-XVII 129)〔本全集第二十二巻、二四一頁〕でも用いられている。

(9)　【SA　フロイトはこの問題を『文化の中の居心地悪さ』(GW-XIV 424-425)〔本全集第二十巻〕の中で再度取り上げている。】また、『素人分析の問題』でも、「外部」と「未知」、「敵」〔という三つの概念〕は、かつては同一の概念でした」(GW-XIV 223)〔本巻、一二二頁〕と述べている。

(10)　Berufen. うっかり話すと悪魔に聞かれてしまい、話したことと逆の事態になるという俗信。しばしばこの俗信の通りのことが実際に起こるのは、人は或ることが実現しないだろうと気づいているのに、それを否定して逆のことを語ろうとするからだ、とフロイトはこの原注で説明している。

(11)　【SA　この多くは、既に『夢解釈』(GW-II/III 570-573)〔本全集第五巻〕、および特に「心理学草案」第一部十六節「認識と再生思考」(GW-Nb 422-425)〔本全集第三巻〕で暗示されている。ここでは、再発見されるべき「対象」は母親の乳房である。『性理論のための三篇』第三篇五節「対象発見」(GW-V 123)〔本全集第六巻、二八四頁〕における同じ関連で書かれた、「対象発見とは本来、再発見なのである」という一文も参照。】

(12)　【SA　この重要な観点はフロイトによって幾度も繰り返し論じられている。「心的生起の二原理に関する定式」(GW-VIII 233-234)〔本全集第十一巻、二六二頁〕参照〔…〕。この〔「先延ばし(Aufschub)」という〕概念はその後も「無意識」(GW-X 287)〔本全集第十四巻〕や、『自我とエス』(GW-XIII 285)〔本全集第十八巻、五七頁〕で言及されている。当論文以降ではこの考えは『続・精神分析入門講義』第三二講(GW-XV 96)〔本全集第二十一巻〕にも見られ、また最終的には試論「精神分析概説」第八章(GW-XVII 129)〔本全集第二十二巻、二四一―二四二頁〕に現れている。ついでながら、判断という問題全体は非常に詳細に、かつ本稿と同じ意味で「心理学草案」第一部十六節「認識と再生思考」（GW-Nb 422-425）〔本全集第三巻〕、十七節「想起と判断」（GW-Nb 425-427）〔本全集第三巻〕および十八節「思考と現実」（GW-Nb 427-430）〔本全集第三巻〕で論じられている。】

SA編者によれば、「心的生起の二原理に関する定式」以前にも、『機知――その無意識との関係』（GW-VI 218-219）〔本全集第八巻、二一七―二一八頁〕、『夢解釈』（GW-II/III 605-606）〔本全集第五巻〕にも、同様の考えが述べられている。なお、Aufschub（先延ばし）の訳語は、本全集では統一されておらず、「心的生起の二原理に関する定式」〔第十一巻、二六二頁〕では「先延ばし」、『自我とエス』〔第十八巻、五七頁〕では「延期」となっている（本稿では「心的生起の二原理に関する定式」の訳に従い、「先延ばし」を訳語として採用し、Denkaufschub を「思考による先延ばし」と訳した）。

（13）【SA　『快原理の彼岸』（GW-XIII 27）〔本全集第十七巻、八〇頁〕および「「不思議のメモ帳」についての覚え書き」（GW-XIV 8）〔本全集第十八巻、三二二頁〕を参照。フロイトは後者の個所で、あたかも自我ではなく無意識が「知覚－意識系を介して外界に向けて触手を差し出す」かのようだ、と確認しているということを指摘しておきたい。】

（14）【SA　『機知』第六章における原注（7）を参照（GW-VI 199）〔本全集第八巻、二〇七頁〕。】精神病的な否定欲は、「自分には臓器がない」「体がない」「名前がない」などすべてを否定する否定妄想を特徴とするコタール症候群において際立った形で認められ、フロイトもこの病態を念頭において述べていると考えられる。コタール症候群は重症メランコリーの一型と考えられている。否定妄想はフロイトの見方からすると、言語のもつ否定の機能が一人歩きした事態とみなされる。

（15）【SA　フロイトは既に、一九二三年に「ドーラ」に関する症例記述「あるヒステリー分析の断片」に追加した原注（31）（GW-V 218）〔本全集第六巻、六九頁〕で、ほぼ同じ言葉でこの確認を行っている。後の論文「分析における構築」（GW-XVI 50）〔本全集第二十一巻〕でフロイトは再度この確認に立ち返っている。】

制止、症状、不安

（1）【SA　例えば『性理論のための三篇』（一九〇五年）第一篇四節〔「神経症者における性欲動」〕、第三段落（GW-V 63）〔本全集

第六巻、二〇九―二一〇頁〕を参照。】

(2) 【SA 例えば「抑圧」(一九一五年)の冒頭近くの確認(GW-X 250)〔本全集第十四巻〕を参照。】「抑圧の本質は意識からの除外と隔絶にのみ存する」とある一節を指す。

(3) 【SA この問題に関しては「あるヒステリー分析の断片〔ドーラ〕」(一九〇五年)(GW-V 187)〔本全集第六巻、三〇―三一頁〕において議論されている。】

(4) 【SA 『快原理の彼岸』(一九二〇年)Ⅳ節(GW-XIII 23 f.)〔本全集第十七巻、七五―七七頁〕を参照。】「W-Bw」は「Wahrnehmung(知覚)-Bewußtsein(意識)」の略記。

(5) SA編者によれば、本稿においてフロイトは、自動的不安と「信号 Signal」としての不安とを区別している。前者が、寄る辺なさ(自我には処理しきれぬ内外からの刺激の蓄積に際しての感覚)を中核的体験とする外傷的状況の到来を決定因とするのに対し、後者は、外傷的状況が迫り来る脅威に対する自我の応答であり、この脅威が危険状況を作り出す。内部からの危険は人生の発展期ごとに変化するが、愛する対象からの分離、愛する対象の喪失、愛する対象の側の愛の喪失、という同じ一つの特徴を持つ。これらによって、癒されない欲望が堰き止められ、寄る辺なさの体験が招かれることがある。人生の様々な時期において外傷的状況を引き起こしうる特定の危険は、SA編者によれば、誕生、母親対象の喪失、ペニス喪失、対象の側の愛の喪失、超自我の愛の喪失である。さらにSA編者によれば、「信号としての不安」という観念は、不快一般に応用されたかたちで初期のフロイトにおいて既に認められ、これは彼の「思考 Denken」に関する考えと緊密に結びついている。フロイトによれば、思考活動は情動の発展を、信号を発するのに不可欠な最小量に減少させねばならない(一九一五年の「無意識」〔本全集第十四巻〕参照)。また、『精神分析入門講義』第二五講においても、「不安準備 Angstbereitschaft」状態が、深刻な不安を未然に防ぐために「信号」を送るのだ、とある(GW-XI 409-410)〔本全集第十五巻〕のも、本稿の議論と親和的である。本稿においても、まず「不快の信号」という構想として導入され、続いて「不安」信号として論じられる、という順になっている。

(6) ここにフロイトにおける、超自我、自我、エスからなる第二局所論をモデルとした大衆《マス》論と公共性論の粗描を読み取ることができる。

（7）【SA　欲動を心の中で代理表現するもの、の意。】

（8）原語は Erinnerungssymbole.「ヒステリーの病因論のために」（一八九六年）（GW-I 427）〔本全集第三巻〕を参照。フロイトは『精神分析について』（一九〇九年）（GW-VIII 11-12）〔本全集第九巻、一二〇―一二一頁〕において、ヒステリー患者の外傷的体験と症状を、都市の記念碑のように物質化された「想い出-象徴」と比較している。またこの言葉の初出は「防衛-神経精神症」（一八九四年）（GW-I 63）〔本全集第一巻、三九八頁〕である。

（9）SA編者によれば、『ヒステリー研究』（一八九五年）におけるフロイトの「心情の動きの表現は、根源的に有意味で規則的な働きから成り立っている」（GW-I 251）〔本全集第二巻、二三二頁〕という、ダーウィンに由来する言明は、遥か後の『精神分析入門講義』第二五講において再び情動表現の問題が採り上げられた際にも、「情動の中核をなすのは特定の意義深い体験の反復である」（GW-XI 410）〔本全集第十五巻〕と敷延されている。そこで彼は、一九〇九年の「ヒステリー発作についての概略」における、ヒステリー発作とは幼年期の体験の再蘇生である、とする説明（GW-VII 238-239）〔本全集第九巻、三一〇―三一二頁〕を引きながら、以下のような帰結を付け足している。「すなわちヒステリー発作は、個体において新たに形成された情動に擬えることができ、正常な情動は、一般的で相続財となったヒステリーの表現に擬えることができる」（GW-XI 410-411）。これとほぼ同じ文言が此処、およびVIII節で繰り返されている。

（10）「個体にとって最初の不安体験としての出生行為 Geburtsakt」とあるように、Geburt(-) は母親の能動的行為を意味する「出産（-）」と、比喩的用法の多い「誕生（-）」を避け、以下全て「出生（-）」とした。

（11）ここで使用されている Nachdrängen の訳語は、一般的には「踏襲」とされるが、説明を加えて訳出している。【SA　これについては「抑圧」（一九一五年）（GW-X 250-251）〔本全集十四巻〕で論じられている。】

（12）【SA　『自我とエス』（一九二三年）V節〔本全集十八巻、四七頁以下〕。】

（13）【SA　この問題のより詳細な議論は『続・精神分析入門講義』（一九三三年）最終第三五講「世界観について」（GW-XV 170 ff.）〔本全集第二十一巻〕を参照。】

（14）「ベーデカー Baedeker」は一八二八年創刊のドイツの旅行ガイドブック。十九世紀後半から二十世紀前半には大衆的ツーリズムの代名詞となった。

(15)【SA　すなわち自我のエスに対する強さと弱さの対立という問題。】

(16)「自らの存在」とは、エスの個々の欲動の蠢《うごめ》きのことで、これが自己主張して症状形成がなされるとフロイトは考える。そこには、エス自体が自我とは一線を画す形で独自に主体性を持ち、エスは自らの満足を要求することを本性とするという認識が窺える。「欲動要求 Triebsansprüche」という術語も、欲動が能動的に満足を要求することを指す。

(17)【SA　この比較は一八九三年の「ヒステリー諸現象の心的機制について(講演)」〔GW-Nb 190-191〕〔本全集第一巻、三三三—三三四頁〕でなされている。】

(18)【SA　「あるヒステリー分析の断片〔ドーラ〕」(一九〇五年)に一九二三年に付加された重要な補注(GW-V 202-203)〔本全集第六巻、五一頁〕を参照。】

(19)【SA　「ある五歳男児の恐怖症の分析」(一九〇九年)(GW-VII 260)〔本全集第十巻、二四頁〕。】

(20)【SA　「ある五歳男児の恐怖症の分析」(GW-VII 284-285；317-318)〔本全集第十巻、五五—五七頁、一〇二—一〇四頁〕。】

(21)【SA　「ある五歳男児の恐怖症の分析」(GW-VII 265-266)〔本全集第十巻、三〇—三二頁〕。】ハンスが父親と毎日曜日に出かけていた祖父母の家への鉄道旅行を、恐怖症が悪化すると拒むようになったことを指す。

(22)【SA　「ある五歳男児の恐怖症の分析」(GW-VII 285-286)〔本全集第十巻、五六—五九頁〕。】

(23)【SA　「ある幼児期神経症の病歴より」(一九一八年)(GW-XII 54 ff.)〔本全集第十四巻〕。】

(24)【SA　「ある五歳男児の恐怖症の分析」(GW-VII 359)〔本全集第十巻、一五四頁〕。】

(25)【SA　「ある幼児期神経症の病歴より」(GW-XII 58)〔本全集第十四巻〕。】

(26)「棚上げにされている」の原語は aufgehoben werden である。「アウフヘーベン」は、「否定する、除去する」、「保持する、持ち上げる」などと、否定的な意味と肯定的な意味を合わせ持つ。ここでは、母親に対する欲動が抑圧されて、その満足がなされないものの、この欲動そのものは少なくとも無意識の次元では存続することから、「棚上げ」と訳した。「解題」も参照。

(27)以下ここでは、小さなハンスとロシア人少年、つまり狼男を引き合いに出してエディプスコンプレクスの様態が区別される。ハンスはエディプスコンプレクスにおいて、父親に対し攻撃性の情動を抱く。これをフロイトは「陽性エディプスコンプレクス」と呼ぶ。他方、狼男は、父親に対する、攻撃性の情動を抱かない。これは――フロイトはここでは述べていないが――「裏エディプスコンプレクス」である。

(28)【SA「ある幼児期神経症の病歴より」(GW-XII 42 ff.)〔本全集第十四巻〕。】

(29) ここでは「能動的エディプスコンプレクス」と「受動的エディプスコンプレクス」が区別される。「能動的エディプスコンプレクス」は、ハンスがモデルとなるが、父親に対し攻撃的な情動を抱く、さらに父親に対し情愛的な感情を抱く場合を指す。他方、「受動的エディプスコンプレクス」は、狼男がその例となるが、父親から性的に愛されたいという欲望を抱く場合を指すと考えられる。

(30)【SA 例えばフロイトの論文「抑圧」(一九一五年)(GW-X)〔本全集第十四巻〕における「狼男」症例への言及も参照。これ以上の議論は、本稿XI節、補足Aのb「リビード変転からの不安」を参照。】さらにSA編者は、以下の点を指摘している。フロイトが不安の問題と最初に出会うのは、「現勢神経症」の研究においてであり、最初期の検討は「ある特定の症状複合を「不安神経症」として神経衰弱から分離することの妥当性について」(一八九四年)〔本全集第一巻〕に見出される。当時の彼はまだ神経学研究の強い影響下にあり、心的事実を記述する際にも生理学的な語彙を用いるよう心を砕いていた。フロイトはフェヒナーの恒常性原理に依拠しつつ、神経システムはその都度現存する刺激量を低減するか、少なくとも一定に保つ傾向を持つ、と唱えていた。臨床的観察では、不安神経症において性的緊張の放散障碍が常に確認されたので、当然彼は、堆積した刺激が不安の転化を介して外部への通道化を求めるのだ、と帰結し、これを心的決定因子の全く関与しない純然たる物理的過程であると見做した。これに対して心的要因の関与が排除しえない強迫神経症でも、フロイトは同様の説明をしていた。精神神経症において、放散しえない刺激の堆積の原因は確かに心的なもの、すなわち抑圧であるが、そこからの帰結は当然現勢神経症の場合と同じであり、堆積した刺激(あるいはリビード)が直接不安に転化するのだ、という説である。『性理論のための三篇』(一九〇五年)第四版に、一九二〇年に補った脚注でも「神経症の不安がリビードから生じること、その不安はリビードが変転した産物であること、したがってこういった不安とリビードとの関係はたとえば酢のワインに対する関係と同じであるということ、以上のことは精神分析研究の最も重要な成果の一つである」(GW-V 126)〔本全集第六巻、二八九頁、原注(11)〕とあるように、およそ三〇年間この説に固執したフロイトが、ようやく本稿において、それを放棄したのである。「ここであらたに、どちらでもよくはあるが、大いにありうべき次の可能性が認められる。つまり、利用されないリビードの過剰が不安を発展させる形で放散される可能性である」とⅧ節〔本巻、六九頁〕にあるように、この放棄は留保つきのものであったが、この不安のリビード転化説の残滓もまた、一九三三年の『続・精神分析入門講義』第三二講で、不安神経症においても不安が生じるのは外傷的状況への反応であるとされ、「我々は不安に転化するのがリビード自体である、とはもはや主張しまい」(GW-XV 101)〔本全集第二十一巻〕とあるように、結局捨てられる。

(31)【SA「ある特定の症状複合を「不安神経症」として神経衰弱から分離することの妥当性について」(一八九四年)〔本全集第一巻〕参照。】

(32) Non liquet. ラテン語。【SA「明らかではない」の意のラテン語で、証拠物件の立証性が十分でないことを言う法廷用語。】「判決不能」と訳されることが多い。

(33) ヒステリー性の運動麻痺のため車椅子を使用し、何らこのことに不安を示さず、かえって満足感さえ漂わす「うるわしき無関心 la belle indifférence」がそのよい例だろう。『ヒステリー研究』(GW-I 196)〔本全集第二巻、一七二頁、四〇七頁、編注(1)〕、「抑圧」(GW-X 258)〔本全集第十四巻〕参照。

(34)「拘縮 Kontraktur」は手足が固定してしまい動かなくなることを指すが、この場合に例えばリュウマチによって生じるような器質性の拘縮に対し、明らかな器質病変がないのに、何らかの心理的葛藤を背景に生じるヒステリー性拘縮が区別される。ヒステリー性運動麻痺と重なる面があると思われるが、運動麻痺が続き、手足の固定した状態が長期に続くと、二次性の筋肉の廃用性萎縮をきたすことがある。ヒステリー性拘縮という時は、むしろこの病態を指すと見たほうが適切かもしれない。

(35)【SA 本稿Ⅵ節の冒頭第二段落を参照。】

(36)「リビードの要求 libidinöse Ansprüche」は、「欲動要求 Triebsansprüche」と同じ言葉の用法で、エスが自我とは別個に能動性をもち、おのれの満足を要求することを指す。

（37）【SA　このことの一例は「狼男」分析に見出される。「ある幼児期神経症の病歴より」（GW-XII 107）〔本全集第十四巻〕。】

（38）【SA　この症例は「強迫神経症の素因」（一九一三年）冒頭（GW-VIII 444）〔本全集第十三巻、一九二―一九三頁〕で論じられている。】

（39）【SA『自我とエス』（一九二三年）IV節冒頭近くにおいてフロイトは、サディズム肛門期から性器期への進歩について「エロース的成分が付け加わることが条件となっているのかもしれない」と推定している（GW-XIII 270）〔本全集第十八巻、三九頁〕。】

（40）【SA　詳細は本稿XI節「補足」Aのc「抑圧と防衛」で論じられる。】

（41）【SA　この問題連関に関しては、「強迫神経症の一例についての見解〔鼠男〕」（一九〇九年）第二章a節以下（GW-VII 439ff.）〔本全集第十巻、二四六頁以下〕を参照。また、同第一章の原注（GW-VII 392）〔一九一頁、原注（7）〕も参照。】

（42）「なかったことにすること」はUngeschehenmachen、「孤立させること」はIsolierenである。【SA　両技法ともフロイトは「強迫神経症の一例についての見解〔鼠男〕」（GW-VII 451-452; 458）〔本全集第十巻、二六〇頁「父親の死の無効化」、二六八頁「隔離」〕において言及している。】

（43）non arrivé. フランス語。

（44）【SA『トーテムとタブー』（一九一二―一三年）参照。例えば、（GW-IX 36-40; 43-44; 90-91）〔本全集第十二巻、四〇―四四頁、四七―四八頁、九五頁〕。】

（45）【SA「ある幼児期神経症の病歴より」（GW-XII 39）〔本全集第十四巻〕】

（46）【SA「無意識」（一九一五年）IV節（GW-X 281-284）〔本全集第十四巻〕における恐怖症の説明を参照。】SA編者によれば、フロイトは外的な危険への反応としての不安と欲動の危険に基づいた不安との間に密接な関係があるという考えに当初から固執していた（最初の不安神経症論である「ある特定の症状複合を「不安神経症」として神経衰弱から分離することの妥当性について」（一八九四年）〔本全集第一巻〕参照）。『精神分析入門講義』〔本全集第十五巻〕第二五講などにおいて彼はこの立場を守ろうとしたが、現勢神経症において不安は直接リビードから生じる、とする説を捨て去り、自動的不安と信号としての不安という区別を導入することで、神経症的不安と現実不安の間に発生的差異を認める根拠はなくなった。

（47）「制止症状」の原語は Hemmungssymptom である。制止は現代ではうつ病による集中力低下、気力喪失などを指すが、フロイトは神経症の代替の機制によって生じる行動制限を神経症性の症状という意味をこめて制止症状と呼んでいる。

（48）【SA　この問題の詳細な議論は『文化の中の居心地悪さ』（一九三〇年）Ⅶ、Ⅷ節（GW-XIV 482ff.）〔本全集第二十巻〕に見出される。】

（49）【SA　本稿Ⅱ節末尾参照。】

（50）【SA「ある五歳男児の恐怖症の分析」第Ⅰ章「緒言」（GW-VII 246）〔本全集第十巻、七頁〕に一九二三年に付加された注〔原注（2）〕を参照。】

（51）【SA『自我とエス』Ⅴ節（GW-XIII 287ff.）〔本全集第十八巻、六〇―六二頁〕ならびに、本稿Ⅷ節後半を参照。】

（52）【SA　本稿Ⅱ節後半参照。】

（53）本稿Ⅷ節における、オットー・ランクの「出生外傷」の理論に対する批判を先取りしている。

（54）【SA　この主題は、本稿Ⅺ節「補足」のC「不安、痛み、喪」で立ち戻られる。】

（55）【SA「ある特定の症状複合を「不安神経症」として神経衰弱から分離することの妥当性について」（GW-I 318-319）〔本全集第一巻、四一六―四一八頁〕。】

（56）【SA　この「一般的な観方」は、例えば『快原理の彼岸』（一九二〇年）冒頭（GW-XIII 3-8）〔本全集第十七巻、五五―六〇頁〕で述べられている。】

（57）【SA　本稿Ⅱ節後半の記述を参照。】

（58）【SA　この考えは恐らくダーウィンの『情動の表現 Expression of the Emotion』（一八七二年）に遡る。本稿編注（9）を参照。】

（59）【SA　ランクの理論については本稿Ⅹ節においても論じられる。】

（60）【SA　フェレンツィ・シャーンドル「性的習慣の精神分析のために」（*Internationale Zeitschrift für Psychoanalyse*, Bd.

11, 1925, 6)。】

（61）SA編者により「この空想の中で」と補われている。

（62）【SA　フロイトはこの空想を既に「ある幼児期神経症の病歴より」（GW-XII 133-136）〔本全集第十四巻〕で論じている。】

（63）【SA　本稿Ⅶ節末尾参照。】

（64）【SA　例えば「無意識」（一九一五年）Ⅳ節（GW-X 281-282）〔本全集第十四巻〕を参照。】

（65）【SA　本稿編注（46）参照。】

（66）【SA　『自我とエス』（GW-XIII 287）〔本全集第十八巻、六〇頁〕にある。】

（67）【SA　この表現は、「ある特定の症状複合を「不安神経症」として神経衰弱から分離することの妥当性について」（一八九四年）Ⅲ節（GW-I 336）〔本全集第一巻、四三六頁〕にある。本稿Ⅷ節全体にこの表現が木霊している。】

（68）【SA　類似した見解が本稿Ⅵ節の末尾に見られる。】本稿編注（30）を参照。

（69）【SA　本稿Ⅶ節末尾を参照。】

（70）【SA　本稿Ⅵ節末尾を参照。】

（71）【SA　「解剖学的な性差の若干の心的帰結」後半（GW-XIV 28 ff.）〔本巻、二一三頁以下〕を参照。】

（72）【SA　「ヒステリーの病因論のために」末尾（GW-I 457-458）〔本全集第三巻〕を参照。】

（73）【SA　ここでフロイトは、主に自らのメタサイコロジー的研究「抑圧」（一九一五年）（GW-X 256-257）と同年の「無意識」（特にⅣ節）（GW-X 281-284）〔ともに本全集第十四巻〕において繰り広げた議論を再検討している。】

（74）【SA　例えばアルフレート・アードラー『器官劣等性についての研究』（ベルリン-ウィーン、一九〇七年）〔邦訳、A・アドラー『器官劣等性の研究』安田一郎訳、金剛出版、一九八四年〕。】

（75）Simplex sigillum veri. ラテン語。

（76）【SA　本稿Ⅷ節を参照。】『出生外傷』の公刊は一九二四年。SA編者によれば、フロイトにとって「特定の意義深い体験の反復」という情動観は本質的であり続けた。『夢解釈』第二版（一九〇九年）、第六章（E）末尾近くに付け足された脚注において、子宮内での生活という空想に言及し、隔字体で強調している。「ついでに言えば、出生行為は最初の不安体験であり、よって不安情動の源泉であり範型である。」この仮説は決して放棄されることなく、「男性における対象選択のある特殊な型について」(一九一〇年)〔本全集十一巻〕でも主要な地位を占めている。また、『精神分析入門講義』(一九一五―一七年)第二五講〔本全集第十五巻〕においても出生と不安の関係が論じられ、『自我とエス』〔本全集第十八巻、六二頁〕でも「出生という最初の大きな不安状態」について語られている。オットー・ランクの『出生外傷』は、フロイトによる不安論の単なる受容にとどまらぬ内容を含んでいる。すなわちランクは、後の不安発作が全て、根源的な出生外傷への「浄化反応」であるとし、神経症治療においても、エディプスコンプレクスに代わる出生外傷の克服を目的とした改革を提唱した。ランクの議論に対するフロイトの当初の反応は肯定的なものであったが、本稿における評価は、最終的には抜本的否定へと大きく振れている。彼はランク説への拒絶を契機に自説の修正を検討し、その結果書かれたのが本稿『制止、症状、不安』であるといえる。

(77)【SA　本稿Ⅷ節を参照。】

(78)【SA　『自我とエス』Ⅲ節(GW-XIII 263)〔本全集第十八巻、三二頁〕においてフロイトは、地質学上の氷河期を念頭においていることを明記している。この考えはフェレンツィ「現実感覚の諸発展段階」(*Internationale Zeitschrift für ärztliche Psychoanalyse*, Bd. 1, 1913, 124-138)によって既に論じられている(後にフェレンツィ『精神分析著作集』第一巻、M・バリント編、フランクフルト・アム・マイン、一九七〇年、に再録)。】

(79)【SA　外的現実、の意。】

(80)【SA　「抑圧」(一九一五年)(GW-X 252-253)〔本全集第十四巻〕を参照。】

(81)【SA　R・ラフォルグ「抑圧と暗点化」(*Internationale Zeitschrift für Psychoanalyse*, Bd. 12, 1926, 54)。フロイトはこの用語を、「フェティシズム」(一九二七年)〔本巻、二七七頁〕において、否認(Verleugnung)の概念との関連で詳述している。】

(82)【SA　『自我とエス』Ⅰ節(GW-XIII 243-244)〔本全集第十八巻、一〇頁〕。】

(83)【SA　本稿Ⅲ節末尾を参照。】

(84)【SA　これは『自我とエス』(GW-XIII 278-279)〔本全集第十八巻、四八―五〇頁〕で論じられる。】

（85）【SA　一九二六年初版にのみ、ここに「経済論の見地から ökonomisch」の一語が入る。以降の版においては、明らかに看過によってこの語は欠けている。】

（86）本稿編注（76）参照。

（87）【SA　本稿Ⅷ節を参照。】

（88）【SA　本稿Ⅺ節、補足B「不安についての補足」を参照。】

（89）【SA　同右、後半を参照。】

（90）【SA　『快原理の彼岸』（一九二〇年）（GW-XIII 13 ff.）〔本全集第十七巻、六四―六八頁〕参照。】

（91）【SA　本稿Ⅹ節を参照。】

（92）【SA　本稿Ⅷ節を参照。】

（93）【SA　本稿Ⅶ節末尾を参照。】

（94）【SA　『快原理の彼岸』Ⅱ節後半（GW-XIII 11 ff.）〔本全集第十七巻、六三―六八頁〕で記述される児戯〔いわゆる Fort/Da の遊戯〕を参照。】

（95）【SA　とりわけその冒頭近く（GW-X 429-430）を参照。】

（96）【SA　『快原理の彼岸』Ⅳ節（GW-XIII 29 ff.）〔本全集第十七巻、八一―八七頁〕の記述を参照。】

（97）【SA　「ナルシシズムの導入にむけて」（一九一四年）Ⅱ節冒頭（GW-X 148-149）〔本全集第十三巻、一二七―一二九頁〕参照。】

（98）【SA　『快原理の彼岸』〔本全集第十七巻〕編注（96）に同じ。】

（99）【SA　『快原理の彼岸』〔本全集第十七巻〕同右。】

（100）【SA　「喪とメランコリー」（一九一七年）（GW-X 429-430）〔本全集第十四巻〕参照。】

素人分析の問題

（1）【SA　このことは実際には合衆国の数州にのみ当てはまる。それはまた英国にも当てはまることである。】

（2）「神経衰弱 Neurasthenie」はアメリカの内科医ビアードの概念を指し、「精神衰弱 Psychasthenie」はフランスの心理学者ジャネの概念を指す。

（3）【SA　シェイクスピア『ハムレット』第二幕、第二場。】ポローニアスに「殿下、何をお読みで」と尋ねられると、ハムレットはただ「言葉、言葉、言葉」とだけ答える（ウィリアム・シェイクスピア『ハムレット』野島秀勝訳、岩波文庫、二〇〇七年、一〇八頁）。フロイトはこのハムレットの台詞を使って、公平な立場の聞き手に「精神分析で用いられるのは言葉だけだというのか」と言わせている。

（4）【SA　ゲーテ『ファウスト』第一部、第四場における学生との場面。】『ファウスト』第一部の書斎の場面で、メフィストは、「でも言葉には概念があるはずでございましょう」と言う学生に対して、「それは尤もだ。だがあまり思い煩うにはおよばない。／なぜならば、まさに概念の欠けているところに、／言葉がうまく間に合うようにやってくるものなんだ。／言葉だけで、立派に議論もできる、／言葉だけで、体系をつくりあげることもできる、／言葉だけで、立派に信仰を示すこともできる、／しかし言葉からは、一点一画も奪うわけにはいかない」（ゲーテ『ファウスト第一部』相良守峯訳、岩波文庫、二〇〇六年、一三三頁）と答えている。

（5）Zauberei.【OC　フロイトは『トーテムとタブー』（GW-IX 97）〔本全集第十二巻、一〇一頁〕で、「魔術 Zauberei」と「呪術 Magie」を概念的に区別している。】ただし、本稿ではそうした概念的な区別を前提に「魔術」という語を用いているとは考え難い。

（6）【SA　ゲーテ『ファウスト』第一部、第三場。フロイトは『トーテムとタブー』（GW-IX 194）〔本全集第十二巻、二〇六頁〕をこの引用で締めくくっている。】『ファウスト』第一部の書斎の場面の冒頭でファウストはギリシア語聖書のヨハネの福音書の冒頭を訳す際に、普通は「言葉」と訳される「ロゴス」に「行為」という訳語を充て、「太初《はじめ》に言葉ありき」ではなく「太初に行為ありき」と訳している（ゲーテ『ファウスト 第一部』相良守峯訳、岩波文庫、二〇〇六年、八六頁）。

（7）　これは精神分析の主要な方法としてフロイトが提示した自由連想の簡潔な定義である。

（8）　sui generis. ラテン語。

（9）　二つ前の段落で、公平な立場の人が分析家を聴罪司祭と比較し、分析家が聴罪司祭よりも長い時間をかけて個人的に患者と関わり合うので、聴罪司祭よりも強い影響力を患者に及ぼすことができると述べたことを受けている。

（10）　フロイトが医師として最初に出会い、大きな期待をよせ実践した治療法が催眠術による暗示である。フロイトは神経症者の治療をなによりも重要なこととして考えた医師であるが、その背景には、一開業医として生計をたてていくという経済的な事情もあったようである。『みずからを語る』〔本全集第十八巻、七一―七七頁〕を参照。

（11）　【SA　ヨーハン・ネストロイ（一八一〇―六二年）、喜劇や笑劇の作者として有名なウィーンの劇作家。フロイトはこの見解を「終わりのある分析と終わりのない分析」（GW-XVI72）〔本全集第二十一巻〕の中で再度引用している。】

（12）　【SE　心の装置がどのような素材でできているのかという問題のこと。】

（13）　Open to revision.

（14）　Als ob. als ob は「あたかも〜かのように」という意味の従属節を導く接続詞。哲学者ハンス・ファインヒンガーはこの接続詞を名詞化して「かのように Als ob」という術語として用いている。

（15）　【SA　ハンス・ファイヒンガー（一八五二―一九三三年）、その哲学的体系は『かのようにの哲学』に系統立てて論じられている。この著作はドイツ語圏で、特に第一次世界大戦後に大いに流行した。フロイトは『ある錯覚の未来』V節の末尾（GW-XIV351）〔本全集第二十巻〕でより詳細に論じている。】

（16）　「自我 Ich」と「エス Es」は、ドイツ語の人称代名詞 ich（私）と es（それ）を普通名詞化したものである。

（17）　Es hat mich durchzuckt. 他動詞 durchzucken は「〜を閃きわたる」という意味であり、例えば Blitz durchzuckt den Himmel（稲妻が空を閃きわたる）というように、「稲妻」を主語、「空」を目的語として用いるが、非人称の es を主語、人を目的語とすると「誰々は急に何かを思い付く」という意味になる。

(18) C'était plus fort que moi. フランス語では ce(この文では文頭の c') が es に相当する代名詞である。

(19) Fassade. 建物の正面外壁。西欧建築ではこの部分だけに特別に豪華な装飾がなされるので、しばしば比喩的に、内実を覆い隠すべく飾り立てた外見という意味で用いられる。

(20) フロイトは「否定」(GW-XIV 13)〔本巻、五頁〕の中で、成長の初期段階においては「悪いもの、自我の知らないもの、外にあるものは、自我にとっては差し当たり同じものなのである」と述べている。ちなみに、古典ギリシア語の ξένος やラテン語の hostis は本来「外部の人」を意味する語だが、「見知らぬ人」や「敵」という意味でも用いられていた。

(21)【SA (GW-XIV 218)〔本巻、一一五頁〕参照。】公平な立場の人が「新しい心理学についてお話し下さるとおっしゃいますが、心理学は何ら新しい科学ではないと思います」と既に述べていることを指している。

(22)【SA 初版のみ「意識」という語はハイフンを用いて Bewuß-tsein と記されている。後の全ての版ではハイフンが誤って取り除かれ、Bewußtsein と一語で記されている。これによって bewußt という語の受動的な意味を強調しようというフロイトの意図は失われる。同様に同じ意図で『自我とエス』I節第四段落の冒頭(GW-XIII 240)〔本全集第十八巻、五頁〕でも「意識」という語〔本全集では「意識されている」と訳されている〕は〔bewußt sein というように二語に〕分かれている。】

(23) SA編者によれば、フロイトは「自己分析」という名称を、自分自身に対して精神分析を行うという意味でも用いており、そのような意味での自己分析は本来不可能だと考えている。それに対して、ここで言われている「自己分析」は、精神分析の習得を目的として他の分析家のもとで分析を受けることを意味している。このような意味での「自己分析」は、誤解を避けるため、今日では「養成分析」と呼ばれている。

(24) am eigenen Leib. OC編者によれば、am eigenen Leib erfahren(身をもって経験する)というように「自分自身で」という熟語的な意味で用いられる表現であるが、ここでは an der eigenen Seele(自分自身の心で)との対比で用いられているので、文字通り「自分自身の身体で」と訳している。

(25)【SA フリードリヒ・シラー(一七五九―一八〇五年)が詩「世界の賢人たち」の中で用いている言葉。この詩の末尾でシラーは、「差し当たり、世界という構造物を／哲学が一つに纏《まと》めるまで、／自然が動力装置を維持する／飢えと愛によって」と記している。】

(26) SE編者によれば、Triebという語は文字通り英訳すればdriveだが、SEではinstinct（本能）という訳語が用いられている。

(27)『制止、症状、不安』(GW-XIV 119)〔本巻、一六―一七頁〕を参照。

(28)『制止、症状、不安』(GW-XIV 199)〔本巻、九四―九五頁〕を参照。

(29)【OC「この精神分析の理論には読者の注意を喚起しておかなければならない。本文の記述では抑圧の動機として、欲動の充足が危険で、「外界との衝突」に至るようなケースしか認めていない。しかし、問題は、それが抑圧の唯一の条件なのか、それともその初期条件に過ぎないのかということである。抑圧、つまり欲動に対する自我の逃亡の試みは、むしろ、欲動の要求がその強度によって自我の制御能力に比して過度に大きくなる度ごとに生じるのではではないか、ということだ。この場合には、外界から生じかねない危険を斟酌するということは計算に入らないだろう。この問題はまだ解決しておらず、抑圧の考え得る二つの動機の相互関係はまだ解明されていない」（一九三五年の注〔＝フロイト自身が一九三五年に、計画されていた再版のために書いた増補注〕）。】

(30) aufheben.「解除」。「否定」〔本巻、四頁〕でも抑圧の解除の問題について論じられている。「解題」を参照。

(31) Geisteskrankheit. このくだりでは、架空の対話相手が「精神疾患Geisteskrankheit」という表現を用いているのに対して、フロイトは自らの立場で語る際にそれを「精神病Psychose」(GW-XIV 232)〔本巻、一三〇頁〕と言い換えている。「神経症と精神病」(GW-XIII 387-391)〔本全集第十八巻、二三九―二四三頁〕でも、フロイトは一貫して「精神病」という表現を用いており、「精神疾患」という表現は見られない（邦訳には「精神疾患」〔本全集第十八巻、二四二頁〕という表現があるが、それは原文のpsychische Erkrankung (GW-XIII 390)という表現の訳である）。ただし、本稿でも他の箇所では、フロイトが自らの立場で語る際にも「精神疾患Geisteskrankheit（あるいは形容詞のgeisteskrank）」という表現が用いられており――例えば「不治の精神疾患の起こり始めder Beginn einer unheilbaren Geisteskrankheit」(GW-XIV 274)〔本巻、一七六頁〕、「精神疾患にならないのかob sie nicht geisteskrank werden können」(GW-XIV 274)〔本巻、一七七頁〕など――必ずしも区別があるわけではないようである。

（32）【SA　フロイト「神経症と精神病」〔本全集第十八巻〕を参照。】

（33）【SA　明らかにトルストイとその信奉者のことを指している。「転移性恋愛についての見解」（GW-X 309）〔本全集第十三巻、三一二頁〕にも同様の章句がある。】

（34）【SA　C・G・ユングとアルフレート・アードラーのことである。】

（35）【SA　同様の章句が「精神分析運動の歴史のために」（GW-X 57）〔本全集第十三巻、五六頁〕にもある。】

（36）一九一三年十月五日に「ブレスラウ青少年教育・青少年学大会」において心理学者ウィリアム・スターン以下三十二人の「学術的児童心理学の代表者たち」が署名した「青少年精神分析の濫用に対する警告」という宣言には次のように記されていた。「通常の教育への精神分析的方法の応用を自由に許すことは非難すべきである。なぜなら、精神分析を行うことによって当事者は性表象と性感情による恒久的な心的感染を受け、「無邪気さを奪われる」、このことは我々の青少年にとって重大な危険となるからである」（強調は引用者による）（ヨハネス・クレメリウス編『一九四〇年までのドイツ語圏における社会学、心理学、および神学での精神分析の受容』フランクフルト・アム・マイン、一九八一年、二〇七頁参照）。フロイトはおそらくスターンらによるこの宣言を念頭に置いているのだろう。

（37）【SA　初版ではÄußerungen（発現）と記されているが、後の版ではÄnderungen（変化）となっている。おそらく後者が誤植だと思われる。】

（38）dark continent. OC編者によれば、この英語の表現は、探検家ヘンリー・モートン・スタンリーの著書『暗黒大陸横断記Through the Dark Continent』（ロンドン、一八七八年）の表題を暗示するものである。

（39）【OC「研究調査によって私たちはそのとき以来、娘にとって父親は愛の主要な対象であるということを知った。娘は長い迂回路を通って次に父親を母親の場所に据えることに成功する」（一九三五年の注）。】

（40）【OC　これは「ハンス少年」のことである。「ある五歳男児の恐怖症の分析〔ハンス〕」〔本全集第十巻〕。】

（41）【SA　フロイトが後に執筆することになる論文「分析における構築」〔本全集第二十一巻〕を参照。】

(42)　スキュレとカリュブディスは『オデュッセイア』第十二歌(ホメロス『オデュッセイア(上)』松平千秋訳、岩波文庫、一九九四年、三一四―三一六頁、および三二一―三二二頁)に登場する怪物で、海を挟んで向かい合った二つの大岩の一方にスキュレが棲み、もう一方にはカリュブディスが棲んでいる。その岩の間を通る船は、どちらの側に近づいても怪物に食われてしまうことから、「スキュレとカリュブディス」とは進退きわまった様子を意味する。

(43)　天文学者フリードリヒ・ヴィルヘルム・ヴェッセル(一七八四―一八四六年)は、「星の通過時間」の観測結果には観測者によって「特有の恒常的誤差」が生じることを明らかにし、その誤差を表す式を「個人方程式」と呼んだ。例えば、観測者Aの測定時刻と観測者Bの測定時刻に〇・五秒の誤差があるとすれば、両者の個人方程式は、Aの測定時刻＝Bの測定時刻―〇・五秒となる(中原淳一・岩本隆茂(編著)『行動と体験』福村出版、一九九〇年、二四頁を参照)。

(44)　【SA　フリードリヒ・シラー『ヴィルヘルム・テル』第三幕、第三場。】悪徳代官ゲスラーの帽子に敬礼をしなかったために咎め立てを受けたテルが、自分は代官を侮るつもりはなく、軽率なだけだったと言い訳をする場面で吐く以下の台詞の一部。「お許し下さい、旦那様。お慈悲をお願いします。ぼんやりしていたからであって、／貴方様を侮ったからではありません。／もし思慮深かったら、テルなんて名ではございません、／どうかお慈悲をお願いします、こんなこともう致しません」(シラー『ヴィルヘルム・テル』桜井政隆・桜井国隆訳、岩波文庫、一九八四年、一一二頁)。

(45)　第一次世界大戦において、兵士の間に大量のヒステリーつまり戦争神経症、ないし外傷性神経症の出現をみた。この現象はフロイトの理論の展開に少なからぬ影響を及ぼした。『制止、症状、不安』(GW-XIV 160)〔本巻、五八頁〕では、外傷性神経症では、戦争といった際立った恐怖の体験によって「〔心の装置の〕表層の刺戟保護が破られ、過大な刺激量が心の装置へと入り込む」、このため、注意喚起の信号として不安が生じるという見解が示されている。

(46)　【OC　「これは、いわゆる個人心理学なるものが精神分析の構造から引き剝がして、不当な一般化によって世に広めた観点である」(一九三五年の注)。フロイトはこの注をアードラーの学説を念頭に置いて書いている。】

(47)　超自我が自我を「厳しく扱う」極端な例として、フロイトは『自我とエス』(GW-XIII 282-284)〔本全集第十八巻、五四―五六頁〕で、自我では抑えようがない死の欲動の出現をみるメランコリーの病態に言及している。

(48)　本稿一一三頁で、フロイトが「そのような影響〔＝精神分析家が患者に及ぼす特殊で個人的な影響〕は実際に存在し、精神分析において大きな役割を果たしています」と述べているところを受けている。

(49)　SA編者によれば、フロイトはここで、『ヒステリー研究』〔本全集第二巻〕の共著者ヨーゼフ・ブロイアーが彼の女性患者である「アンナ・O」に対して分析治療を行った際に直面した陽性転移の事態を指している。【SA　ブロイアーが転移という現象が「何だかわからなくなってしまった」事情についてフロイトは一九三二年六月二日付のシュテファン・ツヴァイク宛書簡(ジークムント・フロイト『書簡集　一八七三―一九三九年』フランクフルト・アム・マイン、一九六〇年、四二七―四二八頁)で記している。】

(50)【OC「精神分析治療における転移のこの特徴は、神経症の病因論における並々ならぬ役割、おそらくは固有な役割を性愛的な蠢きに認めるための主要な理由だった。しかし、全く一般的に、問題は、破壊的(もしくは攻撃的)な蠢きが全ての観点で同じ要求を出せるか否かである。本文の説明では、より古い理論に従って、性愛的な蠢きだけが勘案された」(一九三五年の注)。】

(51)　このように「手に負えなく」なる転移は、面接時間が長過ぎたり、面接回数が多すぎる場合に生じやすい。

(52)【SA　この比喩は「転移性恋愛についての見解」(GW-X 314)〔本全集第十三巻、三一七頁〕にもある。】「転移性恋愛についての見解」ではフロイトはこの司祭と保険代理人の話を紹介した上で、「恋愛関係のゆえに、他でもない分析治療のもち得る影響力にも、終止符が打たれることになる」と結論づけ、精神分析家と患者が恋愛関係に陥ることを「言語道断 Unding」だと述べている(GW-X 314)〔本全集第十三巻、三一八頁〕。

(53)【OC「上記の行《くだり》を書いて以来、養成所の数は著しく増え、精神分析の研修に当てられる支出は大いに改善された」(一九三五年の注)。】

(54)　ad personam. ラテン語。

(55)【SE　これはもちろんワイマール共和国の時代のことである。】

(56)　furor prohibendi. ラテン語。

（57）Christian Science. メリー・ベーカー・エディ（一八二一―一九一〇年）によって一八七九年にアメリカ合衆国で創始された。

（58）【SA「朕の国家では誰もが自分なりに天国の喜びに与ることができる」という言葉はフリードリヒ大王が言ったものとされている。】

（59）Chi tocca, muore. イタリア語。

（60）laissez faire. フランス語。

（61）profession.

（62）【OC「ここで付言するなら、人間存在の体質に存在している攻撃への先天的性向を制御するという任務。この性向は当然ながら人間社会の維持とは相容れない。私たちの文化が欲動の抑え込みの上に築かれているということは分かり切っている。問題は、それが破壊欲動以上に性愛的欲動の犠牲の上に築かれているのかということなのである」（一九三五年の注）。】

（63）last not least.

（64）social workers.

（65）【GW　この補遺は、『国際精神分析雑誌』が一九二七年夏に（第十三巻、第二・三号にて）素人分析の問題に関して催した討論の最後で発表されたものである。】

（66）SA編者によれば、生理学者ドゥーリヒのことと思われる。フロイトは、一九二四年十一月十一日付のアブラハム宛の未刊行の書簡の中で次のように書いている、「生理学者ドゥーリヒは、上級衛生委員であり、その限りで極めて公的な立場にある人なのですが、彼は私に素人分析に関する鑑定をするように要請しました。私はそれを彼に書面で渡し、それから口頭でその件に関して協議したところ、私たちの間では広範囲にわたって意見の一致が見られました」。

（67）【SA　カール・アブラハム『リビドー発達史試論』（一九二四年）参照。この下位段階の研究については、『続・精神分析入門講義』第三二講（GW-XV 105-106）〔本全集第二十一巻〕参照。】

（68）エルンスト・ヴィルヘルム・フォン・ブリュッケ（一八一九―一八九二年）、ドイツの生理学者。ウィーン大学生理学教授。

(69) この経緯に関して、フロイトは『みずからを語る』(GW-XIV 35)〔本全集第十八巻、六七―六八頁〕の中で、もっと詳細に述べている。

(70) 【SA フロイトは既に「オスカル・プフィスター博士著『精神分析的方法』へのはしがき」(GW-X 448-450)〔本全集第十三巻、一六九―一七二頁〕の中で、プロテスタント諸国におけるこの種の活動について意見を述べている。】

論稿

解剖学的な性差の若干の心的帰結

(1) 【SA ホラティウス『詩について』三八八行。】

(2) oceans of time.【SA どの詩人を指すのかは不明。】

(3) 【SA 以下の議論は大部分が「エディプスコンプレクスの没落」〔本全集第十八巻〕を練り直したものである。】

(4) 【SA 「エディプスコンプレクスの没落」(GW-XIII 397-398)〔本全集第十八巻、三〇三―三〇四頁〕を参照。】

(5) 【SA 同右、(GW-XIII 396-397)〔本全集第十八巻、三〇三頁〕参照。】

(6) 【SA 「ある幼児期神経症の病歴より」の「狼男」の分析における議論(GW-XII 66-69; 128-131)〔本全集第十四巻〕、および『精神分析入門講義』第二三講(GW-XI 72 ff.)〔本全集第十五巻〕参照。】

(7) 一九二五年の本稿以来、「否認する verleugnen」が「去勢 Kastration」をめぐる重要な術語として用いられる。否認、否定を表す一般的な動詞 leugnen に比して、前者は(いったん受け入れた)事実やその知覚の放棄、を含意する。「幼児期の性器的編成」〔本全集第十八巻、三七九頁〕の編注(4)も参照。

(8) 【SA この術語はファン・オップハイゼン「女性の男性性コンプレクスへの寄与」(*Internationale Zeitschrift für ärztliche Psychoanalyse*, Bd. 4, 1917, 241)によって導入されたものと思われる。「エディプスコンプレクスの没落」(GW-XIII 400)〔本全集第十八巻、三〇八頁〕および「女性の性について」(GW-XIV 522-523)〔本全集第二十巻〕参照。】

(9)【SA　男の子における並行的過程に関しては、「幼児期の性器的編成」(GW-XIII 295-296)〔本全集第十八巻、二三五―二三六頁〕を参照。】

(10)【SA　女の子におけるクリトリスでの自慰についての指摘は、既に『性理論のための三篇』初版(GW-V 121-122)〔本全集第六巻、二八二―二八四頁〕において見られる。】

(11)【SA　「エディプスコンプレクスの没落」(GW-XIII 401)〔本全集第十八巻、三〇八―三〇九頁〕。】

精神分析

(1)【SE　この段落は『ブリタニカ百科事典』では削除された。フロイトが書いていたのは、一九二六年発行の別巻三巻への寄稿であった。これらは単に一九一〇―一一年に刊行された第十一版の内容更新のためのものであった。】『ブリタニカ百科事典』とあるのは、*The Encyclopaedia Britannica, Fourteenth Edition, A New Survey of Universal Knowledge*, 1929, Vol. 18, pp. 672-674 のこと。見出し語は“Psychoanalysis: Freudian School”となっている。

(2)【SE　『ブリタニカ』の記載では「特定の部類の患者たちのために for certain classes of patients」。】

(3)　cito, tuto, jucunde. ラテン語。

(4)【SE　『ブリタニカ』の記載では、この文は本項の末尾に移されている。】

(5)　Cathexis.【SE　原文英語。フロイトが「備給 Besetzung」に対応するこの英語を自ら用いているのは、ここだけであろう。】

(6)　open to revision.【SE　原文英語。『ブリタニカ』では直前に「あらゆる点で in every respect」と補われている。】

(7)　repression.

(8)　transference.

(9)　resistance.

(10)【SE　『ブリタニカ』では、「学問的には」以下が削除された。】

(11)【SE「文献」の記述法は、出版年も含めフロイト自身の原稿に従っている。】本全集のデータとは若干の異同がある。

アウグスト・アイヒホルン著『不良少年たち』へのはしがき

(1) アイヒホルンはウィーン精神分析協会の理事職にあった。
(2) sui generis. ラテン語。
(3) フロイトはこの比較を「精神療法について」(一九〇五年)(GW-V 24-25)〔本全集第六巻、四一〇頁〕において用いている。「再教育 Wiedererziehung = re-education」と「教育の取り戻し Nacherziehung = after-education」について詳細は『精神分析入門講義』(一九一六―一七年)第二八講冒頭近く(GW-XI 469)〔本全集第十五巻〕を参照。

夢解釈の全体への若干の補遺

(1)【SE この問題に関しては、『夢解釈』(一九〇〇年)(GW-II/III 529-530)〔本全集第五巻〕、「日常生活の精神病理学にむけて」(一九〇一年)第十二章E(GW-IV 299-300)〔本全集第七巻、三二七―三二九頁〕、「精神分析における夢解釈の取り扱い」(一九一一年)(GW-VIII 352 ff.)〔本全集第十一巻、二七八―二八三頁〕などに先行言及がある。】
(2)【SE「夢解釈の理論と実践についての見解」(GW-XIII 302-303)〔本全集第十八巻、一七六―一七七頁〕を参照。】
(3)【SE「狼男の夢」の解釈にフロイトが要した期間の長さについては、「ある幼児期神経症の病歴より」(GW-XII 59)〔本全集第十四巻〕を参照。】
(4)【SE とはいえフロイトは、以下の見解においてこの点に〔「しばしば häufig」という語の追加によって〕限定を加えている。『夢解釈』第三章「夢は欲望成就である」(GW-II/III 132)〔本全集第四巻、一七一頁〕を参照。】この「しばしば」は、SA編者によれば一九一一年に追加された。SE編者によれば、この点に関して以下のような「補遺」が、一九二五年刊の『著作集成』第三巻に付加された。「経験の示すところでは、歪曲され解釈が必要な夢は、既に四、五歳の子供においても既に認められる。このことは、夢歪曲の決定条件に関する我々の理論的見解と完全に一致する」(第三巻二一一頁)。

（5）【SE『夢解釈』第六章A節と第七章A節（GW-II/III, 284-285; 527-528）〔本全集第五巻〕を参照。】

（6）【SE「夢学説へのメタサイコロジー的補遺」の原注（GW-X 419）〔本全集第十四巻〕、および『夢解釈』一九一九年の追加第七章A節「夢の忘却」（GW-II/III 528-529）〔本全集第五巻〕を参照。】

（7）【SE『夢解釈』第一章F節「夢のなかでの倫理的感情」（GW-II/III 68-78）〔本全集第四巻、九三頁以下〕および第七章「夢過程の心理学」F節「無意識と意識――現実」（GW-II/III 624 ff.）〔本全集第五巻〕を参照。】

（8）【SE『夢解釈』（GW-II/III 439）〔本全集第五巻〕参照。】

（9）【SE『夢解釈』（GW-II/III 270-271）〔本全集第四巻、三四三頁〕参照。】

（10）【SE「夢解釈の理論と実践についての見解」IX節（GW-XIII 311 ff.）〔本全集第十八巻、一八六―一八七頁〕参照。】

（11）【SE フロイトも次の段落で指摘しているように、ドイツ語の Ich は英語の self により近い。】但しフロイトは人称代名詞としての「私 ich」と、普通名詞化された中性定冠詞付「自我 das Ich」の区別で、少なくともドイツ語の文脈では十分とむしろ考えていたと思われる。

（12）【SE この逆説は『自我とエス』（GW-XIII 284-285）〔本全集第十八巻、五六―五八頁〕、さらに「マゾヒズムの経済論的問題」（GW-XIII 383）〔本全集第十八巻、二九九頁〕に言及がある。より長めの検討は『文化の中の居心地悪さ』VII章（GW-XIV 482 ff.）〔本全集第二十巻〕においてなされている。】

（13）【SE この問題およびそれに関する多くの資料をフロイトは、彼の死後に刊行された著作「精神分析とテレパシー」〔本全集第十七巻〕、ならびに「夢とテレパシー」〔同第十七巻〕と『続・精神分析入門講義』第三〇講「夢とオカルティズム」（GW-XV 32 ff.）〔本全集第二十一巻〕で本格的に扱っている。】

（14）「基本言語」は Grundsprache.【SE ダニエル・パウル・シュレーバーの分析「自伝的に記述されたパラノイアの一症例に関する精神分析的考察」（GW-VIII 256）〔本全集第十一巻、一一七頁〕参照。】

（15）【SE『夢解釈』第七章D節（GW-II/III 588）〔本全集第五巻〕参照。】

（16）【SE フロイトの死後に出版された「ある正夢」〔本全集第三巻〕を参照。この論稿については「日常生活の精神病理学にも

けて」(GW-IV 291-293)〔本全集第七巻、三一九―三二一頁〕に要約された言及がある。】

(17)【SE　この物語のより詳細な記述は、『続・精神分析入門講義』第三〇講〔本全集第二十一巻〕、さらに詳しくは「精神分析とテレパシー」(一九二一年)II節(GW-XVII 36 ff.)〔本全集第十七巻、二九九頁以下〕を参照。】

(18)【SE　占師のこの気散じの意味については「精神分析とテレパシー」(GW-XVII 34-35)〔本全集第十七巻、二九八頁〕で考察されている。】

(19)【SE　「夢とテレパシー」(GW-XIII 191)〔本全集第十七巻、三四二頁〕に同様の議論がある。】

ヨーゼフ・ブロイアー追悼

(1)【SE　ブロイアーは一八四二年生、一九二五年没。】

(2)　本全集第二巻。

(3)　本全集第十八巻。

ライク博士ともぐり診療の問題

(1)【GW　六月末にフロイトはこの小冊子の執筆を始めた。七月末には組版に回され、次の九月には出版された。アーネスト・ジョーンズ『ジークムント・フロイトの生涯と作品』第三巻、ベルン－シュトゥットガルト、一九六二年、三四二頁を参照。】

ブナイ・ブリース協会会員への挨拶

(1)　『みずからを語る』(GW-XIV 35)〔本全集第十八巻、六七頁〕を参照。

(2)　In W. B. & E.【SE　Wohlwollen, Bruderliebe und Eintracht の略。ブナイ・ブリース協会の標語で、「厚情、隣人愛、調和」と訳している。】

カール・アブラハム追悼

（1）【SE　アブラハム（一八七七―一九二五年）は、享年四十八歳だった。】
（2）【SE　一九二五年九月に開催された第九回国際精神分析会議のこと。】
（3）integer vitae scelerisque purus. ラテン語。【SE　「生涯に汚点がなく、罪の汚れを知らない男性」。ホラティウス『歌章』第一巻、第二二歌の第一詩行。】
（4）【SE　フロイトは間違いなくシャーンドル・フェレンツィを念頭に置いている。】
（5）【SE　『国際精神分析雑誌』および『国際精神分析ジャーナル』の続号に、アーネスト・ジョーンズによるアブラハムの長い死亡記事が掲載された。】

E・ピックワース・ファロウ著「生後六カ月の幼年期の想い出」についての見解

（1）SE編者によれば、この論文の中でファロウは生後六カ月の時に父親に平手打ちをされたという詳細な記憶に到達したと報告している。フロイトは当初より自己分析に対して否定的な態度を取り、他者による精神分析の必要性を強調しているが、ここではファロウの「発見」に関して、慎重ながら一定の理解を示す態度を取っている。

エーヴァルト・ヘーリングについてのコメント

（1）エーヴァルト・ヘーリング（一八三四―一九一八年）、生理学者。GW編者によれば、「講演」とは、彼が一八七〇年に行った「編成された物質の一般的機能としての記憶について」を指す。彼はフロイトがその著作を学生時代に学んだ教授の一人であり、若き日のフロイトにかつてプラハでの助手のポストを勧めたことがあったという。これはフロイトがブリュッケの生理学研究所で働いていた時代、つまり一八八二年前後のことなのかもしれない。ちなみにヘーリングは、一八七〇年に正教授としてプラハに赴任していた。（ジョーンズ（『ジークムント・フロイトの生涯と作品』第一巻、ベルン－シュトゥットガルト、一九六〇年、二六五頁)。
(2) サミュエル・バトラー(一八三五―一九〇二年)、イギリスの小説家。代表作は「エレホン」、「万人の道」など。GW編者によれば、バトラーは一八八〇年に出版した『無意識的記憶』の中に、ここで言うヘーリングの「講演」の英訳を収録し、その内容に概ね同意するとした。
(3) 【GW『快原理の彼岸』(GW-XIII 53)〔本全集第十七巻　一〇六頁〕の中でもエーヴァルト・ヘーリングが参照されており、ヘーリングの考えがフロイトの二元的な欲動区分の理論に影響を及ぼしたことが示唆されている。】

フモール

(1) aus erspartem Gefühlsaufwand. Aufwand(費やすこと、消費)とは通常は金銭や労力、時間など経済的価値を有するものに関して用いる表現であり、比喩的にStimmaufwand(声の消費〔＝声を出すこと〕)というように用いる(Gefühlsaufwandも比喩的な用法であり、直訳すれば「感情の消費」だが、意味は「感情を表に出すこと」である)。ersparen(節約する、貯蓄する)という語も、通常は金銭や燃料、エネルギーといった経済的価値を有するものに関して用いる動詞で、Aufwandとともにフロイトの「経済論的な観点」をよく表した表現である。
(2) Humorist. 本稿第三段落の冒頭で「作家や画家が実在の人物もしくは虚構の人物達の振舞いをフモール豊かに描写するとき」と述べられているように、おもにフモールを用いて人物描写を行う作家、芸術家を想定して用いられている語なので、「フモール作家」という訳語を採用した。
(3) 【SA　フロイトは後に『文化の中の居心地悪さ』Ⅱ節(GW-XIV 435-444)〔本全集第二十巻〕で、苦悩を避けるためのこれらの様々な方法に関する長い検討を行っている。しかし、フロイトは既に『機知』(GW-VI 266-267)〔本全集第八巻、二八二―二八三頁〕の中でもフモールの防衛機能を指摘している。】
(4) ad hoc. ラテン語。
(5) 【SA『集団心理学と自我分析』のⅧ節(GW-XIII 124)〔本全集第十七巻、一八三―一八四頁〕を参照。】

（6）【SA「嫉妬、パラノイア、同性愛に見られる若干の神経症的機制について」B節（GW-XIII 202）〔本全集第十七巻、三五〇—三五一頁〕を参照。】
（7）妄想観念そのものは残存し、いわば形骸化された妄想観念となることを言う。それゆえ、真の治療ではない。
（8）【SA「喪とメランコリー」（GW-X 440-442）〔本全集第十四巻〕の叙述を参照。】

フェティシズム

（1）glance.
（2）「王座と祭壇 Thron und Altar」は、フランス大革命前夜に君主制の聖なる根源を示すために用いられた決まり文句 le trône et l'autel に由来する標語で、王政復古期のプロイセンにおいて国家を肯定する反革命的なモットーとして用いられたが、一八三〇年以後には主に、国家と教会の結びつきや君主制政府に反対する立場から否定的なニュアンスで使われた（『ブロックハウス百科事典のための五巻本先行事典』第十九版（マンハイム、一九八六年、第五巻、二七三頁）を参照）。フロイトの言う「王座と祭壇が危ないという叫び」は、君主制を守ろうとする立場からの危機意識を表したものである。
（3）skotomisieren.
（4）【SA「抑圧」（GW-X 254-256）〔本全集第十四巻〕を参照。】
（5）【SA「精神分析概説」第八章（GW-XVII 125-135）〔本全集第二十二巻、二三七—二四八頁〕でフロイトはこの二つの概念を使用する際に区別をしている。「抑圧」は内部から来る欲動要求に対する防衛に関係し、「否認」は外的現実の要請に対する防衛に関係する。】
（6）SA編者によれば、ルネ・ラフォルグ「抑圧と暗点化」（*Internationale Zeitschrift für Psychoanalyse*, Bd. 12, 1926, 54）。
（7）Dementia praecox. ラテン語。
（8）stigma indelebile. ラテン語。
（9）SA編者によれば、フロイトは既に一九〇五年に『性理論のための三篇』でフェティシズムを取り上げ、一九一〇年の第二版ではそれに脚注を加えてさらに詳しく論じている(GW-V 54)〔本全集第六巻、一九九頁〕が、その数年後にはとりわけ足フェティシズムの起源に関する問題がフロイトの関心を捉えるようになり、一九一四年にはウィーン精神分析協会で「足フェティシズムの一症例」という講演を行っている(この講演は出版されなかったが、幸いアーネスト・ジョーンズの要約(アーネスト・ジョーンズ『フロイトの生涯と作品』第二巻、ベルン-シュトゥットガルト、一九六二年、三六二—三六三頁)がある)。フロイトは、足がフェティッシュに選ばれることに関して当時たどり着いた説明——下から女性性器に接近したということ——を、一九一五年に『性理論のための三篇』の第三版を出版するにあたって、上記の脚注をさらに補足する形で発表した。フロイトは『精神分析入門講義』第二二講(GW-XI 361-362)〔本全集第十五巻〕でも同様の症例に言及している。

(10)【SA　オットー・ランク『出生外傷』ウィーン、一九二四年、二二—二四頁を参照。】

(11) Zopfabschneider. SE編者によれば、女性の髪を切ることに喜びを感ずる倒錯者のこと。【SA　ここでなされている説明は部分的には既に「レオナルド・ダ・ヴィンチの幼年期の想い出」(GW-VIII 166)〔本全集第十一巻、四六頁〕で公表されている。】

(12)【SA　これは、器官劣等性を全ての神経症の基礎として強調するアードラーを暗示したものである。「解剖学的な性差の若干の心的帰結」の原注(GW-XIV 25)〔本巻、二〇九頁〕および『続・精神分析入門講義』第三一講に記されている比較的長い詳論(GW-XV 71-72)〔本全集第二十一巻〕を参照。】

ある宗教体験

(1) SE編者は、『国際精神分析ジャーナル』第十巻第一号(一九二九年)、一—四頁に掲載された本論文の英訳にあるアメリカ人医師の手紙が、フロイトによるドイツ語訳とは厳密には一致していないことを指摘し、その理由を『国際精神分析ジャーナル』の編集者が医師の自筆書簡の複写を用いているのに対して、フロイトは正確な翻訳をしていないためだと推測している。

(2) this sweet faced woman.

(3) this dear old woman.

(4)　brother physician.

(5)　an infidel jew.

(6)　faith to believe.

(7)　「老婦人の遺体の顔を見て自分自身の母親を想い出したと彼が書いていた、と私は話してしまった」というフロイトの勇み足は、フロイト自身の失錯行為の要素があることが考えられる。この文章を書いた時、フロイトの母親は九十二歳で、既に死期の遠くないことを周囲も感じていた。またこの母親は大変魅力的で、九十五歳で亡くなるまで器量を自慢していたという。つまり、書き間違いをしたフロイトの文章は、彼が老婦人を無意識のレヴェルで自分自身の母親と同一視していたことを窺わせる。

(8)　sweet faced dear old woman.

(9)　brother physician. 英語の brother(兄弟)という語は「同業者」という意味でも用いられることがあり、アメリカ人の医師が手紙の中で brother physician と書いた場合も、フロイトがそれを wohlwollender Kollege(好意ある同僚)と訳しているように、「同業者」という意味で解することができる。しかし、キリスト教で神を「我らが父 pater noster」と呼ぶように、神と信者との関係は父子関係に擬せられ、信者同士は「神」という「父親」を共有する者として互いに「兄弟」と呼び合うことがある。フロイトは、アメリカ人医師が手紙の中で用いている brother という語が、「父親」としての「神」を共有する者という意味を含意していると考え、その「宗教体験」の精神分析的な解釈に際して「証拠物件」として brother physician という表現を挙げているのだろう。

(10)　サンテ・デ・サンクティス(一八六二—一九三五年)、イタリアの精神科医・心理学者。

ドストエフスキーと父親殺し

(1)　「断念」とは欲動の直接な満足を諦めることを指していると考えられる。これはフロイトの見地からする倫理の規定であり、フロイトの創始した精神分析にとって極めて重要な考え方である。まさに精神分析の目指すところはこの断念にほかならない。

（2）　シュテファン・ツヴァイク「三人の巨匠」『ツヴァイク全集5』柴田翔・小川超・神品芳夫・渡辺健訳、みすず書房、一九六一年（フロイトが引用しているのは、一三九－一四〇頁にあたる）。

（3）【SA　未成熟な少女に対する性的暴行というテーマはドストエフスキーの作品に何度か現れている。例えば、死後に出版された「スタヴローギンの告白」や「大いなる罪人の生涯」などである。】フロイトは本文中で単に「告白」と記しているが、ドストエフスキー自身が未成年の少女を性的に暴行したという告白を残しているわけではない。ドストエフスキーが書き残した「告白」は、あくまでも『悪霊』の主人公スタヴローギンに語らせたものである。ドストエフスキー自らが行ったとされる告白は、ドストエフスキーの知人であるニコラーイ・ニコラーエヴィチ・ストラーホフがレフ・トルストイに送った書簡の中で、ドストエフスキー自身がそうした話を自慢げに語ったということを知人から聞いたと伝えたものや、ユ・ニコーリスキイが『ある敵対の物語――ツルゲーネフとドストエフスキー』の中でドストエフスキーがツルゲーネフに対して少女の暴行を告白したと述べたような伝聞に過ぎない（ボリース・ブールソフ『ドストエフスキイの個性（上）』黒田辰男・阿部軍治訳、理想社、一九七一年、二四－二五頁、および、一三〇－一四二頁を参照）。

（4）「ヒステロエピレプシー」という術語は、てんかん発作とヒステリー発作が患者に同時にみられる病態、あるいは双方いずれか見分けがつかない病態、またヒステリーを基盤に偽性のてんかん発作が出現する病態を指す。フロイトはこの第三の意味でヒステロエピレプシーの術語を使用している。

（5）　morbus sacer. ラテン語。

（6）　ヘルマン・フォン・ヘルムホルツ（一八二一－九四年）、ドイツの生理学者・物理学者。

（7）【SA　本稿以前に出版されたフロイトの論文「ヒステリー発作についての概略」最後のD節（GW-VII 239-240）〔本全集第九巻、三一二－三一三頁〕を参照。】

（8）【SE　この説明は既にフロイトによって一八九七年二月八日付のフリース宛書簡でなされている（邦訳『フロイト　フリースへの手紙――一八八七－一九〇四年』河田晃訳、誠信書房、二〇〇一年、二三八頁）。】

（9）【SE『トーテムとタブー』第四論文五節（GW-IX 169-176）〔本全集第十二巻、一八〇―一八八頁〕を参照。】

（10）Urhorde. チャールズ・ダーウィンは、「現在の人間の社会的慣習や、ほとんどの未開人が一夫多妻であることから考えると、最も可能性が高いのは、原始人はもともと小さな集団で住んでおり、それぞれの男性は自分が持てる限りの妻を持ち、彼女らを他のすべての男性から嫉妬深く守っていたということだろう」と述べている（チャールズ・ダーウィン『ダーウィン著作集2 人間の進化と性淘汰Ⅱ』長谷川眞理子訳、文一総合出版、二〇〇〇年、四二八頁）。このような原始人の小さな集団が「原始群族」と呼ばれるものであり、フロイトは『トーテムとタブー』第四論文五節（GW-IX 171-172）〔本全集第十二巻、一八一―一八三頁〕の中で、上記のダーウィンの仮説に触れた上で、さらに注を付けて、原始群族では女性を独占する父親を息子たちが一致団結して殺害し、その妻を奪い取る、というアトキンソンの推論にも言及している。また、フロイトは『集団心理学と自我分析』Ⅹ節（GW-XIII 136-143）〔本全集第十七巻、一九五―二〇三頁〕でも原始群族を扱っている。

（11）【SA『トーテムとタブー』第四論文五節（GW-IX 169-176）〔本全集第十二巻、一八〇―一八八頁〕を参照。】「トーテム饗宴」では、特定の動物を殺して皆で食するのだが、そこで殺されるのは普段は食べることが禁止されている動物である。フロイトはこのトーテム饗宴が、原始群族において息子たちが力を合わせて父親を殺して食べたことを反復する儀式だと考えている。

（12）本稿の原注（2）を参照。

（13）【SE「精神分析作業で現れる若干の性格類型」Ⅲ節「罪の意識ゆえに罪をおかす人間」（GW-X 389-391）〔本全集第十六巻、三三―三五頁〕を参照。】

（14）ドストエフスキーはペトラシェーフスキー事件の裁判で銃殺刑を言い渡されたが、皇帝ニコライ一世の特赦によって減刑された。しかし、皇帝は、銃殺刑執行の儀式を全て行った上で、指揮官が「撃て」という一言を残すのみとなった時に初めて特赦の宣告を下すように命じた（Л・グロスマン『ドストエフスキー』北垣信行訳、筑摩書房、一九六六年、一〇八頁を参照）。「殺害という喜劇」とは、皇帝が特赦の宣告を先延ばしにしてドストエフスキーらを弄んだことを指している。

（15）『カラマーゾフの兄弟』には、カラマーゾフ家の次男イワンが構想中の「大審問官」という表題の叙事詩の粗筋を三男アリョーシャに語って聞かせる場面がある。この挿話の中では、十六世紀の大審問官が、再臨したキリストに対して、人間は自由を手にすればかえって不幸になる、王国や教会の権威のもとでしか幸福に生きることはできないと説き、次のような言葉を投げかける、「自由だの、自由な智慧だの、科学だのは、彼らを物凄い谷間へつれ込んで、恐ろしい奇蹟や、解決することの出来ない神秘のまえに立たせるので、彼らの中でも頑強な狂猛な奴らは自殺するし、頑強ではあるが気の小さな奴らは互いに滅ぼし合うし、そのほかの意気地のない不仕合わせな奴らは、我々の足もとへ這い寄ってこう叫ぶのだ。「あなた方は正しいお方でございました。あなた方ばかりがイエス様の神秘を領有していらっしゃいます。それゆえ、わたしどもはあなた方の処へ帰ります。どうかわたくし達を自分自身から救って下さいまし。」」（『カラマーゾフの兄弟（二）』米川正夫訳、二〇〇八年、岩波文庫、九八―九九頁）。

（16）【SA『ハムレット』第二幕第二場、五二八―五三一行。】この台詞は、旅役者に関して述べられたものなので、「旅役者はどこかの貴族の「召使い」として保護されていなければ、浮浪者として鞭打ちの刑を科せられ」たことを言わんとしたものとして解釈できる（『ハムレット』野島秀勝訳、岩波文庫、二〇〇七年、一三二頁）。しかし、フロイトはそれを一般化して人類全体に関して述べた台詞と理解している。

（17）Stock mit zwei Enden.【SE『カラマーゾフの兄弟』第十二巻第十章（『カラマーゾフの兄弟（四）』米川正夫訳、二〇〇八年、岩波文庫、三一七頁）。】本稿で「両端に尖った先の付いたステッキ」と訳した部分は米川訳では「両刃のついた刀」となっている。

（18）【SE　これを実際の刑事事案へ適用した実例は、ハルスマン裁判に関するフロイトの論評「ハルスマン裁判における医学部鑑定」（GW-XIV 539-542）〔本全集第二十巻〕に見出すことができる。】

（19）『カラマーゾフの兄弟』第二巻第六章（『カラマーゾフの兄弟（一）』米川正夫訳、岩波文庫、二〇〇九年、一六一頁）。

（20）Urverbrecher. Verbrecher は「犯罪者」、接頭辞 Ur- は「起源となる」という意味である。フロイトはここでは「原始群族」における息子たちが一致団結して父親を殺害したことを人類史における犯罪の起源と考え、父親殺しを「原犯罪者」と呼んでいる。

（21）　le jeu pour le jeu. フランス語。

（22）　邦訳（辻理訳）の表題は「女の二十四時間」（『ツヴァイク全集1』辻理・関楠生・内垣啓一訳、みすず書房、一九六一年、一六三―二六五頁）。

（23）　Genius.「守護霊」や「守り神」という意味以外にも、「天才」、「才能」という意味もある。ここではその二つの意味をかけて用いている。

（24）　【SE　一八九七年十二月二十二日付のフリース宛書簡（邦訳『フロイト　フリースへの手紙』三〇三―三〇六頁）でフロイトは自慰行為を「一次的な嗜癖」であり、後の全ての嗜癖はその代替物だということを示唆している。】

リットン・ストレイチ宛書簡

（1）　リットン・ストレイチ『エリザベスとエセックス』（邦訳『エリザベスとエセックス――王冠と恋』福田逸訳、中央公論社、一九八三年）。【GW　〔ジャイルズ・〕リットン・ストレイチ（一八八〇―一九三二年）は、イギリスの作家で、ブルームズベリー・サークルの指導的人物。このサークルの会員にはジョン・メイナード・ケインズ、レオナード・ウルフとヴァージニア・ウルフ夫妻、ダンカン・グラント、クライヴ・ベルとヴァネッサ・ベル夫妻がいた。ストレイチの作品には『フランス文学道しるべ』（一九一二年）、『ヴィクトリア朝時代の著名人』（一九一八年）、『ヴィクトリア女王』（一九二一年）、『エリザベスとエセックス』（一九二八年）がある。ストレイチの弟ジェームズ（一八八七―一九六七年）はフロイトのもとで精神分析家の研修を受け、フロイトの精神分析の著作を翻訳し、『ジークムント・フロイト精神分析全集、標準版』〔SE〕を編集した。】

（2）　【GW　フロイトはこのことについて既に「精神分析作業で現れる若干の性格類型」（GW-X 379-380）〔本全集第十六巻、一一―一二頁〕の中で詳細に論じ、この考えを〔ルートヴィヒ・〕イェーケルスのものだとしている。】

（3）　【GW　ジョン・トマス・ルーニー『シェイクスピアの正体、第十七代オックスフォード伯エドワード・ド・ヴィアー』ロンドン、一九二〇年。】

（4）　【GW　『みずからを語る』の中で、特に一九三五年の新版に付け足した注で、フロイトはシェイクスピアの正体〔＝同一性〕

に関するこの見解を公にしている。それによればフロイトは、ルーニーが『シェイクスピアの正体』で描いたように劇作家が実はド・ヴィアーだということを「ほぼ確信している」という(GW-XIV 96)〔本全集十八巻、一二七頁〕。フロイトは既にもっと以前に「フランクフルトのゲーテハウスにおける挨拶」(GW-XIV 549)〔本全集第二十巻〕の中でこの問題を提起し、死後に出版された「精神分析概説」第二部の最後(GW-XVII 119)〔本全集二十二巻、二三五頁〕でもう一度それを取り上げた。】

解　題

加藤　敏

本巻は、一九二五年から二八年の間に出版されたフロイトの論著および書簡を収録している。年齢でいえば六十九歳から七十三歳、フロイトの晩年にあたる。この頃の時代の動きとかれの生活状況を簡単にみておこう。

時代の動きとフロイト

第一次世界大戦後、ハプスブルク帝国は崩壊し、オーストリアは大きな負債をかかえながら共和国としての第一歩をふみだした。ウィーンの人口は大幅に減少した。ウィーンが世界に誇る大都市だった一九一〇年では二〇三万人を数えたのにひきかえ、一九二三年の時点で一八七万人だったという。新しい国家は財政的危機におちいっており、経済的混乱のため、政治的にも不安定な状態だった。一九二三年は、ヒットラーがミュンヒェンで一揆をおこした年であり、ヨーロッパ、また世界全体に暗雲が立ちこめ始めていた。ウィーンでは一九二七年に、右翼と左翼の間の激しい衝突を機に、大暴動がおこり、裁判所が焼かれる一方、八十名を超える死者と多くの負傷者がでるという事件がおきた。フロイトはこの事件を大変憂えていた。

フロイト自身にも、また彼の周囲でも、苦悩を強いる出来事が多くなりだした。健康面では、一九二三年に発見され最初の手術を受けた右顎の腫瘍はフロイトを苦しめ、一九二五年、痛みのために睡眠が障碍され、再度の手術(十一月)を余儀なくされている。一九二七年(三月)には、心臓発作を起こしている。もっともフロイトは執筆だけでなく臨床活動を続け、一日三人から五名程度のごく少数の患者の診察にあたった。一九二〇年に愛娘ゾフィーが二十六歳の若さでスペイン風邪のために亡くなり、次いで一九二三年に孫のハイネレが四歳で結核のため亡くなる。また同年、未婚で妊娠した姪が二十三歳で命を絶ってしまった。相次ぐ近親者の死に加え、一九二五年には篤い信頼を寄せていた分析家のアブラハムが四十二歳の若さで敗血症のためこの世を去ってしまった。また、分析仲間との感情的ないし理論上の確執、それによる関係悪化も絶えなかった。その一つはテレパシーの信奉者でもあったフェレンツィとの関係で、フェレンツィは一九二七年頃からフロイトに敵意を抱き、彼から離れていった。フロイトが安心して信頼を寄せることが出来たのは、女性分析家に収斂していく傾向にあった。娘のアンナに加え、スイスのルー・アンドレアス＝ザローメ、フランスのマリー・ボナパルト、ドイツのブランシュヴィックらである。

精神分析運動は確実に世界的な発展を遂げ、一九二五年九月(二―五日)にホンブルクで開催された第九回国際精神分析学会には、アメリカから多くの人々が参加した。この会にはフロイトは体調不良のため参加できず、娘のアンナ・フロイトがフロイトの原稿「解剖学的な性差の若干の心的帰結」(本巻所収)を代読した。

フロイトに対する国際的な評価が定着し始めたのもこの頃である。例えば、イギリスの学者ホールディング卿はイギリス・オーストリア協会の講演で、世界の文化に貢献したウィーンの人物に、モーツァルト、ベートーベン、マッハに加えフロイトをあげた(E・ジョーンズ『フロイトの生涯』竹友安彦・藤井治彦訳、紀伊國屋書店、一九六四年、四四六頁)。ウィーンまでやって来て面会を求める学者やジャーナリストが増え、フロイトは世界でよく知られる人物になった。一九二六年、著名なアメリカ人ジャーナリストG・S・フィーアエックがフロイト宅を訪問し、フロイトが自分に宗教心がないと打ち明けたことを記事にした。これを読んだアメリカ医師がフロイトに自分がいかにして強い信仰心を手にしたかを綴った手紙を書いた。この手紙をもとにして書かれたのが、本巻所収の「ある宗教体験」である。精神分析関係以外の出版社からの執筆依頼もふえた。同じく本巻所収の「ドストエフスキーと父親殺し」や『エンサイクロペディア・ブリタニカ』から依頼された「精神分析」などがそれである。

フロイトの論著を外国語に訳す動きも盛んになった。フランス語圏ではとりわけ後期の考察に関心がもたれ、本巻所収の「否定」、『素人分析の問題』また「ある宗教体験」、「ドストエフスキーと父親殺し」などが出版後ほどなく一九三〇年代に訳された。ナチズムの台頭により精神分析はユダヤ人の思想であるとしてドイツやオーストリアから徹底的に排斥されてしまったのに対して、イギリス、アメリカならびにフランスで、フロイトの思想はそれぞれ新たな目覚ましい発展を遂げることになる。我が国でも『制止、症状、不安』、『素人分析の問題』、「フモール」がいち早く『夢解釈』や「日常生活の精神病理学にむけて」とともに一九三〇年代に翻訳されていることは特筆すべきことである。

本巻所収の、一九二五年から一九二八年の間に執筆ないし刊行された著作は、いずれもフロイトの精神分析思想の全体からみてもきわめて質の高い一級のものばかりで、その思索はさらに深みを増し、広範囲にわたるものとなったことがよくわかる。フロイト自身の病および苦悩は、一種の「創造の病」としてかえって思索の営為に対し促進的に働いたと言っても過言ではないだろう。この時期のめざましい業績は、なんといっても二冊の単著、『素人分析の問題』と『制止、症状、不安』だろう。以下この二つの著作を中心にフロイトの問題意識、また考えについて少し論じておきたい。

『素人分析の問題』――精神分析運動への貢献

この著作は、小論文「『素人分析の問題』補遺」でも少しふれられているように、ウィーン精神分析協会の一員であった非医師の精神分析家テーオドール・ライクがもぐり医療の疑いでウィーン市から起訴されたことがきっかけとなって書かれた。一九二五年二月二十四日、ウィーン市は患者の訴えを踏まえライクに対し精神分析療法を行うことを禁止する命令を出した。そのため、フロイトは、三月八日、ウィーン大学解剖学教授であり、ウィーン市の健康局の顧問をしていたユーリウス・タンドラーに、この決定を再検討するよう依頼する手紙を書いた。

こうしたフロイトの積極的な介入に加え、訴えた患者の証拠が不十分であることから、ウィーン当局はライクに対する分析治療禁止という決定を取り消した。この機会にフロイトは一九二六年六月、七月にこの著作の執筆をしたのだった。既にフロイトは、一九二四年十一月のアブラハムへの手紙に書いているように、一九二四年よりウィーン市の上級衛生委員であった生理学者アルノルト・ドゥーリヒから非医師による精神分析治療の是非について専門的意見を求められ、二人でこの問題に関し議論を交わしていた。そのような中、ウィーン市はライクに分析治療を禁止する決定をしたのだった。

ライク訴訟は、ウィーン精神分析協会、ひいては世界の精神分析運動の指導的な役割を担っていたフロイトにとって、まちがいなく精神分析の実践や存在に対する権力機関からの侵害行為を意味した。そこで彼は異議申し立ての行為をしたと考えられる。実際の政治的な出来事を踏まえ、フロイトは精神分析の正当性、また必要性をウィーン市およびオーストリア政府に主張するために、また精神医学だけでなく医学一般、人文科学一般、そして一般の人々に向けてこの著作を書いている。

強い政治的な意図がこめられて執筆されたという点で、この著作はフロイトの多くの論著のなかでも特別な位置を占める。もう一つ特徴的なのは、対話形式で書かれていることで、フロイトの著作のなかで唯一の対話篇といえるだろう。対話の相手と目されているのは、生理学者ドゥーリヒのような知識人と思われる。対話は、精神分析の門外漢が、精神分析治療が本当に意味のあるものなのかといった根本的な質問を厳しくあびせ、これに対しフロイトが、それまでの発展の経緯をふりかえりながら誠実かつ丁寧に答えるという形で進む。なごやかなうちにも緊張をはらんだ生き生きとした対話が交わされる構成となっており、作家として卓越したフロイトの才能がいかんなく発揮されている。

また、精神分析の理論と治療の内容を、誰にでもわかるように平易な言葉を駆使し工夫して書かれている点で、一般向けの精神分析の概説書としても貴重である。この点は、『精神分析入門講義』(一九一五―一七年、本全集第十五巻)、『続・精神分析入門講義』(一九三二―三七年、本全集第二十一巻)が精神分析を学ぼうとする人を対象にしたより専門家な著作であるのと性格を異にする。

この著作では、同年に執筆された『制止、症状、不安』を含む後期フロイトの新たな理論展開にも準拠しながら、精神分析がいかなる理論的な内容をもっているのか、またいかなる形で治療が進められるのか、その際に治療者が注意すべきこと、さらに精神分析が人文科学に大きな影響力を持つことなどが多岐にわたって述べられている。理論的な事柄としては、自我とエスの関係に関するフロイト後期の考え方が再説される。例えば自我とエス、また超自我の間の相互関係について、最初にあるのはエスであり、自我、超自我は基本的にはその派生物であるという大胆な考え方が示され(本巻一二〇、一五五頁)、超自我に関しても重要な考想が述べられる。超自我が現実社会の要請を受けて性的欲動の表出を禁じる審級であることから、普通の理解では、それはエスとはかけ離れた場所にあり、一貫して対立的な関係にあると見なされるのではないだろうか。ところが、フロイトは、超自我は一方で自我に属し、自我の中に位置する審級であるとしながら、「エスと特別に緊密な関係にあり」「エスの最初の対象備給の沈殿物」であるとし、超自我もエスから派生したもので、自我に比べよりエスと緊密であるとする(本巻一五五頁)。

臨床の現場では、メランコリー患者が罪悪感から激しい希死念慮を抱き、ひいては自殺の挙に出てしまう現象が認められる。確かに重症のうつ病では、自殺は本人の意志ではなく、超自我の圧倒的な支配のもとに衝動的に行うと言わざるをえない事例が多い。つまり、こうした現象においては、エスに直接由来し、自我が押しとどめられない激しい欲動を想定せざるをえない。メランコリーの場合の欲動は「死の欲動」にあたるわけだが、このような臨床的考察を踏まえフロイトは、超自我がエスと連続しているという考えに到達したことが窺える。彼は欲動そのものが充足を求める動きであることを認め「欲動要求 Triebsanspruch」という術語を頻繁に使うが、このような欲動のあり方は超自我による自我抹殺の欲動にも基本的にあてはまると考えることができる。

対話の最大の争点となっている非医師の精神分析家による分析治療の実践について、フロイトは、「素人分析」という規定を医師／非医師という形式的な区別によるのではなく、実践的な知識・技量の有無に即して行うべきだとし、医師でも精神分析の研修を受けずにこれを行うなら素人分析であると判断すべきであるとしている(本巻一六九頁)。この見解は説得力のある正論といえる。

その上で、フロイトは非医師の精神分析家と医師の分析家の間に決定的な違いがあることを明確に認め、医師が最初に診察する必要性があることを説く。その理由としてフロイトは、身体的な病気によって神経症性の病的症状が出現する場合があることを指摘する。この現象は、フロイト最晩年の論文「終わりのある分析と終わりのない分析」(一九三七年、本全集第二十一巻)においても挙げられている。そこでは、自我の強さが病気、疲労によって弱まり、それまで自我によって制御されてきた本能の要求をおさえることができなくなり、本能が代償的満足を求めるという形で症状が出現すると述べられる。身体的な病気を患う患者で、ヒステリー(様)症状や強迫(様)症状、嫉妬妄想などの精神病性の病態が出現した場合には、言うまでもなく原疾患の治療が優先される。

こうした見解からは、フロイトが単なる精神分析家もしくは精神病理学者ではなく、身体疾患にも周到な目配りを怠らない優れた臨床医であったことが察せられる。現在の精神医学では通常、この種の病態を「身体に基礎づけられた精神障碍」ないし「症状精神病」の範疇で考える。人間が無意識のレベルではエスに由来する欲動の蠢きの支配下にあり、これが自我によって制御されることにより正常な主体が構成されると構想するフロイトの見地からすると、精神障碍はエスと自我の均衡がゆらぐことによって出現すると考えられる。そうした力動論的なとらえ方は今日あらためて再考に値すると思われる。

また、精神分析を進めていく途上で身体的な症状が出現することにも注意を向ける。皮膚の湿疹や機能性の消化器症状などがその例となると思われる。この現象は、精神分析の見地からは分析過程が言語による表出ができない重要な局面に入り、一過性の心身症状が出現したと考えられる。その際、医学的な見地からも慎重に診断的検索をしておくことが要求されるところである。フロイトは、そうした事例において、医師が精神分析家の場合でも、別の医師に紹介するのが適切な対応であることを指摘する。ここで彼が提起している、医師と非医師の役割分担の考え方、精神分析過程における心身症状の出現への注意、その際の精神分析家の心得などもごく穏当なものといえる。フロイトは大学医学部で精神分析が教えられていないことに対し、強い不満の意を表す。この指摘は、神経症がなによりも先ず無意識の次元に根をもつ精神障碍であるという認識による。またフロイトは、神経症についての生物学的な要因が将来明らかになる可能性があることも、はっきり述べている(本巻一六六頁)。

フロイトのこの指摘を現在の時点で改めて考えると、主に分子生物学や脳科学の方法によって生物学的精神医学がめざましい発展を遂げ、フロイトの提唱した不安神経症急性期、現代でいうパニック障碍、の生物学的基礎を明らかにしつつあり、効果的な薬物療法が多く生み出されているという点で、彼の予測は正しかったと言えるだろう。

他方で、一つの臨床単位としては希薄化して消滅の憂き目にあっている「神経症」という概念の有用性が、フロイト再読により、改めて示唆されるのではないだろうか。医学部における教育に関して言えば——アメリカで最も著しい現象だったわけだが——精神分析の全盛期には、盛んに精神分析が講義のなかに取り入れられた。しかし、脳科学が進展した一九八〇年頃から、精神医学のパラダイムは精神分析学から認知理論へと大きくシフトした。この動向のもとで、大学医学部における精神分析の教育の比重は大きく減少した。現代の医学教育は過剰な生物学化・医学化の傾向が否めず、無意識の力動に基礎をもつ病態に対する医師の理解が貧しくなっていることは間違いない。しかし、インフォームド・コンセントが重視される医療文化のなか、診断技術の向上や高齢者の増加にともなって病気と診断される機会は増加し、その際に神経症性の苦悩を課され、その克服に挫折する事例が増えている観がある。精神科のみならずさまざまな臨床科で医師－患者関係が治療の重要な媒介役を果たしている以上、すべての臨床現場でフロイトの精神分析の見地をもう一度再評価する必要性があるといえる。

さらに大きな歴史の流れをみると、精神分析は、近代社会に入りキリスト教に代表される宗教の力が衰退し始めるのに符節を合わせ、司祭や牧師が担っていた役割を代行する形で登場したという側面がある。現代においてがん末期の患者にかかわる緩和医療において、精神科医が精神腫瘍医として死を前にした人の心のケアに携わるようになっているのはその端的な例であろう。実際フロイトは、本巻所収の「『素人分析の問題』補遺」で、精神分析家の社会への貢献を聖職者の司牧の仕事に類似していると指摘している（本巻一九六頁）。

『制止、症状、不安』――「出生外傷」から太古の外傷体験へ

フロイトの著作は無理を承知であえて大局的にみると、大きく四つに分けられるように思う。第一に精神分析理論の形成の基礎となる、例えば小さなハンス、狼男など個別の症例についての詳しい提示と考察をした症例検討の著作、第二に自分の理論をわかりやすくまとめ、関心をもつ人々に精神分析を伝える伝達の著作、第三に分析経験を踏まえ自分の理論を展開し、深めていく思索の著作、第四に、自らの精神分析理論で芸術作品や芸術家の病理に光をあてる著作である。第二の伝達の書の代表は、『精神分析入門講義』『続・精神分析入門講義』であるが、いま言及した『素人分析の問題』もこの系列にはいる。他方、第三の思索の書の代表は、『制止、症状、不安』、また「否定」である。この二つの論考はフロイトの書いた論考のなかで最も難解な部類にはいる。意欲的な考察が随所にもりこまれ、きわめて示唆に富む内容となっている。第四の芸術論の代表が、本巻所収の「ドストエフスキーと

父親殺し」、「フモール」である。

『制止、症状、不安』は、『素人分析の問題』と同じくフロイト七十歳の論稿で、顎の癌に侵されながらも、彼の知性が衰えを知らず、ますます高い境地を拓いていったことをよく示す。この著作は、不安の問題を中心に、『自我とエス』『快原理の彼岸』などフロイト後期のそれまでの理論を踏まえ発展させた、重要な示唆に富む論稿である。

『制止、症状、不安』執筆の動機の一つは、フロイトの愛弟子であったオットー・ランクが一九二四年に『出生外傷』を出版したことである。その中でランクは、乳児が母親の胎内から出てくる時の、生きるか死ぬかの体験は人間にとって「原外傷 Urtrauma」であり、神経症はこの外傷体験が反復したものだとする大胆な見解を提出した。この理論はエディプスコンプレクス、ないし父を前にした去勢不安を神経症の中核的な病因にすえたフロイトの理論を全面的に否定する趣旨をもつだけに、フロイトに忠実な弟子たちから激しい批判を浴びることになった。争点は、人間の発達にとって、また神経症の成因において父親、母親のどちらが重要であるかという点にあった。ランクはといえば、仲間の集中砲火に遭い、しかもフロイトからも非難されて自信を喪失し激しい動揺をみせた。『出生外傷』をめぐるフロイト学派のなかの激しい確執は、父の位置を占めるフロイトをめぐるエディプスコンプレクスを核にして生じた神経症者の確執の性格を色濃く帯びていると推測できる。当初、神経症性の振舞いをしたフロイトは、基本的にはこの精神分析家同士の対立が神経症の症状であるという自覚をもちあわせていたようで、最終的には、対立した仲間の理論のよいところを評価する分析家、また学者としての公正な態度を堅持したと思われる。ランクに対する態度はその好例である。実際、フロイトは『制止、症状、不安』で、ランクの考え方を批判しつつも正当に評価する姿勢を示し、さらに晩年の著作「終わりのある分析と終わりのない分析」の冒頭でもランクの理論に言及している。

『制止、症状、不安』はランクの『出生外傷』なくしては生み出されなかったもので、これに大いに触発されて執筆された著作である。もっとも、フロイトはランクの著作の出版以前に出生の外傷性を一度ならず指摘している。例えば、『夢解釈』の注で、「出生行為は最初の不安体験であり、したがって不安感情の源泉であり、モデルである」(GW-II/III 406. 本全集第五巻)としている。したがってフロイトは、少なくとも不安に関しては、出生行為にその源泉があるとする考え方を主題的な仕方ではないにせよ指摘していた。それゆえ、ランクの見解はフロイトにとってあながち見当はずれではなくフロイト自身重視していた考え方であったことが推測されるのである。

『制止、症状、不安』で中心的な問題に据えられている不安は、精神医学のみならず、人間にとり根本的な問題である。フロイト自身は、一八九四年の初期の論稿「ある特定の症状複合を「不安神経症」として神経衰弱から分離することの妥当性について」(本全集第一巻)で、アメリカの内科医ビアードの神経衰弱の概念を下敷きにして、これを精神分析の見地からとらえ直す作業をするなかで不安神経症の概念を導いた。フロイトがまとめた不安神経症の臨床症状は、現代社会で増加し人口に膾炙しているパニック障碍と基本的に変わらず、パニック障碍の臨床単位はフロイトの創見に負うところが大きい。フロイトは不安神経症の病因として、性的満足が充分なされず、そのためリビードの鬱滞が生じることを力説し、不安発作はこの貯留したリビードの発散として生じると考えた。この学説は不安を性欲動、ひいてはエスの問題枠から考える視点を提供した点で貴重である。ヒステリー発作についてもこの考え方が適用された。

その後、フロイトは不安を主題的に論じることはなかった。その彼が、ランクの著作『出生外傷』が世に出たのを機に、あらためて不安について論じることになったのである。そこでは、それまでのフロイトの理論が凝縮されて表明されつつ、さらに冒険的に理論を進める大きな射程が示されている。

この著作における考察は、フロイト自身がこれまでかかわった臨床事例にあらたな検討を加えるという形で考察が進められている。まず小さなハンスと狼男の動物恐怖に注意が向けられる。いずれの症例でも、問題になっている不安はエディプスコンプレクスにおいて父を前にした不安情動である。フロイトは、この不安情動が抑圧されて「馬に噛まれる」、また、「狼に食われる」という恐怖の主題が結実するとみる。そこでの不安は「去勢の危険が信号化されたもの」である。

この考え方を一般化して、フロイトは、不安は危険を知らせる警告信号であるとみる。この規定はダーウィンの理論に通じる大事な論点である。実際、進化論の見地からすれば、人間、また動物は生存競争において生命を脅かす危険な状況に対して不安ないし恐怖をもたなければ生き抜いていけない。

不安を警告信号とみる視点に加えて、この考察で重要な論点は不安と抑圧の時間的関係にかかわるものである。それまでフロイトは、不安神経症においては抑圧されたリビードによって不安が生じるというように、抑圧に引き続いて不安が出現するという見解をとってきたのだが、この考え方を修正する別の考え方を提出した。すなわち、動物恐怖において、父親に去勢されるという去勢の不安情動から抑圧がなされるというように、不安の発生に引き続いて抑圧が生じるという見方である。

もう一つの見逃せない重要な論点は「症状」に対し、精神分析の見地から明確な規定がなされていることである。

ハンスを範例にして、「情動反応」と対比する形で「症状」の本質が述べられる。馬のような大きな動物に対して人が抱く一般的な恐怖は了解可能な情動的反応である。しかし、ハンスにおいて馬に対する恐怖は、「父親が馬によって代替されている」ことに独特な質をもつ。また、ハンスの「馬に嚙まれる」、狼男の「狼に食われる」という不安内容は、父親に去勢されるという去勢の脅威に対する「歪曲的な代替物」である。つまり、症状が形成される基本的な機制とは、あるものが抑圧され、それの代わりに別のものが置き換えられるという「代替 Ersatz」、あるいは「遷移 Verschiebung」の機制に求められる。これはすぐれて構造主義の記号・言語論を先取りした構想といえる。改めて付け加えるまでもないが、ここでフロイトが問題にしている症状は正常人の種々の行動も含む、神経症の症状である。

七十歳になってもフロイトがなお、十七年ほど前に力を入れて論じたハンス、また狼男についての考察を更新していることは印象深い。ここからも、フロイトの思索が一貫して精神分析の中核問題であるエディプスコンプレクスを主題にして繰り広げられていることがよくわかる。彼は、この論稿でエディプスコンプレクスの構成要素を、⑴父親に対する敵対的な欲動の蠢き、⑵父親に対する情愛的な欲動の蠢き、⑶母親に対する情愛的な欲動の蠢きがあり、これらに対する「重層的な抑圧」が生じることからさまざまな病態が出現すると述べる。この整理は、エディプスコンプレクスの克服の仕方を考える上でも示唆を与えてくれることだろう。

注目すべきことにフロイトは、本論文の題目のもう一つの術語「制止」についても新たな規定を与える。制止は、今日の精神医学の術語ではうつ病において、何もやる気がしない、集中力がない、気持が沈んでいるなど、人間の機能の全般性の制止をさすのだが、フロイトの時代には、これに加えて、性機能の障碍、摂食機能の減退、歩行の機能の障碍などの限局性の制止も含んでいた。この術語は、原因を括弧にいれて、人間の機能に制限がもたらされる状態を指す純粋に記述的なものであったようである。フロイトはこれに対し、制止のなかには、上述の神経症性の症状形成に数えられるものがあることを指摘する。ハンスが馬を怖れて外出できないといった制止がそれで、こうした制止をフロイトは「制止症状 Hemmungssymptom」と呼んでいる。

さらに彼は、動物恐怖に続いて、ヒステリー、強迫神経症に目をむけ、ヒステリー、特に手足の運動が麻痺する、感覚がなくなるといった転換ヒステリーでは不安が全く認められないことを指摘する。この現象は、この種のヒステリーでは不安が代替の機制により身体運動、感覚における制止症状へと転換、つまり代替されることを示す。

強迫神経症については、興味深いことがいくつか述べられている。フロイトは、強迫神経症においては、超自我に対し過度に従順となり他人に対し良心的で思いやりある態度、潔癖などの性格形成がなされ、これは通常の人の性格形成が極端になったものであるとする。この見解は、正常人は大なり小なり強迫神経症に近縁なありかたをしていることを示す。加えて、強迫神経症における抑圧の技法は、⑴呪術や民間信仰、宗教儀式にも認められる、ある出来事自体を吹き消し、「なかったことにする」魔術的な技法(Ungeschehenmachen)と、⑵好ましからざる情動をもたらす出来事を連想連関から「孤立化させる」技法(Isolierung)からなると論じる。そして、後者の孤立化の技法は、健常人の日常生活における精神の集中という行為の際に使用しているものにほかならないと指摘する。正常人はエスの欲動を首尾よく抑圧し、代替症状を形成することを要請される。その意味で、正常人は多少とも神経症を患い、このことが正常性の条件ということもできるが、神経症の中でいずれの類型が最も正常人に近いかという設問をあえて立てるなら、このフロイトの言葉からは強迫神経症ということになるだろう。

強迫神経症に続いてフロイトは、第一次世界大戦で若い兵士に大量に出現した外傷性神経症に目を向ける。この時代の病理の臨床経験からフロイトは外傷の問題枠から不安の問題に接近することになったのである。実は、この局面ではじめてランクの『出生外傷』への言及が本格的になされる。

外傷性神経症では、戦争といった際立った恐怖の体験によって「(心の装置の)表層の刺戟保護が破られ、過大な刺激量が心の装置へと入り込む」、このため、注意喚起の信号として不安が生じるという見解がそれである(本巻五八頁)。そしてフロイトは、ランクの考え方を支持する形で、人間にとって外傷の典型的なものこそ、「巨大な興奮量が胎児のもとに押し寄せる」出生であり(本巻六二頁)、それは人間にとり「最初の不安体験」で、不安情動の代表的なものであると述べる。動悸が出現したり、呼吸が早くなったりする不安発作はこの出生時の不安情動の反復とみることができるかもしれないという見方をする。またランクの考え方を乗り越える形で、去勢不安を重視し、去勢不安は「性器が分離されてしまう」(本巻六六頁)という分離への不安で、不安は対象喪失の危険に対する反応であるという考え方を示す。そして、不安は去勢の危険に関連するという見方が、出産外傷にもあてはまるという見解を提出する。すなわち、出生は、母親との最初の分離の体験で、対象喪失の一種と捉えられ、子供＝ペニスという等式からすると「母親の去勢」であるとも述べる(本巻五八頁)。このように、フロイトは不安を去勢、さらに対象喪失に近づけてみる視点を示す。

さらにフロイトは、不安が超自我によって引き起こされることにも注意払う。『素人分析の問題』のなかでも言及されていた良心の呵責による不安、すなわち超自我の懲罰に対する不安がそれである。超自我が両親、とりわけ父の審級が発展したものであるからして、超自我による不安は去勢の脅威から派生したものとみることができる。

一九三二年の『続・精神分析入門講義』(本全集第二十一巻)のなかで、フロイトは、不安を人間の発達段階に準じて以下のように図式的に分けた。⑴早期の自我未成熟の段階における精神的に寄る辺ない状態における不安、⑵幼児初期の対象の喪失の危険、⑶男根期の強制不安、⑷潜伏期における超自我に対する不安(GW-XV 95)。これまであげた不安はこの分類のなかにおさまるものである。

しかし、フロイトは人間の不安の根源を、ランクの強調した個人の起源である出生をさらにさかのぼり、人類が太古に体験した何らかの不安情動をもたらす外傷に帰す系統発生的な見地も提出する。不安の「情動状態は太古の外傷的体験の沈殿物として心の生活に体内化されており、似通った状況において想い出-象徴のようなものとして呼び覚まされる」(本巻一八頁)というのがそれである。これに類似の見解は既に一九一五―一七年の『精神分析入門講義』のなかで、不安の「これらの知覚は、おそらく遺伝的伝達によって、ある重大な事件の残渣をあらわすのだ」と述べられている。太古の重大な外傷的体験、事件が何を指すのかフロイトは明確にしていないが、一つ考えられるのは、『トーテムとタブー』(一九一二―一三年、本全集第十二巻)の中で神話的に語った、すべての女性を所有した原父に対する子供たちによる殺害行為である。

人類の罪悪感の根源に原父殺害があるというのがフロイトの強調するところであった。そうしてみると、この太古の外傷的体験によって生じた不安は超自我を前にした不安ということになる。もっとも、これはあくまで、フロイトの神話的な語りに従った類推にすぎないことを断っておかねばならない。この留保を付けた上で、フロイトにあって人類の不安の原型は超自我による不安であるといえる。つまり、フロイトはあくまでエディプスコンプレクスの地平で不安を考えようとする。ランクの考え方との大きな違いは明らかだろう。

『制止、症状、不安』は不安について実にさまざまな重要なことを語っており、不安に関する覚え書き的な性格をもつ。この論稿では不安が、(1)出生時の不安に代表される原初の「情動状態 Affektzustand」の様態のものと、(2)ハンスの馬恐怖の症状形成に代表される危険を回避するための信号の様態の二段階に区別されている点も見逃せない。概括的にみるなら、(1)信号化された不安は代替の機制によって成立した神経症性の症状形成の所産と位置づけることができるだろう。それは言語による象徴化の織物の次元にある。他方、(2)情動状態としての不安は、いまだ言語によって象徴化される以前の未分化な情動としての生の不安である。興味深いことに『続・精神分析入門講義』で、不安には、神経症性不安、明らかな外界の危機的状況によって生じる外傷性の不安に代表される現実不安のいずれにおいても、不安が信号としては喚起されずに発生する「外傷的瞬間 traumatischer Moment」の出現が問題にされる(GW-XV 101)。そしてフロイトは、この外傷的瞬間が抑圧されて、「危険局面の信号」として不安が生じると論じる。この不安の外傷的瞬間は、まさしく言語の象徴化を逃れる不安の様態を指し示していると考えられる。

フロイトが不安の発生の基礎を太古の外傷的事件に求めようとする時、それは、不安における外傷的瞬間のいわば祖型をなんとか言語によって表現しようと試みているとみることができるだろう。論文「終わりのある分析と終わりのない分析」では、冒頭にランクの『出生外傷』への言及があり、ランクのいう出生は「原外傷 Urtrauma」であり、これは「根源的に抑圧をうける」と書かれている。フロイトのいう根源的な不安情動も同様に原抑圧をうけるもので、不安は根本的には人間が言語の限界点に直面した局面で生じるとフロイトは考えていることが窺われる。このためにこそ不安は対象をもたない漠とした情動にとどまり、特定の対象を前にした恐怖や驚愕とは性状を大きく異にするのである。不安の「外傷的瞬間」は心の装置を構成するうえでも重要な契機として考えられていることが察せられる。このようにして、フロイトの不安論はランクの出生外傷説における外傷に関しフロイトなりに考察の射程を延ばし、不安自体が主体構成的なものであるという視点を進めたように思われる。別の言い方をすれば、フロイトは、言語では言い表すことができないものの心の装置を構成するうえで不可欠な事象を問題に引き入れながら、人間についての思索を深めていったのである。

「否定」――欲動、抑圧、抵抗のアウフヘーブング

原文でわずか五頁ほどの論文「否定」も、フロイトが言葉を連ねながら思索を極限まで進めようとした論稿である。最後にこの論稿に少し触れておきたい。この小文は、特にフランスで早くから注目され、本論の発表から九年後（一九三四年）に『フランス精神分析レビュー』に翻訳が掲載された。フランス精神分析はこの論文に大きな関心を寄せ、十を超える翻訳が試みられているという。本論文に関して何より有名なのは、ラカンによるうがった大胆な解釈で、その論文「フロイトの否定（Verneinung）に関するジャン・イポリットの評釈に向ける序言」および「フロイトの否定（Verneinung）についてのジャン・イポリットの評釈に対する回答」が「否定」に注釈を加えた哲学者イポリットの論文「フロイトの否定（Verneinung）についての、口述による評釈」とともに『精神分析誌』に掲載された。その後、この二人のテクストは『エクリ』（一九六六年）（邦訳『エクリⅡ』佐々木孝次ほか訳、弘文堂、一九七七年、六五―一〇九頁、三五九―三七四頁）に収録された。

この論文の新たな論点の一つは言葉の機能に対する注目である。フロイトは「否定」の言葉によって初めて、

「知的機能が情動的過程から分離する」ことが可能になると述べる。実際、そこで言われている知的機能の術語は言語機能と言い換えた方が正確のように思われる。他方、情動過程は欲動の蠢き、あるいはエスの要求が主体（自我）を支配しようとする力動過程、あるいは欲望の過程と考えられる。「否定Verneinung」については「否定の象徴」という表現も使用されているが、突き詰めると言語はすべて、情動的な生命力動をいったん否定する、つまり棚上げすることに特徴をもつ。同時に、言語は否定という媒介項で隔てられながら、その情動、ないし生命力動、あるいは欲望を認める機能、あるいはこれと一体化しようとするベクトルをもつ。

後期フロイトは、欲動が目指す対象を自我のうちに取り込み一体化しようとするエロースと、対象を自我から排斥する方向性をもつ破壊欲動の二種類に分ける。否定は後者の「破壊欲動に属す」とされる。つまり、言語は元をただせば死の欲動に属すというのがフロイトの考えなのである。それは、ラカンの言語に対する考えを先取りしたものにほかならない。

自分の無意識の欲望を否認する「否定」の言葉は「抑圧されたものを知る一つの方法」であるということから、否定は「抑圧の一種の解除(eine Aufhebung)なのである」、ただし、「抑圧されたものの承認ではない」とフロイトは述べる。しかも、「抑圧過程そのものは解除(aufheben)されていない」(本巻四頁)と述べる。

否定の機能に関し、フロイトが「否定する、除去する」「保持する、持ち上げる」などと、否定的な意味と肯定的な意味をもつドイツ語のアウフヘーブング(Aufhebung)、アウフヘーベン(aufheben)の語を使用していることは注目に値する。この論文でフロイトが問題にする「抑圧の一種の解除(アウフヘーブング)」とは、正確には抑圧が解除される一方で保持されることを意味する。その点では、否認がなされる場面では、「抑圧の棚上げ」と訳す方が適切かもしれない。また「抑圧過程そのものは解除(アウフヘーベン)されていない」という言葉は、「抑圧過程そのものは(基本的には)保持される」ことを意味する。

興味深いことにフロイトは、精神分析技法が目指すところを含め自我のあり方を論じる際、抑圧、欲動、抵抗のいずれに対しても、相反する意味を同時にもつアウフヘーブングの術語を使用している。そこには、抑圧の決定的な解除は不可能である、また他方、欲動の決定的な廃棄は不可能である、そして抵抗の決定的な解除は不可能であるというフロイトの終局的な認識がひかえているとみることが可能である。

例えば、『制止、症状、不安』では、「欲動要求 Triebsanspruch」に絶えずさらされている自我は、通常、抑圧によって「欲動の蠢きを棚上げ(アウフヘーベン)する」という趣旨のことが述べられる。また、分析の目標に関してもアウフヘーブングの語が使用され、分析の目標を「抑圧の解除(アウフヘーブング)」に見定める考え方が表明される。それは、件の「エスがあったところに自我が生成しなければならない」というフロイトの有名なテーゼに通じるものといえる。しかし、原抑圧を解除することは神経症者である普通の人には原理的に不可能である以上、人は抑圧を保持する仕方で、抑圧を解除し、一段上のレベルに自己を高めることしかできない。それは「否定」を高めることに通じ、アウフヘーブングの第三の意味の実現にほかならない。この第三の意味でのアウフヘーブングの成功した形式こそフロイトが昇華と呼ぶ事象であろう。昇華の好例となる芸術作品において、否定の機能によって分離、ないし廃棄された「情動過程」が再び回復され、情動に根ざす主体のあらたな生成が実現するのではないか。その情動は突き詰めれば不安を伴わずにはいない「不気味な unheimlich」情動ではないだろうか。

書誌事項

「否定」

初出は、『イマーゴ』誌、第十一巻、第三号、二一七―二二一頁、一九二五年。

執筆は同年七月。その後『著作集成』第十一巻(三―七頁、一九二八年)に収録された。英訳は、『国際精神分析ジャーナル』第八巻、第二号、一三三―一四二頁、一九二七年に掲載された後、SE第十四巻(二三五―二三九頁、一九六一年)に収録された。仏語では、一九三四年に単独で訳され、『フランス精神分析レビュー』第七巻、第二号、一七四―一七七頁、に掲載された。その後一九八五年に、ラプランシュが新たに翻訳し、フロイトの論文を集めた『成果、考想、問題』第二巻(一三五―一三九頁、フランス大学出版局)に収録された。

『制止、症状、不安』

初出は、一九二六年二月、ライプツィヒ‐ウィーン‐チューリヒ、国際精神分析出版社、一三六頁。

執筆は、一九二五年に開始され、同年十二月に完成した。一九二八年に『著作集成』第十一巻に収録された。I節の大部分は単独で「制止」と題してウィーンの『新自由新聞』(一九二六年二月二十一日付)に掲載された。英訳は、刊行翌年の一九二七年にいち早くアメリカで「不安の問題」という書名でフェレンツィによる序言を付して出版され(精神分析協会)、一九三六年にはイギリスでも翻訳が出版された(ホガース出版、精神分析協会)。仏訳は、一九五一年にフランス大学出版局より単行本として出版された。邦訳は早く、一九三一(昭和六)年に『禁制と徴候と杞憂』(矢部八重吉訳)、翌三二年に『制止、症状、及び、恐怖』(林髞訳)と題して出版された。

『素人分析の問題』

初出は、一九二六年九月、ライプツィヒ-ウィーン-チューリヒ、国際精神分析出版社、一二三頁。

抜粋が一九二六年九月刊の『アルマナハ 一九二七』四七―五九頁、に「精神分析ともぐり診療」と題して掲載された。英訳は最初一九二七年に『素人分析の問題』(ニューヨーク、ブレンターノ社)と題して「自伝的研究」シリーズの一巻として刊行された。最初の仏語訳はマリー・ボナパルトにより「精神分析と医学」と題してなされ、フロイトのいくつかの論著を編纂して一九二八年にガリマール社から「青いドキュマン」シリーズの第四十五号として出版された『私の生涯と精神分析』(一一九―二三九頁)に収められている。同時代の邦訳には、一九三二(昭和七)年に『素人分析の問題』(木村謹治・内藤好文訳)と『非医者の分析可否の問題』(大槻憲二訳)の二種類がある。

「補遺」の初出は、『国際精神分析雑誌』第十三巻、第三号、三二六―三三二頁、一九二七年。『国際精神分析ジャーナル』第八巻、一九二七年、にも同時掲載された。一九二七年六月に執筆。この年の九月にインスブルックで開催予定の第十回世界精神分析学会では、分析家ジョーンズとアイティンゴンによって非医師による精神分析の実践に関する討論が企画された。アレキサンダー、ドイチュ、ライヒ、ライク、ローハイム、シルダーら十八名の名だたる精神分析家が自分の見解を『国際精神分析雑誌』に寄せたが、その最後を締めくくったのがこの論稿である。

「解剖学的な性差の若干の心的帰結」

初出は、『国際精神分析雑誌』第十一巻、第四号、四〇一―四一〇頁、一九二五年。

ホンブルクで開催された第九回国際精神分析学会での発表（一九二五年九月三日）のために、同年に書かれた。


「精神分析」

初出は、百科事典『エンサイクロペディア・ブリタニカ』第十三版の増補版第三巻、二五三―二五五頁、一九二六年。

精神分析についての項目は第十一版（一九一〇―一一年）、第十二版（一九二二年）にはなく、同事典では最初の採択となる。一九二五年頃ドイツ語でまず書かれ、ジェームズ・ストレイチが英訳した。英訳時の標題は「精神分析――フロイト学派」（Psychoanalysis: Freudian School）である。ドイツ語原文は『著作集成』第十二巻、三七二―三八〇頁に収録された。


「『ユダヤ・プレスセンター・チューリヒ』編集人宛書簡」

初出は、『ユダヤ・プレスセンター・チューリヒ』誌、一九二五年二月二六日。

SEによれば、冒頭の削除についての理由は不明とのことである。


「ヘブライ大学開校式に際して」

初出は、隔週刊誌『ザ・ニュー・ジュディーア』一九二五年三月二十七日号。

他の著名人の同趣旨のメッセージと並び掲載された。ドイツ語原文は現存せず。イェルサレム・ヘブライ大学は一九二五年四月にバルフォア卿によって開学された。

「アウグスト・アイヒホルン著『不良少年たち』へのはしがき」

初出は、アウグスト・アイヒホルン著『不良少年たち――養護教育における精神分析・最初の入門にむけての十講』(国際精神分析文庫第十九巻)、ライプツィヒ‐ウィーン‐チューリヒ、国際精神分析出版社、一九二五年。

「夢解釈の全体への若干の補遺」

初出は、『著作集成』第三巻、一七二―一八四頁、一九二五年。

本稿のc項「夢の心霊的意味」は、単独で『アルマナハ 一九二六』二七―三一頁、一九二五年、と『イマーゴ』誌、第十一巻、第三号、二三四―二三八頁、一九二五年、に掲載された。

『著作集成』では『夢解釈』について、第二巻に初版本文を収録し、第三巻に初版刊行後にフロイトが行った追加・修正を追加章(Zusatzkapitel)として収録する方針がとられた。この追加は三つの部分からなり、最初の二つの部分は『夢解釈』に従来加えられた追加や修正で、最後の部分が本稿である。『著作集成』を見るかぎりフロイト自身には発表当初、今後『夢解釈』に本補遺を追加する意向があったようであるが、結局、『夢解釈』第八版(一九三〇年)に本補遺は収録されなかった。その理由を、本補遺のc項でフロイトがテレパシーを転移の現象として精神分析の見地から真剣に考える姿勢を示したことに対し、ジョーンズが精神分析運動にとって誤解を招くとして激しく批判したためだとする見方があった。本補遺は結局、『夢解釈』を収めたGW第二／三巻(一九四二年)、執筆年次に対応するGW第十四巻のいずれにも収録されず、一九五二年出版のGW第一巻に収録された。

「ヨーゼフ・ブロイアー追悼」

初出は、『国際精神分析雑誌』第十一巻、第二号、二五五―二五六頁、一九二五年。同年の『国際精神分析ジャーナル』第六巻、第四号、四五九―四六〇頁、に英訳が掲載された。

「ライク博士ともぐり診療の問題」

初出は、『新自由新聞』一九二六年七月十八日夏季号、第十二頁。

「新自由新聞へのフロイト教授の投書」という副題を添えて公表された。執筆の経緯は、『素人分析の問題』についての本解題(三五八頁)を参照。

「ブナイ・ブリース協会会員への挨拶」

初出は、本全集底本(GW)第十七巻、四九―五三頁、一九四一年。

フロイト七十歳の誕生日の祝賀パーティ(一九二六年五月六日)に際し、ルートヴィヒ・ブラウン博士が行った祝辞への返礼として読み上げられた。

「ロマン・ロランに宛てて」

ロマン・ロランの還暦を記念して一九二六年一月二六日に出版された『ロマン・ロラン記念論集』（チューリヒ－ライプツィヒ、一九二六年）に掲載された。フロイトは十年後（一九二六年）に「アクロポリスでのある想起障害」という論文（「ロマン・ロラン宛書簡――アクロポリスでのある想起障害」（GW-XVI250-257）〔本全集第二十一巻〕）をロマン・ロランに献呈することで大きな敬意を払っている。


「カール・アブラハム追悼」

初出は、『国際精神分析雑誌』第十二巻、第一号、一－二頁、一九二六年。

「編集者、ジークムント・フロイト」と署名されている。


「E・ピックワース・ファロウ著「生後六カ月の幼年期の想い出」についての見解」

初出は、『国際精神分析雑誌』第十二巻、第一号、七九頁、一九二六年。

「フロイト教授はこの論文に関連して我々に書簡で以下のように伝えている」という前置きを付け、ファロウの論文（「生後六カ月の幼年期の想い出」）の冒頭に掲載された。ファロウのこの論文が英語で出版された形跡はないが、その内容は何年も後になってファロウの『自己分析の実践的方法』（ロンドン、一九四二年、及び、ニューヨーク、一九四五年）に組み入れられた。フロイトの「見解」の英訳は、フロイトの許可を得ていることを明記した上でファロウの著書の序文として印刷されている（印刷は、もちろん、フロイトの死後である）。

「エーヴァルト・ヘーリングについてのコメント」

初出は、イスラエル・レーヴィン著『無意識』(アンナ及びジークムント・フロイトによるドイツ語訳) ウィーン、一九二六年、三四—三五頁。

ヘーリングは若き日のフロイトにプラハでの助手のポストを勧めたというが、それから半世紀ほど経った後にフロイトがヘーリングについて書き記した「コメント」は、エルンスト・クリース(「科学史から見たフロイト」『聴取者』第五十五巻、第一四一六号、六三一頁、一九五六年五月十七日号)が注目したように、ヘーリングの『光感の理論について』(ウィーン、一八七八年)が無意識に関するフロイトの見方に若干の影響を与えたことを示唆しているのかもしれない。

「フモール」

初出は、『アルマナハ　一九二八』九—一六頁、一九二七年。

その後一九二八年に、『イマーゴ』誌、第十四巻、第一号、一—六頁に再録された。執筆は一九二七年八月であり、同年九月一日にインスブルックで開催された第十回国際精神分析学会にてアンナ・フロイトが代読した。英訳は『国際精神分析学ジャーナル』第九巻、第一号、一—六頁。仏訳は一九二九年に、ベルギーのブリュッセルで刊行されていた『雑録——現代思想の絵入り月間雑誌』の「一九二九年におけるシュルレアリスム」と題された特別号の冒頭(三—六頁)に掲載された。これにはアラゴンとブルトンの力添えがあったという。フランスでは一九三〇年ボナパルトとナタンにより訳され、『機知とその無意識との関係』と題されガリマール社から刊行されたフロイトの論文集に所収された（三二一―三二八頁）。我が国では最初に、一九三一（昭和六）年「フモール」（大槻憲二訳）と題し翻訳された。

「フェティシズム」

初出は、『アルマナハ　一九二八』一七―二四頁、一九二七年。

その秋ほぼ同時に『国際精神分析雑誌』第十三巻、第四号、三七三―三七八頁に掲載された。英訳は一九二八年に、『国際精神分析学ジャーナル』第九巻、第二号、一六一―一六六頁に掲載された。我が国では早く一九三二（昭和七）年に、『崇物症』（大槻憲二訳）、続いて三三年に『フェティシスムス論』（林髞訳）と題され、翻訳されている。なおフロイトは本稿の執筆を一九二七年八月第一週末には終えている。

「ある宗教体験」

初出は、『イマーゴ』誌、第十四巻、第一号、七―一〇頁、一九二八年。

同年には『著作集成』第十一巻（四六七―四七〇頁）、『アルマナハ　一九二九』九―一二頁にも収録された。英訳は『国際精神分析学ジャーナル』第十巻、第一号、一―四頁、一九二九年。仏訳は一九三二年、マリー・ボナパルトによりなされ、『ある錯覚の未来』（パリ、ドゥノエル&スチール社）に収められた。執筆は一九二七年末とされる。

本稿執筆の最初のきっかけであるG・S・フィーアエックのフロイト訪問は、一九二六年六月末である。精神分析に興味を持つ著名なアメリカのジャーナリストであったフィーアエックは、この訪問に関する記事を翌年秋に公表している。その記事は、彼の『偉人探訪談』(ロンドン、一九三〇年)に再録された。

「ドストエフスキーと父親殺し」

初出は、ルネ・フュレープ＝ミラー／F・エックシュタイン編『カラマーゾフの兄弟の原型』ミュンヒェン、ピーパー社、前付一一―三六頁、一九二八年。

同年の『アルマナハ 一九三〇』九―三一頁に再録された。初出の書籍はドイツ語版『ドストエフスキー全集』を補完する目的で刊行されたものである。最初の仏訳は、A・G・ドストィスカィア著『ドストエフスキーの想い出』(ガリマール社、一九三〇年)一五―三三頁に収録された。我が国では、「ドストイェフスキーと父殺し」(大槻憲二訳)と題し一九三六(昭和十一)年に翻訳された。

「リットン・ストレイチ宛書簡」

初出は、フィッシャー社の『アルマナハ――八十一周年版』六〇―六二頁、一九六七年。この手紙はさらに『書簡集一八七三―一九三九年』(フランクフルト・アム・マイン、一九六〇年)に収録された。

翻訳にあたっては、まず大宮勘一郎氏と石田雄一氏に担当分をそれぞれ訳していただいた上で、加藤がすべてに目をとおし、精神医学の術語等専門部分について相互に検討して訳語を統一した。また、翻訳ならびに解題中の書誌の作成にあたっては、「凡例」にあげられる英訳、仏訳のほか、人文書院版『フロイト著作集』なども参照した。

＊本解題中にある、雑誌名・出版社の原語は以下のとおりである。

『フランス精神分析レビュー』 *Revue Française de la Psychanalyse*
『イマーゴ』 *Imago*
『国際精神分析ジャーナル』 *International Journal of Psycho-Analysis*
「フランス大学出版局」 Press Universitaire de France
「国際精神分析出版社」 Internationaler Psychoanalytischer Verlag
『新自由新聞』 *Neue Freie Presse*
「ホガース出版」 Hogarth Press
『アルマナハ 一九二七』ほか *Almanach 1927*
「ブレンターノ社」 Brentano Verlag
「ガリマール社」 Éditions Gallimard
『国際精神分析雑誌』 *Internationale Zeitschrift für ärztliche Psychoanalyse*
「ユダヤ・プレスセンター・チューリヒ」 *Jüdische Presszentrale Zürich*
『ザ・ニュー・ジュディーア』 *The New Judaea*
『聴取者』 *The Listener*
『雑録——現代思想の絵入り月間雑誌』 *Variétés, revue mensuelle illusrée de l'esprit humain*
「ドゥノエル&スチール社」 Denoël et Steele
「ピーパー社」 Piper Verlag
「フィッシャー社」 Fischer Verlag
『アルマナハ——八十一周年版』 *Almanach, das 81. Jahr*

■岩波オンデマンドブックス■

フロイト全集 19
1925-28 年──否定　制止，症状，不安　素人分析の問題
加藤　敏 責任編集

2010 年 6 月25日　第 1 刷発行
2024 年10月10日　オンデマンド版発行

訳　者　加《か》藤《とう》　敏《さとし》　石田雄一《いしだゆういち》　大宮勘一郎《おおみやかんいちろう》

発行者　坂本政謙

発行所　株式会社　岩波書店
〒 101-8002　東京都千代田区一ツ橋 2-5-5
電話案内　03-5210-4000
https://www.iwanami.co.jp/

印刷／製本・法令印刷

ISBN 978-4-00-731488-9　　Printed in Japan